青少年五人制足球技战术训练

[俄] 谢苗·安德烈耶夫　艾米尔·阿里耶夫　著
游松辉　孙润兴　林桦　汪宁　编译

图书在版编目（CIP）数据

青少年五人制足球技战术训练/（俄罗斯）谢苗·安德烈耶夫，（俄罗斯）艾米尔·阿里耶夫著；游松辉等编译．-- 上海：同济大学出版社，2021.3
ISBN 978-7-5608-8856-9

Ⅰ．①青… Ⅱ．①谢…②艾…③游… Ⅲ．①足球运动—运动训练 Ⅳ．① G843.2

中国版本图书馆 CIP 数据核字（2020）第 000189 号

青少年五人制足球技战术训练

[俄] 谢苗·安德烈耶夫　艾米尔·阿里耶夫　著
游松辉　孙润兴　林　桦　汪　宁　编译

责任编辑：朱　勇
封面设计：张　微
排版制作：朱丹天
责任校对：徐春莲

出版发行　同济大学出版社
地　　址　上海市四平路1239号
邮　　编　200092
网　　址　www.tongjipress.com.cn
电　　话　021-65985622
经　　销　全国各地新华书店
印　　刷　启东市人民印刷有限公司
开　　本　787mm×1092mm　1/16
印　　张　16.25
字　　数　406 000
版　　次　2021年3月第1版　2021年3月第1次印刷
书　　号　ISBN 978-7-5608-8856-9
定　　价　58.00元

本书若有印装质量问题，请向本社发行部调换　　版权所有　侵权必究

编委会

主　任　张　磊
委　员　游松辉　赵俊杰　曹　源　刘文治
　　　　　　蔡向阳　王景东　谢　敏　曾　吉
　　　　　　王晓忠　夏　青　孙润兴

序

由俄罗斯五人制足球协会名誉主席谢苗·安德烈耶夫和主席艾米尔·阿里耶夫撰写的《青少年五人制足球技战术训练》中文版和读者见面了。

众所周知，俄罗斯五人制足球在国际足坛享有盛誉。20年来，在各类国际赛事中取得了优异成绩，其中包括世界杯、欧锦赛和世界大学生锦标赛。这些成绩的取得，究其原因，得益于俄罗斯五人制足协长期以来始终重视青训工作，在中小学建立了完整、高效的青训体系和竞赛体系，从而使俄罗斯拥有高水平的五人制足球职业联赛，并且使各级国家队拥有充沛的后备力量。

目前，根据俄罗斯五人制足协2018—2019年鉴公布的数据，截至2018年底，俄罗斯已有12 112所中小学的1 373 727名学生和585所大学的219 992名大学生参加了五人制足球的训练和比赛活动。俄罗斯已经具备完整的小、中、大学五人制足球三级联赛。2015年，莫斯科还举办了校园五人制足球10周年的庆典。

五人制足球具有场地小、易开展、技术含量高的特点，适合青少年早期足球技术的积累和相关身体素质的发展，可为日后的足球生涯发展打下良好的基础。

本书系统地从体育运动各项基础理论的诸方面详细阐述了青少年五人制足球运动员多年训练和培养的实践与方法，是一部值得推广和学习的青少年五人制足球技战术训练的教科书。

希望本书的出版有利于我国校园足球的进一步发展，并在科学训练的基础上提高我国的足球水平。

中国大学生体育协会　副主席
中国中学生体育协会　秘书长

前　言

五人制足球要追溯到1930年。胡安·卡洛斯·塞利亚尼，这位来自乌拉圭蒙得维的亚的体育教师，发明了一项不受户外天气影响的、可在室内比赛的足球项目——五人制足球。

1949年，巴西人阿斯德鲁瓦尔·多·纳西缅托起草了第一份室内五人制足球比赛规则。

如今，五人制足球（Futsal）已是足球运动的一个分支，是国际足球联合会（以下简称国际足联）正式认可的比赛项目。五人制足球是提高球员技术、敏捷度和速度的绝好教学或训练模式。它要求球员具备敏捷的反应、快速的思维和精准的传球，给那些想在将来参加11人制足球比赛的球员提供了绝佳的训练。而技术复杂，战术多样，攻守转换快，比赛起伏跌宕、精彩纷呈，胜负难以预料，经常出现戏剧性变化，这些正是五人制足球运动的魅力所在。

世界上许多著名球星，尤其是巴西球星，青少年时代都曾在五人制足球学校训练、学习，为日后的职业生涯打下了良好的基础。

无论是在欧洲、美洲还是在亚洲，几乎全球的爱好者都热衷于这项运动，专业的地区性社团也如雨后春笋般不断涌现。在欧洲联赛冬歇期，欧洲各豪门球队还要参加欧洲五人制室内足球锦标赛。

五人制足球比赛在世界范围内流行起来后，国际足联对此项运动的发展也给予了特别的关切。1989年，国际足联正式把五人制足球纳入其管辖范围，并于当年在荷兰举办了国际足联接手后的第一届五人制足球世界锦标赛，众望所归的巴西队夺得冠军。

为了使五人制足球更利于发挥球员的能力，提高比赛的观赏性，国际足联制定了一整套针对五人制足球运动的新规则。在国际足联与其成员的共同努力下，五人制足球的相关知识在越来越多的国家得到了传播。凭借本身所具有的无可比拟的优势，五人制足球的声誉也同时得到了极大的提高。

五人制足球已成为世界上普及最快的体育项目之一。世界范围内已有100多个国家的高达3 000多万人从事着这项运动。五人制足球被国际奥委会列为2018年世界青年奥运会正式比赛项目，巴西男足和葡萄牙女足分别获得男女足金牌。在中国，五人制足球已被列为 2021 年第十四届全国运动会的正式比赛项目。

在国际五人制足球比赛中，俄罗斯是其中的佼佼者。这归功于政府的支持、俄罗斯五人制足球协会的辛勤工作和俄罗斯校园足球运动多年来持续的蓬勃开展。

俄罗斯五人制足球协会除了设置职业的俄超联赛、俄甲联赛，为了使更多的青少年对这项运动感兴趣，还在全俄罗斯成立了大、中、小学各级的五人制足球协会。

俄罗斯国家队是世界五人制足坛的一支劲旅。仅 2016 年，俄罗斯就获得了世界杯亚军、欧洲锦标赛亚军、世界大学生锦标赛男女亚军、欧洲女子五人制锦标赛冠军。2018 年获得欧洲锦标赛季军，并荣获当年在哈萨克斯坦举行的第十六届世界大学生五人制足球锦标赛男、女冠军。

中国于 2003 年开启了全国五人制足球甲级联赛。同年，中国大学生五人制足球联赛展开。中国国家队和大学生国家队连续参加各项国际大赛，逐渐与世界接轨，并在 2008 年取得亚洲锦标赛第四名的好成绩，从而进入该年巴西世界杯。除此之外，中国大学生五人制足球队也在世界大学生五人制足球锦标赛中多次获得前六名的较好成绩。

由俄罗斯五人制足球协会名誉主席谢苗·安德烈耶夫先生和主席艾米尔·阿里耶夫先生撰写的《青少年五人制足球技战术训练》，从理论和实践上阐述了先进的五人制足球的技战术训练方法，此次中文版的出版将大大拓展我们对五人制足球这项运动的国际视野，对我国的五人制足球运动及校园足球的发展起到积极的推动作用，弥补我国在五人制足球训练体系方面的不足，是我国五人制足球运动员、教练员的"良师益友"。

编委会
2019 年 10 月

目 录

序
前 言

青少年五人制足球运动员教学与训练组织原则 >>>>>>>>>>>>>> 1

第一部分　身体素质训练 >>>>>>>>>>>>>>>> 7

力量素质训练 >>>>>>>>>>>>>>>>>>>>>>>>>> 9
速度素质训练 >>>>>>>>>>>>>>>>>>>>>>>>>> 17
耐力素质训练 >>>>>>>>>>>>>>>>>>>>>>>>>> 21
灵敏素质训练 >>>>>>>>>>>>>>>>>>>>>>>>>> 25
柔韧素质训练 >>>>>>>>>>>>>>>>>>>>>>>>>> 29
放松练习 >>>>>>>>>>>>>>>>>>>>>>>>>>>>> 35

第二部分　技术训练 >>>>>>>>>>>>>>>>>>> 37

球员的技术训练 >>>>>>>>>>>>>>>>>>>>>>>>> 39
守门员的技术训练 >>>>>>>>>>>>>>>>>>>>>>>> 95

第三部分　战术训练 >>>>>>>>>>>>>>>>>>> 121

比赛中的进攻战术 >>>>>>>>>>>>>>>>>>>>>>>> 124
比赛中的防守战术 >>>>>>>>>>>>>>>>>>>>>>>> 170

第四部分　理论修养的培训 >>>>>>>>>>>>>>> **197**

第五部分　心理训练 >>>>>>>>>>>>>>>>>>> **203**

第六部分　教练员和裁判员的工作实践 >>>>>>>>>> **209**

第七部分　恢复性措施 >>>>>>>>>>>>>>>>>> **211**

第八部分　教育工作 >>>>>>>>>>>>>>>>>>> **215**

第九部分　训练计划的制订 >>>>>>>>>>>>>>>> **219**

第十部分　教学计划 >>>>>>>>>>>>>>>>>>> **223**

第十一部分　教学评估与训练水平评估 >>>>>>>>>> **227**

附　　录　青少年五人制足球运动员训练计划 >>>>>> **239**

附录一　青少年五人制足球运动员（6~8岁）运动—增强体质阶段训练计划 >> 240
附录二　青少年五人制足球运动员（9~17岁）运动—增强体质阶段训练计划 >> 241
附录三　青少年五人制足球运动员初级训练阶段第一学年训练计划 >>>> 242
附录四　青少年五人制足球运动员初级训练阶段第二学年训练计划 >>>> 243
附录五　青少年五人制足球运动员初级训练阶段第三学年训练计划 >>>> 244
附录六　青少年五人制足球运动员教学—训练阶段第一学年训练计划 >>> 245
附录七　青少年五人制足球运动员教学—训练阶段第二学年训练计划 >>> 246
附录八　青少年五人制足球运动员教学—训练阶段第三学年训练计划 >>> 247
附录九　青少年五人制足球运动员教学—训练阶段第四、五学年训练计划 >>> 248

参考文献 >>>>>>>>>>>>>>>>>>>>>>>> **249**

青少年五人制足球运动员教学与训练组织原则

连续多年培养体育运动后备力量，是一个统一的教学与训练体系，其中由循序渐进的多个相互交替的阶段组成，各个阶段与青少年运动员的年龄指标和专业指标之间有着不可分割的联系。

运动—增强体质阶段：涵盖所有想要从事足球运动的人，并解决其中的一系列问题。例如，巩固健康、身体发育、运动准备、个性素质培养，以及在长期系统地体育运动训练过程中掌握并完善非常重要的运动习惯、打好五人制足球运动技巧基础等。

初级训练阶段：主要针对普通学校中有学习五人制足球的意愿并经医生书面同意的学生。这个阶段中，需要进行体育强身和教育工作，旨在展开多方面的身体素质训练和掌握五人制足球的基础技术，为进入教学—训练的准备阶段达到考核指标。

教学—训练阶段：分为初级专业化阶段和高级专业化阶段。参与这个训练阶段的运动员须都是从符合健康要求并且已达到了可被列入该准备阶段所相应的具体标准的学员中筛选，之后从达到规定标准的学员中选拔运动员组成提高班。

表 1 中所示的是体育学校对青少年五人制足球运动员进行多年教学和训练的程序构成。

表 1 体育学校对青少年五人制足球运动员进行多年教学和训练的程序构成

培养阶段		年龄	学年	每个班级学员人数下限	每周学时	技战术、身体素质和运动训练要求
运动—增强体质阶段		6~8 岁	—	18 人	6 学时	达到一般身体素质的标准
		9~17 岁	—	18 人	6 学时	
初级训练阶段		8 岁	第 1 年	18 人	6 学时	达到一般身体素质和技术训练的标准
		9 岁	第 2 年	16 人	9 学时	
		10 岁	第 3 年	16 人	9 学时	
教学—训练阶段	初级专业化阶段	11 岁	第 1 年	16 人	12 学时	达到一般身体素质、专项身体素质和技战术训练的标准
		12 岁	第 2 年	16 人	12 学时	
	高级专业化阶段	13 岁	第 3 年	15 人	18 学时	同上，达到青少年五人制足球运动员二级要求
		14 岁	第 4 年	15 人	18 学时	同上，达到青少年五人制足球运动员一级要求
		15 岁	第 5 年	15 人	18 学时	同上，达到青少年五人制足球运动员一级要求

□ 教学与训练组织方法指南

对体育学校的学生进行连续多年的培养，教学与训练是否有效，在很大程度上取决于教练组对青少年儿童年龄特点的了解，以及对建立教学与训练工作的总体规划。按照生理期划分，所有学龄儿童可分为三个年龄组：6~10岁为小学组；11~14岁为初中组；15~17岁为高中组。

每个年龄组的球员在身体系统的构造和功能以及心理方面都有各自的特点。

小学组的特点是该组球员的运动—支撑器官都处在相对均匀的发展过程当中，他们的身高在这个时期应该比大多数孩子都长得高，关节非常灵活，韧带有弹性，骨骼中含有大量的软骨组织，脊柱在8~9岁前保持着很大的灵活性。由于孩子的肌纤维很细，仅含有少量的蛋白质和脂肪，四肢的大肌肉发育得比小肌肉更为强壮。

在这个年龄段，神经系统的形态发育、神经细胞的成长和结构性的分化将会逐渐完成，神经系统功能明显具有兴奋过程占优势的特点，肺容量在小学年龄段末期已经能达到成年人肺容量的一半。

对于这个阶段的球员来说，需要高度的运动灵敏性。与此同时，同样的要求应体现在所有阶段中。毫无疑问，选择和正确运用教学与训练方法是教练员和教师的工作中最主要的问题之一。各种各样的作为球员训练的基本方法——身体素质练习被有条件地分为基础类和辅助类。在五人制足球中，应当将比赛的技术和战术练习，特别是五人制足球比赛的练习归入基础类之列。其中，属于辅助类的练习有三种：通识教育类、专业训练类以及预备性和引导性练习类。通识教育类的练习包括通识性练习和青少年五人制足球基本技术练习。专业训练类是为了培养和提升必要的身体素质，并掌握专项的动作习惯。预备性练习是为了帮助青少年五人制足球运动员解决专业的体能发展问题；而引导性练习，则是一组难以协调的运动组合，或者是在轻松的条件下完成的所有的运动行为，以及模仿的动作。例如，当青少年五人制足球运动员在进行模仿性踢球时，即是引导性的练习。

总之，这样一些练习的思路，就是要掌握技术动作的构成。随着对技术动作学习的加深，青少年五人制足球运动员就能够掌握与之相关联的一些战术方法。在这样的情况下，对战术方法的教学，建议还是要从培养运动员的快速反应、定位和灵敏度，以及培养在比赛活动中特有的技能开始做起。

在对青少年五人制足球运动员制订教学与训练程序时，必须考虑到，过早地分配角色将会使他们的运动发展前景受到制约。这就是在初级专业化阶段，运动员们的任务是要能在球队中发挥任何一个角色的作用的原因。只有在运动员掌握了足够大量的技巧，以及清楚地显露出他们的个人素质之后，方可建议按照角色转入高级专业化阶段。

在长期训练的每个阶段，对体育学校的每一个青少年五人制足球运动员都制订一个卓有成效的教学与训练程序，这个过程需要教练员和教师采用各种方式去帮助运动员完成身体素质练习和培养他们的精神意志品质。对这些方法的选择，应当根据教学与训练程序的任务和内容、组织进行训练活动的条件，以及运动员的训练程度来确定。当青少年五人制足球运动员掌握了相当的理论知识和运动技能之后，无论是口头方式（解释、交谈、授课、简短的评价和指导），还是直观的方式（展示教练员和教师或者是优秀青少年五人制足球运动员已学会的招式，利用图片、录像资料、模型等），都建议将这些教学方法放在重要的地位。

重复完成动作应该是运动员在掌握技术动作和战术方法时的主要方式。必须注意，在确定重复练习动作的量化程度时，新的动作通常会造成运动员神经中枢的疲劳。因此，连续地重复动作练习：每组做 8~10 个，每次做 2~3 组的效果最佳。每组之间的间隔要留有足够的休息时间，以使运动员在休息的时候能够听从与模仿教练员和教师的指导，或者研究所学练习方法的重复示范。

重复动作的练习可以借助于完整、化整为零、比赛和游戏的方式进行。在教授青少年五人制足球运动员复杂的技术动作时，建议采用化整为零的方式，并且这个方式在学习团队的战术动作时可能也很有效。

游戏方式在青少年五人制足球运动员的训练中应当占据显著的地位。该方式的实质，是在户外运动、接力比赛、游戏练习和教学练习的过程中进行，通过这种途径教授和提高技术动作与战术方法。

与这种方式相近的是比赛的方式。该方式的内涵，就在于使已经学会的技术动作和战术方法得到巩固，并在比赛的环境中得到实战提高。

这两种方式的使用，主要目的在于对所学的内容进行巩固和提高。它们的主要作用是综合性地培养运动员身体和心理素质，提高抗干扰能力，创造"一对一"进攻的局面。在对运动员进行长期培养的整个时期，将游戏和比赛方式作为教学程序的组成部分十分重要。只有借助这些方法，并将这些方法与体育学校的其他教练员和教师的方法结合起来，才能在青少年五人制足球运动员的教学中取得良好的结果。学会游戏方式的示意图表，原则上是按照形成运动技能的规律性制成的。因此，青少年五人制足球运动员的教学过程将由几个相互联系的阶段构成，每一个阶段是后者取决于前者。

- 对需要学习的技术动作形成基本概念；
- 在轻松的，也就是非比赛的环境下初步掌握技术动作；
- 在循序渐进地模拟典型的比赛场面，且在复杂的环境下掌握技术动作；
- 通过专门组织的比赛巩固所掌握的技术动作；
- 在比赛环境下完善技术动作。

作为一项球类运动，五人制足球就其实质而言，是速度与力量类体育中的一种。因此，体育竞赛的大部分典型方式都可以用来培养青少年五人制足球运动员最重要的身体素质。在训练青少年五人制足球运动员的实际工作中，建议采用以下方式。

◆ 间歇方式

这是一种典型的间歇性的学习方式，其特点就在于严格规定了练习间隙与休息间隙。在这样的情况下，休息间隙相对少一些，不让运动员的机体得到恢复。这种方式更多地适合用于增强力量、速度和耐力练习，能够提高能量供应的无氧机制和无氧－有氧机制，使运动员习惯于在高度缺氧的情况下做动作。根据这项原则组建的比赛本身，就是五人制足球间歇训练形式中的一种。

◆ 最大限度强化性方式

这是一种以次极限强度和最大强度，以运动到极点为目的去完成极限负荷的训练方式。这种方式用于培养运动员的极限能量和以最大体能去运动的能力。当然，在训练青少年五人制足球运动员时，这种方式可能仅仅是在运动完善阶段使用，因为它有助于无氧过程和速度与力量素质的提高。例如，对守门员来说，这种素质就是跳跃的耐力，通常只用于训练优秀的运动员。

◆ 结合性方式

这种方式在对青少年五人制足球运动员的训练中特别重要，因为它可以在增强身体素质的同时，提高技战术水平。这样一来，运动员的力量、耐力和灵敏度就可以得到增强。由于在训练中采用了结合性方式，运动员的技能就更适合于在比赛环境中使用，也就是说，能够更加稳定地抵御疲劳的负面影响，并且由于协调机制的完善而更显得有效。

◆ 循环方式

这是一种独立的教学与训练形式，更多地使用于提高团队的运动技术水平。

体育学校在安排青少年五人制足球运动员的训练课程时，需要针对每个固定周期（某一项训练课程、一个星期、一个月、半年等）的训练效果，仔细地制订计划。在这样的计划内容中，首先要规定像训练负荷强度这样的重要数据指标。它的意义很大程度上决定了运动员训练后的状态。例如，与生长发育的功能条件相适应的体能负荷，将有助于巩固运动员的健康，提高身体的训练水平。与此相反，超负荷的训练将会对运动员的机体造成负面影响。由此可见，训练负荷的强度是训练对青少年足球运动员机体产生影响的主要因素之一。训练负荷的强度可以是有选择性的。也就是说，是为了与此同时培养运动员的一些其他方面的身体素质，而在个别场合，则是为了提高他们的专业技能。在对青少年五人制足球运动员的训练中，建议多采取循环方式。因为这种训练方式，不仅能够提高运动员的各种身体素质和技术动作，而且有助于提高战术水平。高强度地完成多样化和间歇性的训练，这些就是循环训练方式的特点。这些特点最能够完美地与五人制足球的比赛条件相匹配。

在确定训练和比赛的负荷量、完成提高培养青少年五人制足球运动员的身体素质指标，以及对他们进行技术和战术训练时，应当对青少年性成熟期和身体（敏感）发育阶段的各种生理特点（表2）加以充分的考虑。

表 2　运动素质培养阶段的几个典型敏感期

身体发育指标与体质	年龄										
	7	8	9	10	11	12	13	14	15	16	17
身　高						+	+	+	+		
体　重						+	+	+	+		
速　度	+	+	+	+	+				+	+	+
速度与力量素质		+	+	+	+	+	+	+			
力　量								+	+	+	+
耐力（有氧能力）			+	+					+	+	+
无氧能力（糖酵解）				+	+	+			+	+	+
柔韧性	+	+	+	+							
协调能力				+	+						
平衡力	+	+			+	+					

各项身体训练之间的休息，是训练中最重要的组成部分，而训练负荷的交替与休息，则是体育学校中合理安排训练的主要条件之一。在对青少年五人制足球运动员进行训练的过程中，要达到最大的训练负荷量，要么首先考虑增加训练强度，要么与之相反，通过不断地增加绝对的和相对的耐力来取得。在这样的情况下，培养运动员的身体素质大部分所指的，是必须以最大的或者是更加强化的力度完成各项练习动作。通常来说，训练负荷的量不应过大。负荷量的大小取决于要求运动员达到什么样的身体素质标准为前提（表3）。

表 3　培养青少年五人制足球运动员身体素质训练的组成要素（列·夫·沃尔科夫）

训练目的	最大心率，170跳/分钟			高强度心率，150跳/分钟			平均心率，130跳/分钟		
	训练课程的组成								
	持续（秒）	休息（秒）	重复（次）	持续（秒）	休息（秒）	重复（次）	持续（秒）	休息（秒）	重复（次）
速　度	10~20	150~180	5~6	—	—	—	—	—	—
速度与力量	10~20	150~180	5~6	20~120	90~120	5~6	—	—	—
耐　力	10~20	60~90	6~7	20~120	30~60	6~7	120~180	30~60	5~6
柔韧性（按动作幅度）	10~20	60~90	6~7	20~120	30~60	6~7	120~180	30~60	5~6
灵敏性	10~20	150~180	5~6	20~120	150~180	4~5	120~180	90~120	4~5

运用各种精神与意志品质的教育方法，在培养青少年运动员的工作中占据着越来越重要的位置，已经形成特殊的培养类别。这是完全可以理解的。因为借助于这些教育方式，能够对运动员的个性培养、道德立场和世界观的形成产生直接的影响。

在对青少年五人制足球运动员进行训练的工作中，建议采用传统的教育工作方式：说服与解释、鼓励、团队的作用、自我暗示、养成习惯应对难度过大的训练，以及情景训练。在训练中采用情景训练方式时，要营造出类似于正在举行比赛的场景。这样，教练员和教师就能让运动员得到心理上的适应，同时培养他们在比赛时所必需的反应和行为方式。运动员对场上发生的新情况已经可以从容面对，因而就不会影响他们的水平发挥。

在对青少年五人制足球运动员进行多年训练的所有阶段中，他们所有的学习和训练都是建立在互相关联的教学原则的基础上的：自觉性和主动性，系统性和循序渐进，直观性和通俗易懂以及个性化。这些原则不仅是互相关联的，而且是互为条件的，在教学与训练程序中也是相互补充的。例如，运动员对训练的自觉和积极的态度，将有助于理解所学的教材，巩固所学到的知识、技能和技巧，学会融会贯通并逐步提高训练水平。不仅如此，运动员的主动性，只有在增加了直观性、通俗易懂、个性化、系统性和循序渐进方面的要求的情况下，才能够获得良好的结果。当然，每项教学原则之间都存在一定的联系。例如，忽略了通俗易懂和个性化的原则，就很难在青少年五人制足球运动员的教学中做到合理的循序渐进，以及体能负荷的逐步递增。而在不考虑系统性和循序渐进原则的情况下，如果想要扩大所学教材的范围，实际上是难以想象的。因此，只有在遵循教学原则统一性的基础上，在体育学校对运动员多年培养的所有阶段中能完全实现这些原则，培养青少年五人制足球运动员的工作才能取得成绩。教练员和教师在考虑青少年五人制足球运动员的运动训练特点时，应当依照体育训练所固有的最基本的教学原则。这些原则主要包括：

1. 遵守统一的教学体系，以保证各个年龄组的训练课程、教学方法和组织形式上合理的连续性。

2. 保证各个年龄组的教学训练过程和比赛都以提高运动水平为宗旨。

3. 运动员基本身体素质的均衡发展。

4. 制订不断增加一般性训练和专项训练总量的培养计划。二者之间的比重应进行调整：专项培养手段在训练负荷总量中的运用应逐年增加；与之相应，一般训练的比重应逐年降低。

5. 与上一个年度周期各个相应的阶段同期相比，对训练与比赛负荷量强度的逐步增加制订计划。

6. 在训练青少年五人制足球运动员的工作中，在增加训练和比赛负荷时，应严格遵守循序渐进的原则。因为在多年培养的过程中，所有阶段的那些负荷，只有在与运动员的生物学年龄和个人能力都相适应的情况下，运动员各方面的训练水平才能得以不断地提升。

7. 在多年培养过程中的各个阶段，遵循同时发展青少年五人制足球运动员的其他身体素质，以及在最为合适的年龄期优先发展特别的身体素质的原则。青少年时期有着发展所有身体素质的一切条件，前提是要保证有效的教育影响。这种影响，当然不应当从根本上改变运动员运动机能上某个方面的年龄发展规律。

应该考虑到，这些原则反映出体育学校对运动员的多年教学与训练程序中的各个方面和规律，它们组成的不是一个总和，而是一种原则性的教学方法的一致性，是互为前提和相互补充的原则的统一。忽略其中的任何一条就会产生相反的作用，从而破坏整个复杂的培养程序，并最终导致教练员和教师以及他们的学生——青少年五人制足球运动员所有付出的努力化为乌有。

第一部分
身体素质训练

青少年的身体素质培养必须是全方面的发展，包括强健青少年的器官和机体、提高运动素质和扩展机体能力。具体可分为一般身体素质训练和专项身体素质训练。

一般身体素质训练，其目的在于巩固球员的身体素质，锻炼、发展他们各方面的体能，提高机体的工作能力，为其今后的运动竞赛以及将来的职业活动打好坚实的基础。总而言之，一般身体素质训练是体育学校的教学与训练过程中最为重要的一个方面。没有这样的基础，球员想要高质量地掌握五人制足球所有的技战术手段是不可能的。一般身体素质训练的主要方法首先是有器械和无器械练习、其他运动项目的练习以及对球员机体产生普遍作用的活动性游戏。教练员和教师在制订运动员的一般身体素质训练计划时，应当遵守以下教学要求：

1. 练习的选择应考虑到包括所有的肌肉群。
2. 每节课和每一个系列的负荷量要考虑到运动员的年龄和训练程度，逐渐提高。
3. 适量的负荷必须与高强度的负荷交替进行，而针对16~17岁年龄段的运动员，则采用与最大负荷交替进行的方法。
4. 在对10~15岁年龄段的运动员训练的过程中，不建议制订长时间的加大负荷训练计划。因为该年龄段运动员的神经系统在受到大幅度的刺激和加速的劳累之后，加大负荷量将会导致运动能力急剧下降。

专项身体素质训练，是以一般的、强度足够高的身体素质训练为基础的。这样的训练应当以培养五人制足球所必需的专业身体素质为前提条件，如力量、速度、耐力、灵敏和柔韧等。因此，专项身体素质训练的主要任务就是要进一步提高运动员机体所有系统的机能，这对于提高进攻与防守中基本技术方法的主要环节——竞技运动习惯和技能培养是十分必要的。在体育学校中，专项身体素质训练建议从11~12岁以后再开始。为此，应当运用类似比赛的专业培养方法进行技术和战术练习、灵活跑动游戏，以及运用五人制足球比赛赛事本身等进行专项身体素质训练。但应当注意的是，在掌握这项运动的技术和战术手段并加以提高的时候，如果运动员的身体素质训练水平不够的话，就会影响他们能力的发展。例如，如果球队的队员都是动作缓慢型的，这样的球队就不可能在比赛中有效地运用人盯人战术、快速突破战术，或者其他积极的防守和进攻手段。

一般身体素质训练与专项身体素质训练之间关系紧密，相互补充。一方面，这是由于五人制足球的特点决定着训练的形式；另一方面，这样的训练形式能够确定运动员在比赛中的真实能力。在为青少年五人制足球运动员制订教学与训练的主要方向时，要考虑到身体素质发展的各个敏感（感觉上的）阶段。只有这样，每个人才能够了解自己先天的体质状态，才可能激发起运动的积极性，力量、速度、耐力、灵敏和柔韧属于基本的身体素质。教练员和教师在对青少年足球运动员的训练过程中，在将培养一定的身体素质作为主要方向的同时，自然而然地也应当对那些在该年龄段还没有培养出来的、积极的身体素质发展情况予以关注。同样，还应考虑到，女生的身体素质发展敏感期的开始通常要早于男生一年。

力 量 素 质 训 练

　　力量是运动员依靠肌肉的工作克服外部阻力，或者是对抗外来阻力的能力。运动员的力量能力在极大程度上决定着他们完成各种技术手段和战术行动的速度、快速换位的能力，在体现耐力和灵敏方面同样具有很大意义，五人制足球对此有着相当高的要求。五人制足球首先要求具有速度—力量的能力，也就是说，运动员必须在极短的时间内展现出完成带球和无球动作的力量能力。肌肉的力量首先取决于中枢神经系统的神经支配、肌肉的生理横断面、涌入工作肌肉内的那些生物化学过程的特性，以及运动员的疲劳程度。在这方面，也应当考虑到运动员为了克服接踵而来的衰竭而表现出强大意志力的能力。在力量练习的作用下，肌肉群体积会增大，更多数量的肌肉纤维会参与积极的收缩，肌肉中的血液循环会得到增强，新陈代谢过程将更为积极，能量储备将得到增加。

　　根据肌肉工作参与模式的特点，力量练习可以分为两大类型，即动态型和静态型。应当注意的是，五人制足球运动员的固有肌肉，并不具备静态工作模式的特性。因此，在培养青少年五人制足球运动员的过程中，对静态型练习的使用应当加以限制。而在完成这样的练习时，应当将它们与放松练习和柔韧练习结合在一起。

　　建议使用两组负重练习方法作为训练青少年五人制足球运动员力量的主要手段。第一组是利用外加负重（哑铃、实心球、拉力器、杠铃、沙地跑步、锯末地跑步、雪地跑步、同伴的身体重量或者对抗）进行练习。第二组是要超越自身的体重（体操练习、攀登、俯卧撑、深蹲等类似的方式）进行练习。在对青少年五人制足球运动员进行的训练中，建议运用第一组练习方法训练主要肌肉群，特别是腿部肌肉、背部和腹部肌肉。这是出于对他们在比赛中必须完成复杂的跑位动作，以及要在单腿支撑状态下保持平衡的考虑。同时还应考虑到，增加运动员上肩胛带的力量，会导致他们受到过分束缚，这可能导致运动员在完成五人制足球最重要的技术动作之一——身体的虚晃动作时会出现问题。第二组练习能让运动员从慢动作转向快速运动，从简单的动作转为更加复杂的动作。这样的练习可以重复，做得越多，身体跑位的距离就越短，而运动员作为负担的身体部分使用得就越少。教练员和教师在选择发展力量的练习时，应当考虑到，只有在显示出运动员大量肌肉强度的情况下，才能保证他们的力量能得到系统性的提高。当然，为了训练力量能力，抗阻力的大小和完成练习的速度要求，必须是个性化的，同时还要考虑到每个运动员的年龄和形体特征。在训练青少年五人制足球运动员时，教练员和教师应当对首先运用那些能保证逐步和持续增长抗阻力的练习预先做出计划。完成这些练习的时间要求应当是最适宜的（如中等速度）。我们认为，为了训练青少年五人制足球运动员的力量，采用以重复的极限次数克服非极限的负重（抗阻力）为主的教学方针是最为合适的。这样的教学方针最符合体育学校学生的年龄特点。无极限力量强度的练习能够发挥对完成动作的技术进行监督的作用，而随后的训练，是更协调地完成动作。重复性和系列—间隔性的练习方法，是训练青少年五人制足球运动员力量最基本的方法。

教练员和教师在制订青少年五人制足球运动员训练计划时，应当将男生的13~14岁和16~18岁年龄段，以及女生的11~12岁和15~16岁年龄段看作是训练力量的最佳时期。而各种肌肉群相对力量的最大速度增长，则是在小学年龄段，特别是9~11岁的孩子。正是在这个时期，力量的能力会在最大程度上接受有目的的训练。考虑到青少年五人制足球运动员在长年训练的每个阶段中所产生的身体条件，应该计划好训练身体素质的这项工作。

以培养力量为目的的运动训练分为预备阶段和初期阶段，建议所采用的练习方法应有助于协调发展所有的肌肉群，增强呼吸肌肉组织、上肩胛肌肉和大腿后群肌。在进一步加强的专业化阶段，当青少年五人制足球运动员的神经肌肉协调明显改善时，无论是力量还是速度—力量，都有可能出现更为合适和有效发展的状况。例如，为了进一步训练肌肉的力量，建议采用负重练习，它能对两类在比赛中最为重要的肌肉产生作用：足部、小腿、臀部的肌肉；躯干和肩胛肌肉。为了达到训练第一类肌肉的目的，建议采用速度与力量性质的练习（短距离跑、各种跳跃和跳跃性的练习、负重练习和专门的带球练习）。为了训练第二类肌肉，建议采用全面发展的负重训练和非负重练习。总体上来说，在这个阶段，青少年五人制足球运动员速度—力量练习要多于单纯的力量练习。

在运动技术水平的提高阶段，教练员和教师在训练课程中应当把训练运动员的速度与力量放在重要地位。与此同时，还建议选择其结构与有球队员和无球队员技术贴近的练习方法。例如，可以采用各种各样的击球方式，用脚踢或用头顶，要点是控制力度和准确性；使用负重的一对一带球、跳远和跳高、多次跳跃、助跑后单腿和双腿向上起跳。重点建议的是要特别注意训练脚的"爆发"力量。对此特别有效的方法是采用单脚和双脚跳坑。例如，运动员从高处（70~100厘米）垂直跳下（落地角度约90°），而后，落地者迅速完成下一个跑位动作（向上跳跃、跳远等类似动作）。运动员在做这样的练习时，要完成退让性—克制性的组合动力性的工作。退让性工作在缓冲着地时出现，此时大腿的前群肌是放松的；而在落地后应该跳起，并出现克制性工作，肌肉群已经在用力收缩。当然，在必要的情况下，教练员和教师应当能对这个阶段的运动员选择和运用一些旨在完善训练中没有得到充分发展的肌肉群（肩胛、大腿后群肌）的练习。为达到这些目的，可以运用各种方式，甚至采用负重练习（哑铃、杠铃、训练器械等）。必须注意的是，过分地热衷于后者，最终可能对提高运动习惯产生副作用——对肌肉的内在协调产生副作用。除了重复性练习方法以外，在该阶段建议同样可以采用相互结合的，能够在学习技术的过程中提高运动员力量能力的方法。

□ 肩胛肌肉和手部肌肉的练习示例

1. 站直，两脚分开，两手在头上做划圈动作，两手上下和后下挥动。另一种方式：但以弓箭步的姿势完成。

2. 站直，两脚并拢，两手侧平举，双手做逐渐增加幅度的划圈动作（图1.1）。

3. 成两腿分开站立姿势，向前做双手的划圈动作。

4. 用肘部朝不同方向做弯曲和伸展，以及旋转动作。另一种方式：但加上负重完成。

5. 用肘部紧压弹性物体（橡皮圈、网球、弹簧等类似物体）。

6. 双脚分开站立，模仿拳击运动员左右手轮番出拳。

7. 双脚分开站立，双手举肩，手指紧握成拳，用肘部轮番前后旋转。

8. 双脚并拢站立，双手紧贴身体，双肩做上下和前后动作。

9. 俯卧撑练习（弯曲和伸展肘部关节）。

10. 分成两人一组做练习。面对面站立，各自用自己的手掌撑住对方的手掌（每个人都是右脚在左脚前面一步；一只手臂弯曲，另一只手臂伸展开），每一组在使劲抵抗的同时，要完成面对面的手掌运动（图1.2）。

11. 从肋木上悬挂而下（面向肋木），在肋木的横杠上完成引体向上动作，并将下巴触到肋木。也可以在单杠上做。

12. 以站立的姿势，脸冲墙做"倒向前"去的动作，并用手掌用力推离墙面。

13. 俯卧用手向右（左）挪动，双手做划圈运动，双脚固定不动。

14. 俯卧撑练习，手掌在离开地面时完成一次拍掌。

15. 跪立在倾斜着固定在肋木上的体操凳上，用双手撑起身体。

16. 俯卧在体操凳的后部，完成手臂的弯曲和伸展动作。

17. 用一只手抓住单杠，完成换另一只手抓单杠的动作。

18. 双脚穿过双杠，弯曲膝关节，完成将身体拔起的动作。

图1.1

图1.2

19. 两脚分开成站立姿势，将拉力器置于大腿高度，两手向两边展开。另一种方式：但将拉力器置于胸前或脑后。

20. 两脚分开成站立姿势（将拉力器一头握在手里，另一头用脚踩住），用手拉伸拉力器。

21. 跪坐在脚跟上，脸冲肋木并将固定在肋木上的拉力器末端置于胸前，用手将拉力器向两边伸展。

22. 双脚分开站立，双手将哑铃举至胸前，然后向两侧做水平伸展并回到原位。

23. 双脚分开站立，双手紧握哑铃做上下挥动的动作，在两侧做前后挥动的动作。

24. 俯卧，双手握哑铃于身体两侧，弯曲手臂往后做上下支撑动作。

25. 以坐的姿势，用双手抓住缆绳或竿子，完成向上攀爬动作。另一种方式：同样是攀爬，但以悬垂的姿势，双脚悬垂依靠屈身向上攀爬。

26. 两人一组完成练习。两人面对面站立，间隔3~5米，双方轮流以双手从胸前、从脑袋后面，以及用单手（右手或左手）从肩部，将实心球传给对方，进行来回传接球练习。

27. 两人一组完成练习。两人以一肩距离侧立，各自抓住对方的手，要将对方的手拉向自己的这边。另一种方式：但以盘膝而坐的姿势，面对面，并抓住对方的手掌。

28. 两人一组进行练习。一人仰卧，另一人用双手抓住其双脚并往上举。躺着的人用双手做前后跑位的动作。两人限时互相轮换。

□ 躯体肌肉的练习示例

1. 两腿分开站立，身体前倾弯曲，双手向上举起，先用左手触碰右脚脚趾，而后再用右手去触碰左脚脚趾。

2. 两腿分开站立，身体前倾弯曲，双手屈臂于胸前，然后向两边水平伸展分开（图1.3）。另一种方式：但躯干轮流重复向左右方旋转的动作，同时挥动手臂（图1.4）。

3. 两腿分开站立，双手抱头，向左和向右做有弹性的前倾起伏动作。

4. 仰卧，双手抱头，完成向前起身成坐的姿势，同时用手指触摸脚趾。然后迅速返回成原来的姿势。

图1.3

5. 仰卧，双手抱头，抬起双腿成垂直状态。另一种方式：同样的姿势，但由站在旁边的伙伴抓住练习者的一只脚，并略施阻力（图1.5）。

6. 用坐姿开始练习。将双腿固定在体操凳下面的板条上，完成身体弯曲和伸展动作，将双手放在不同的位置（胸前、脑后或向上伸展）。

7. 双腿分开站立，用双手拿住实心球放在头顶，做划圈动作。

8. 用站立的姿势开始练习，背部负重（例如，放入实心球的背包），完成躯干向不

 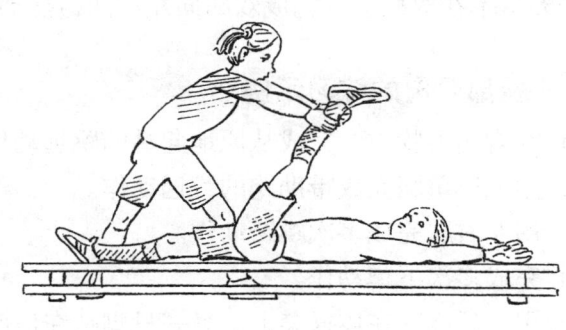

图 1.4　　　　　　　　　　　　　图 1.5

同方向的转动和倾斜。

9. 双手握住实心球成半下蹲的姿势，完成向上跳跃，同时伸直双臂，然后还原到原来姿势的动作。

10. 两人一组完成练习。两人背靠背站立，用五人制足球的球或实心球，以不同的方向（从右边、头顶、双腿间）进行手与手之间的传递。

11. 仰卧，伸直双腿并抬起，从自身的左边和右边越过头部再放下。

12. 悬垂在单杠上，做抬腿向上的动作，要使脚掌触碰到单杠。

13. 双手抓住吊环，在做悬垂摆动的同时，尽力将双脚越过鞍马，鞍马的高度以练习者骨盆的位置为准。

14. 在肋木（背靠肋木）上完成保持身体悬垂的姿势，伸直双腿做抬起和放下的动作。

15. 用双腿夹紧实心球并坐在体操凳上面，伸直双腿，完成抬腿和放下的动作。

16. 身体在肋木上成悬垂（背部靠在肋木上）的姿势，在卷身收体的同时，完成向上抬起双腿的动作。

17. 用仰卧（用双手上举一个实心球，用双腿夹紧另一个实心球）的姿势，同时完成双手双脚向上并举的动作。

18. 用俯卧（用两只脚掌夹紧一个实心球）的姿势，完成挺身，同时做手脚向上抬举的动作。

19. 用仰卧（用双手将实心球放在脑后）的姿势，完成坐起并将实心球从脑后往前面送出的动作。

20. 用身体前倾弯曲的姿势，双手抓住实心球，完成将实心球往脑后方扔的动作。

21. 用仰卧的姿势，双手抓住实心球置于脑后，完成将实心球向前方扔的动作。

22. 背靠肋木成悬垂姿势（用双腿夹紧实心球），完成将躯干向两侧摆动的动作。

23. 坐在体操凳上，两腿分开（双手高举拿住实心球），完成身体前倾并将球左右触碰地面的动作。

24. 在双杠前站立（双腿夹紧实心球），悬垂在双杠上，完成由悬垂屈体转为悬垂成一定的角度的动作。

25. 悬垂在双杠上，完成双腿向左右两边摆动的动作。

□ 腿部肌肉的练习示例

1. 双脚用力腾空，完成从原地起跳的跳远动作。
2. 用力以单腿完成带助跑的跳远动作。
3. 用左右腿完成多次跳跃动作。
4. 完成多次下蹲动作。
5. 用一只脚踩在体操凳上，另一只脚踏在地面，完成"跛脚跑"动作。
6. 以下蹲的方式向前跑位。
7. 以双脚交叉的下蹲姿势站起，同时双手向上举起。
8. 双脚用力向上跳跃，一次跃上 2~3 级阶梯。
9. 跳绳训练：原地跳（图 1.6）、向前跳（图 1.7）、向后跳（图 1.8）、换脚跳（图 1.9）。
10. 完成屈膝至胸前的双腿高抬腿跳跃。另一种方式：但用右脚或左脚单跳。
11. 用双脚起跳，逐个越过预设的障碍物（实心球、栏架、体操凳等）。

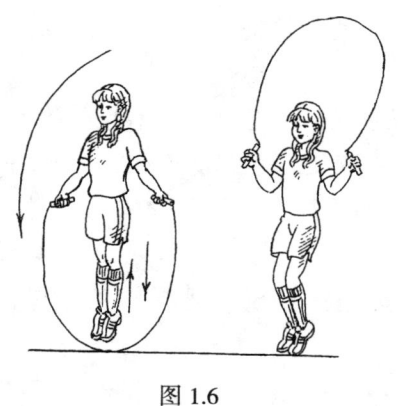

图 1.6

图 1.7

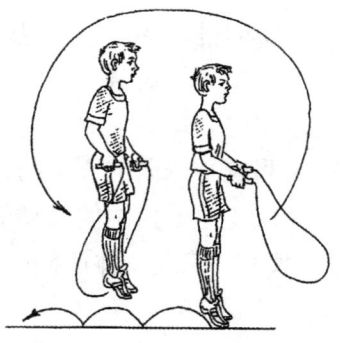

图 1.8

图 1.9

12. 从50厘米高的地方跳到地面，紧接着完成加速往前奔跑10米。另一种方式：但连接动作是跳远或跳高。

13. 以双脚用力起跳的方式，原地起跳，用头去碰悬挂的球。另一种方式：①但在助跑后跳起；②但用头去顶悬挂着的球。

14. 双脚用力起跳，完成越过70厘米高度的障碍物的动作，紧接着跳远，与此同时要用头去顶悬挂着的球。

15. 用双脚夹住球，完成向前、向后以及两边的跳跃跑位。

16. 用实心球进行直线、腿间蛇形、绕圈和八字形运球。

17. 双脚夹住实心球，完成向上跳跃并用脚将球向前方和后方抛出的动作（图1.10）。另一种方式：席地而坐，用双脚夹住球，向上成一定的角度。

18. 背负重物，不断换脚地原地跳跃。

19. 用半蹲的姿势，双臂弯曲在胸前将实心球夹住，完成向上、向前上方跳跃的动作。

20. 侧身站立在肋木旁边，完成用一条腿下蹲，同时向前伸直另一条腿的动作（图1.11）。

21. 将沙袋在腰间绑定，沿着楼梯向上奔跑（图1.12）。另一种方式：①但间隔跨过一个台阶跑；②但以高抬腿的方式奔跑。

22. 右（左）腿单腿站立，用脚在空中划出八字形（图1.13）。

图1.10　　　　　　　　图1.11

图1.12　　　　　　　　图1.13

23. 将沙袋在腰间绑定,完成10~20米的加速跑动作。

24. 仰卧,双脚和肋木之间用拉力器分别固定,完成腿部膝关节的弯曲与伸展动作。

25. 俯卧,头朝肋木,双脚和肋木之间用拉力器分别固定,完成腿部膝关节的弯曲和伸展动作。

26. 完成用力朝目标踢球的动作(球门、标靶等类似目标)。

27. 进行双人练习。一人半蹲,另一个人站其身后,并将双手放在其双肩。半蹲的人要克服后面站立者在自己双肩上施加的压力,并用力站起。轮流互换练习。

28. 进行双人练习。以面对面的坐姿,双手从后面撑住身体,用自己的两只脚掌顶住对方的脚掌,两人轮流克服对方脚掌的力量,尽量将自己的双脚伸直。

29. 进行双人练习。两人背靠背站立,各自用肘关节与对方的肘关节相互套在一起,完成半蹲动作。

30. 进行双人练习。一人仰卧(双手放于体侧,双腿弯曲至胸前),另一人坐在其双脚掌上(背朝躺在地上的同伴)。躺在地上的同伴用力蹬腿,将坐在自己脚掌上的同伴往上蹬出(图1.14)。轮流互换练习。

31. 用半蹲的姿势,将双手置于大腿两侧,用力向上摆臂,完成向前的跳远(蛙跳)动作(图1.15)。

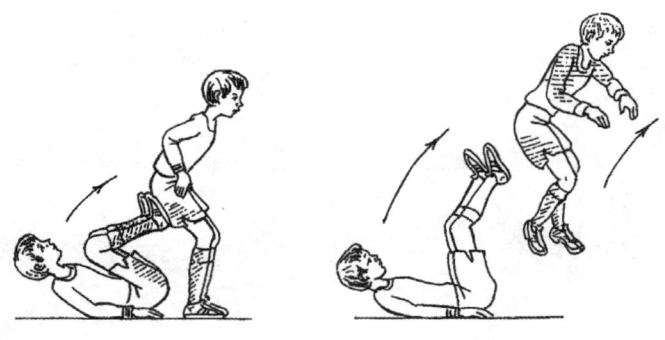

图 1.14

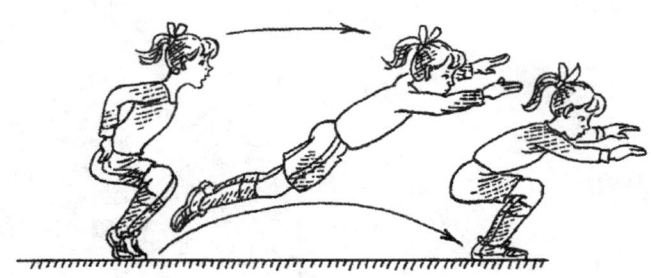

图 1.15

速度素质训练

速度是人在所处的环境下以最短的时间完成运动动作的能力。这种身体素质的表现方式是多种多样的，区别只在于表现方式的基础性和综合性。基础性的表现方式包括反应的速度、单个动作的速度、运动的频率（节奏）、动作启动的速度；综合性表现方式包括一般情况下和复杂情况下的起跑速度、起跑后的加速度、绝对（最快）速度、冲刺急停的速度、完成技术动作的速度、一个动作转换到另一个动作之间的转换速度。

速度素质的所有成分都受到基因的很大控制，自然，受到训练影响的程度就很低；但这并不意味着借助于身体素质的练习是无法提高速度的。例如，儿童反应的快慢在很大程度上取决于神经系统的类型，并且是遗传性质的。可是，这项身体素质却能够在进行系统训练的影响下得到一定程度上的提高。动作的频率同样也不仅取决于神经系统的遗传性，很大程度上还取决于做出这些动作的肌肉状态。而由于肌肉的收缩能力会随着年龄的增加，以及在身体练习的帮助下得到改善。由此可见，动作的频率和完成大部分动作的速度，在儿童阶段也是可以得到提高的。

对于比赛状况始终不断并突然发生变化的五人制足球来说，其特点就在于综合性速度的展示，而提高综合性速度的基本方法，则是重复完成各种达到极限和接近极限频率的循环性练习。这种练习主要就是以重复加速方式进行短距离奔跑。在做这样的练习时，建议采用逐渐地、平稳地增加速度，并加大运动的幅度，同时将二者加大到最大限度的训练方法。在对青少年五人制足球运动员进行速度训练时，也应当多注意在放松的情况下（如下坡跑、跟着领跑者跑等）完成练习。运动员们在这样的练习中要尽力地跑，就好像以冲刺的速度去暂时超越他们自己以前的速度极限，哪怕是在很短的距离内达到更快的速度。如果体育学校的教练员能够控制，并准确地估算出自己学生所能达到的速度水平，那么速度练习就能取得更大的效果。也应注意到，要在练习中获得最快的速度，采用比赛方式具有很重要的意义。例如，建议采用含有技术和战术的，且已经掌握得很好的训练方法。但要是技术和战术手段掌握得还不够好的话，运动员们就不能以极限速度去完成它，因为他们的注意力将不会集中在速度上，而是在完成手段的技术上。

因此，发展青少年五人制足球运动员速度的主要方法，是在不超过15秒的时间内完成极限强度的跑步练习。在做这样的练习之前，建议进行不少于 15~20 分钟的准备活动。青少年五人制足球运动员的肌肉都必须活动起来，否则就可能会发生肌肉和韧带撕裂，造成运动员有剧烈疼痛的感觉。若前次训练还没完全恢复，建议将主要针对速度的各种练习放在训练主要内容的前面进行。总体上，旨在发展青少年五人制足球运动员速度的训练量不应过大，要按照重复练习的长短和质量来确定量的分配。大体上，一个项目的练习可以这样分配：5~7 个加速度为一组，每组有休息间隔，而且休息的间隔必须是能让下一个练习在最合适的状态下完成，以使运动员们能够充分地显示出此前的速度水平。

男生和女生 7~11 岁通常被认为是发展速度素质的最佳时期。11~15 岁时，速度仍以不同的数据较缓慢地增长。实际上，在这个年龄阶段，一般性反应指数和最大的动作频率的数据的结果开始稳定。总体而言，儿童在 12~13 岁年龄段之前，他们在发展速度能力水平上的性别差异并不大，但稍后，男生开始超过女生，特别是在完整的运动动作方面，如跑步等。

【练习示例】

1. 以各种不同的姿势（侧立、脸或背朝前、单膝或双膝跪地、俯卧等）准备好，根据看到或者听到的信号进行 5 米、7 米、10 米、15 米和 30 米距离的冲刺跑。

2. 进行"拍人游戏""乌鸦与麻雀""两个冻人""把球传给队长""互相传球"等类似的追逐性跑动游戏，以及各种接力赛跑。

3. 完成 6~10 米重复的短距离跑，以及 2×10 米、4×5 米、4×10 米、2×15 米、5×30 米的折返跑。

4. 以最大的动作频率跃过实心球并完成奔跑（图 1.16）。

5. 15~20 米的高抬腿跑（图 1.17），小腿后甩跑（图 1.18），双脚轮换做单腿跳跃跑。

6. 双手抓住肋木横杆做支撑，完成原地高抬腿跑步动作（图 1.19）。

7. 在原地向上做 6~8 个跳跃动作，然后马上进行 10~15 米的冲刺跑。

8. 原地起跑，完成下坡跑（图 1.20）和上坡跑（图 1.21）。

9. 用弓箭步的姿势，完成向上跃起的动作，并迅速转换成原来的姿势。

10. 从原地起跑，完成黄沙（锯末）地上的 10~15 米加速跑。另一种方式：但在水中跑 8~10 米的距离。

11. 原地起跑，完成跟踪跑（光亮或器械）20~30 米。

12. 以各种不同的出发姿势起跑，完成 20~30 米距离的奔跑（腰部负重 3 千克左右）。

13. 完成原地的两级跳远和三级跳远。

14. 首先完成转体 360° 的动作，然后进行 15~30 米距离的奔跑。另一种方式：向左（右）侧进行并步跑。

15. 先进行 10 米距离的冲刺跑，然后再进行 10~15 米下坡跑（倾斜度为 3°~5°）。

图 1.16　　　　　图 1.17　　　　　图 1.18

图 1.19　　　　　图 1.20　　　　　图 1.21

16. 在双杠上用前臂支撑身体悬垂，完成高频率的腿部跑步动作。

17. 用肩部倒立的姿势，完成高频率的双腿划圈动作。

18. 进行 120 米的变速跑，其中 20 米全速跑，然后 20 米放松跑等。

19. 以站立姿势出发，完成 10~15 米的冲刺跑。到达终点时，速度不降，完成垂直向上跳起的动作后再站稳。另一种方式：完成冲刺跑之后急停站立。

20. 用站立的姿势起跑，以最大的频率进行"5+5+5"的之字形奔跑。

21. 两人结对进行练习。一人以极限强度变方向跑，而另一人努力准确地重复跟着跑。

22. 进行直线跑，并根据教练员发出的信号，做急速改变方向的动作。

23. 以站立的姿势起跑，在完成前滚翻的动作后，朝着停放球的方向进行冲刺跑，然后将停放着的球踢向目标。另一种方式：但踢的是从侧面或是迎面传过来的球。

24. 在围绕 4 根相互间直线距离为 2 米的立柱进行蛇形跑之后，完成将停放着的球踢向目标的动作。

25. 原地跳起越过障碍，然后用胸部接住伙伴抛来的球，不落地将球传向目标。

26. 半蹲撑地完成前滚翻，然后将伙伴抛来的球用头顶向目标。另一种方式：但跃起用头顶球。

27. 在围绕 4 根相互间直线距离 2 米的立柱进行蛇形跑之后，将球传给伙伴，然后迅速向前跑动，在接住回传球之后，将球踢向目标。另一种方式：但练习从转向 360°

或连续两个前滚翻后开始。

28. 将球向前上方抛出，做前滚翻后用脚停住球，然后用二次触球的脚法将球踢向目标。

29. 由两组球员缓慢地抱球迎面慢跑，在与对方的伙伴碰面之前，每个人都将自己的球向前方 8~10 米的距离抛出，然后原地快速完成转向 180°的动作之后，紧跟在伙伴抛出的球后奔跑，努力追赶上球。

30. 守门员前滚翻后，以基本的姿势站立，然后接住伙伴高抛过来的球。另一种方式：但用跃起的方式接住来球。

31. 守门员在完成 360°转向的动作后，用脚将侧面飞来的低平球踢出。另外一种方式：但守门员要跃起抓住在右（左）门柱旁的球。

耐 力 素 质 训 练

耐力是人的机体抵抗疲劳或在整个比赛过程中完成长时间的竞技活动而不降低效率的一种能力。这种能力是作为五人制足球运动员最为重要的身体素质指标之一。中枢神经系统，特别是大脑皮层的状态，当然还有心血管和呼吸系统的训练程度决定着耐力素质水平。

耐力素质水平的决定性因素还取决于运动员技战术的训练水平，是否善于避免过多消耗体能和节省化地完成运动动作。耐力的衡量标准是时间，指运动员在一段时间内能够维持住规定的强度。

为了准确地掌握青少年五人制足球运动员耐力的训练方法，建议首先要注意到五人制足球运动的特性，以及运动员在比赛中所不得不承受的那部分负担的特点。众所周知，在这项运动中，运动员活动的特点在于，一方面，是维持最大强度3~8秒（冲刺跑、加速度、跳跃、一对一对抗等）的短时间活动；另一方面，是比赛中个别阶段的适度活动。体育学校在确定运动员耐力的训练方法时，教练员必须分清楚两种类型的耐力：一般耐力和专项耐力。

一般耐力指以适中的、或低强度的水平完成各种动作的能力。训练青少年五人制足球运动员这种耐力的主要方法有匀速训练法和间隔训练法。考虑到五人制足球的特点，在对青少年五人制足球运动员进行训练时，应当更好地训练机体的呼吸（增氧）能力（这是为了在整场比赛中保持高节奏的需要）。同时，为了使运动员完成多次的冲刺跑（五人制足球中最多的就是这个动作），就必须加强他的无氧能力。建议采用越野行走、中长距离跑、游泳、滑雪等必须以相对均匀的节奏完成的运动，来训练青少年五人制足球运动员的一般耐力。非循环性的练习也是可行的。作为发展青少年五人制足球运动员一般耐力的高强度练习，建议可以采用不同距离且有速度要求和间隔在6分钟以内的重复跑，以及多次重复一般训练的练习。整体而言，在教学与训练过程中采用对所有基本肌肉群有作用的练习，是训练青少年五人制足球运动员耐力的最佳策略。

在对小学年龄段的儿童进行训练的工作中，应当考虑到，对心血管和呼吸系统的负荷训练绝对不能是连续性的，足够的休息间隔必须得到充分保证。随着年龄的增长，将力量维持在稳定水平的能力会有所改善。更何况，在系统地运动训练过程中，机体的身体状态会发生变化。也就是说,对负荷和疲劳状态机体会逐渐加以适应,同时也就获得了体力负荷后迅速恢复力量的能力。在考虑这一特点的同时,教练员应当定期地根据负荷训练的逐步复杂化程度,以及是否有损青少年五人制足球运动员健康方面,重新考虑和修订负荷训练计划。

长距离的慢跑是在运动训练初级阶段训练一般耐力的主要手段。它的持续时间可从8~10分钟逐步增加到20分钟(在心脏收缩频率每分钟140~150次的情况下)。在进一步深入的运动专业化阶段,可以采用所谓的匀速—多变方式来训练一般耐力,它的特点是将负荷分化为好几"份",在每"份"之间用消极性的休息和积极性的休息进行轮换,这样就能够使用强度更高的练习。例如,在进行1 000米跑时,青少年五人制足球运动员在以频率不高的方式跑完第一个200米之后,再完成20~30米的冲刺跑,如此反复。在这样的情况下,不同强度的分段加速跑完全由这一组跑的目的和任务来确定,当然,也取决于运动员的训练程度。运用这种方式训练青少年五人制足球运动员时,应当考虑到,完成练习的强度必须是心脏收缩频率在结束阶段达到每分钟160次的水平;完成练习的时间长短规定为30~45秒,休息的间隔时间为15~45秒;同时,暂停结束时心脏收缩频率应降低到每分钟120~140次。完成练习之间的休息应当是消极性的,而重复的次数建议选择这样的方式,即运动员能够在相对稳定的状态下完成每一组练习。间歇训练法相当广泛地适应于增强运动员机体增氧能力的运动技术提高阶段。在这种情况下,完成练习的强度不应超过最大强度的80%(心脏收缩频率在每分钟90~170次);练习的时间长短在1~3分钟;休息的间隔时间为30~90秒;重复次数在10次以内。如果以组(每重复5~6次为一组)来完成练习的话,每组之间的休息应达到6分钟,而每次训练课的次数为2~6组。

专项耐力是指运动员在整场比赛期间维持规定速度的机体能力。这种形式的耐力取决于运动员的一般耐力发展水平、支撑运动器官的训练水平和本人的意志品质。在五人制足球运动员的专项耐力中,必须特别注意速度耐力,也就是运动员完成技术动作和在整场比赛中高速跑动的能力,以及竞技耐力,也就是运动员在不降低完成技术动作效率的情况下,在高速跑动中进行比赛的能力。为了训练运动员的速度耐力,建议采用多次完成的速度练习(冲刺跑、加速跑;由冲刺跑、急停、加速跑、转身、跳跃构成的多次重复组合;按照比赛技术的要求模仿的基本动作)。

间歇式训练是训练速度耐力的基本方式。训练速度耐力的主要依据是时间,即在训练期间保持规定的速度或动作频率的时间。同时,体力负荷的分配应具有以下参数:每次重复的时间长短为20~30秒,最大的强度,重复过程中的间歇为1~3分钟,重复的次数为4~8次。

为训练青少年五人制足球运动员的比赛耐力,建议采用那些已被运动实践证实其合理性的各种教学手段(延长教学比赛时间,比通常的增加5分钟,让新运动员或者是已经休息过的对手加入比赛,缩减队员的教学比赛,在教学比赛过程中采用不同训练目的的练习）。高速，作为现代五人制足球的特点，要求青少年五人制足球运动员的教育者注意培养和发展多次加入比赛的能力，在一定的时间里使出全身的力气，同时要克服比赛过程中因重复的高强度负荷带来的巨大疲劳。为了达到训练运动员，使他们的机体能完成这样比赛的目的，建议广泛地运用间歇式训练方式。例如，在增加比赛时间的高强度教学比赛中，可以布置暂停5分钟用来休息，或者去完成某个技术动作。同时，每次在这样的暂停之后，要向运动员布置以最大的积极性和强度去完成的任务；或者，在教学比赛中建议使用5~7分钟的休息时间，取代运动员通常在比赛中上场3~4分钟的方法，如此反复。

在培养青少年五人制足球守门员时，建议也要注意发展所谓的跳跃耐力，也就是往高处、两旁、向前，包括与对方一对一的情况下多次重复跃起的能力。要考虑到运动员的年龄、性别和身体训练水平情况，来确定完成训练耐力练习时负荷的特点和负荷的总量。

【练习示例】

1. 完成中等强度的中等距离行走，以及在崎岖不平、上下起伏的道路上越野跑。
2. 沿着比赛场地的四周完成长距离跑：用并步沿两侧的线跑，沿着球门线倒着跑和向前跑。
3. 没有运球的手球比赛。只能靠双手传球，而射门则用脚和头不停球地直接射门。
4. 用以下方式沿比赛场地进行跑步：沿场地的两侧划线中等速度跑；沿对角线冲刺跑10~15米后转为慢速跑；沿球门线倒跑；等等。
5. 沿着比赛场地四周跑，其间根据口令进行3~5秒的冲刺跑。
6. 障碍跑。起跑后，在5米处以倒跑回到起跑线，重新提速跑，蛇形跑过4根间距为2米的立柱，边跑边跃过4个间距为3米的栏架，然后用并步跑回到起跑线。
7. 完成长度为21米的穿梭跑，每间隔7米画出一条控制线。球员的任务是跑到每条控制线后再折返回到起跑线，也就是在练习过程中完成3次折返跑。
8. 以跳跃的方式往前跑15米后，向左转体90°，用碎步跑15米，向左转体90°，高抬腿跑15米，向左再转体90°，最后用冲刺跑奔回到出发的地点。
9. 沿着每边15米的等边三角形划线进行跑动，在每一边都放置障碍物。第一边为5根立柱，应以蛇形的方式跑过，然后再跳过第二边上的4个栏架，最后跑过第三边上的实心球。
10. 沿整个比赛场地做"五对三"的比赛性控球练习。
11. 沿整个比赛场地做"四对四"比赛性对控球方进行人盯人的练习。
12. 在球场的一半场地上进行"四对二"的比赛性练习。控球队员可以不超过2次的触球。
13. 在5~6分钟的时间内，两人一组，以低平和高抛的方式踢出8~12米远的传球。

另一种方式：同样，但在每次传出球后，摆臂向上做一次跳跃动作。

14. 沿着比赛场地运球绕过随意安插的立柱。

15. 沿着比赛场地运球跑动，完成两个球的运球动作。

16. 两人一组，沿着比赛场地运球和传接球。

17. 从角球位置沿边线带球冲刺跑至中线，朝对方球门的远处立柱射门之后，转身并冲刺跑向 10 米距离的标记处，完成射门后再用冲刺跑回到出发点。

18. 用冲刺跑出 10 米远之后，跨越过第一个栏架，钻过第二个栏架，重新跨越过第三个栏架，并再次钻过第四个栏架。栏架间距为 4 米。转体 180° 后截住来球，一边绕过间距为 3 米的立柱，一边往回跑动。

19. 以直线、蛇形方式用实心球进行运球练习。

20. 进行全场有守门员的"三对三"比赛性练习。

21. 在完成 10 个原地跳跃，加速跑 6~8 米，运球跑动 10 米之后，将球踢向目标。

22. 在离球门 8~10 米处（与球门平行）将 5 个球放置一排。从右侧跑出，不带停顿地用右脚依次将球踢向球门。然后再从左侧跑出，完成射门动作，但是用左脚踢球。

23. 做向前滚翻，冲刺跑出 10 米，急停后完成 8~10 个以半蹲的姿势向上跃起的动作。

24. 左侧身站在楼梯台阶前，在 10~15 秒内高速完成侧身跃上台阶和跳下台阶的动作。休息后用同样的方式再做，但是右侧身站在台阶前。

25. 两人一组完成练习。两人面对面相隔 10 米站立，各自向前冲刺跑。其中一人在双方接近时，做一个前滚翻动作；另一个则跳起越过他，这个动作做完之后，必须冲刺再跑 6~8 米。下一次两人再做时，双方互换角色。

26. 三人一组完成练习。三人相隔 6 米站在同一条线上。两端的球员持球，轮流完成将球低传给中间的球员。中间的球员跑位时面向每次传来的球，回传球后再转身 180°。所有的人只能一次触球并完成传球。一定时间过后，中间球员与另外两名球员轮换角色。另外一种方式：两端的球员完成向中间球员的传球之后，紧接着再完成向上跳跃或做两次下蹲的动作。

27. 将球从一处球门带往另一处球门。越过球场中线后，将球停留在 10 米远距离标记处，然后转体 180° 并全速跑向中线，再次转体 180°，仍以全速冲向此前的停球处，将球踢向球门。

灵 敏 素 质 训 练

  灵敏性是以人的活动能力和其准确迅速地完成运动动作的能力为特点的一种复杂的身体素质。在五人制足球中，这种素质能够使球员迅速和自信地掌握协调性复杂的动作，准确地完成复杂的运动任务，以及根据不断变化的比赛情况迅速做出调整。机体的灵敏性与力量、速度、耐力和柔韧密切相连。在对体育学校的青少年五人制足球运动员制订训练计划时，建议对这项身体素质的培养应当在从普通练习转向复杂练习的同时，引入左右两边的练习，在对抗性练习的过程中加大进行。必须考虑到，做发展灵敏性的练习，要求肌肉的感觉非常灵敏，在运动员们出现疲劳的迹象时才会产生一点效果。这就是为什么在完成这样的练习（就像速度练习和力量练习）时，必须采用足以恢复的间歇性休息的方法。从整体上来说，建议在运动员们没有因上一次的负荷训练而出现疲劳的时候，再完成这样的练习。例如，在对青少年五人制足球运动员训练中，必须做到只有在做完预先的准备活动之后，当他们的机体还没有出现疲劳征兆时才进行增强灵敏性的练习。同时，在一堂课中，不建议制订过多的增强灵敏性的练习计划。

  一般灵敏性和专项灵敏性二者存在区别。一般灵敏性的主要任务是扩展青少年五人制足球运动员的运动技巧范围。一般灵敏性的训练方式包括有技巧运动练习和体操运动练习、蹦床上的跳跃、跑动性的和竞技性的游戏、接力赛跑、田径练习、摔跤等。一般灵敏性的训练能够促进青少年五人制足球运动员在不熟悉的环境条件下，完成熟悉的技术动作。专项灵敏性，通常理解为是一种能够灵活、完美地使自己的动作适应于经常变换的临场比赛状况的能力。在五人制足球中，无论是有球队员还是无球队员，他们的动作都能表现出专业的灵敏性。球场上的跑位、运球、假动作和射门等，都需要运动员充分地表现出自己的协调能力。一般灵敏性是专项灵敏性的基础。青少年五人制足球运动员可以通过体育学校的长年训练获得专项灵敏性。与此同时，随着运动员们的运动技巧和动作不断增多，以及比赛经验的增加，他们的该项身体素质也在发生变化。运动技巧和动作越是丰富多样，他们就越能够轻松自如地应对各种复杂的赛场局面。无论如何，在对如何培养青少年五人制足球运动员的灵敏性进行研究的时候，必须注意的是，要将灵敏性加以复制，在原则上是受到条件的限制的。例如，在训练中，青少年五人制足球运动员可以非常自信地用各种方式完成颠球，以及一连串其他技术动作，然而在比赛中，他们却往往显得并非是那么技术高超，有时甚至在一般场合下都表现得束手无策。为了训练青少年五人制足球运动员的专业灵敏性，在教学训练期间建议采用能够让他们在比赛中直接对所掌握的运动技巧加以运用的教学手段。简而言之，训练青少年五人制足球运动员专项灵敏性的主要方法是五人制足球技术动作的模仿练习和基本功练习。运动员在完成各种接力赛跑、技巧动作练习以及组合练习时，应当以随机应变和迅速的动作摆脱突如其来的复杂局面。在训练守门员（为发展他们在无支撑状态下控制自己身体的技巧）的过程中，建议大量采用在蹦床上做各种桥式动作以及技巧性跳跃动作的练习。

训练灵敏性的最佳时期是在9~12岁，但这并不意味着在之后的青少年五人制足球运动员训练中就不必提出训练和提高这项身体素质的任务了。恰恰相反，为了完成这项任务，建议在总的训练框架中制订个性化训练计划，以及个别运动员的补充性训练计划。

【练习示例】

1. 活动性游戏，接力跑比赛。

2. 以两手撑地半蹲的姿势，做前滚翻动作，然后回到原来的姿势。另一种方式：但是以身体前倾，双脚比肩宽并用双手抓住脚踝的姿势（图1.22）。

3. 以两手撑地半蹲的姿势，向后做滚翻动作，然后回到原来的姿势。另一种方式：①但双手向后往上高举；②但用站立的姿势开始完成（图1.23）。

4. 站立姿势，双脚与身体同时向前跃起，完成前滚翻动作（图1.24）。

5. 两人一组完成练习。相互抓紧对方的脚踝，两人完成向前滚翻（"车轮"）（图1.25）的动作。另一种方式：但向后做滚翻的动作（图1.26）。

6. 两人一组完成练习。面对面用半下蹲姿势，各自抓住对方的手跳"哥萨克"舞，一条腿往前伸直（图1.27）。

7. 三人一组完成练习。两端的球员面对面站立，中间的球员朝面向自己站立的同伴做滚翻动作，而后者在越过他后马上朝第三名球员做滚翻动作，第三名球员同样也是越过中间者后做滚翻动作（图1.28）。

8. 助跑后单腿跳离地面，跃上相互叠加的垫子或跳箱等类似的物体，然后跃下并完成前滚翻动作（图1.29）。

9. 以两手撑地用半下蹲的姿势出发，向前向上跃起后，做加速跑，蛇形绕过间隔2米的五根立柱，然后跃起用头部顶碰悬挂着的球。

10. 完成起跑后的加速跑5~6米的距离，然后越过半蹲着的伙伴，从斜撑着的第二个伙伴的身下爬过，再次跳起从第三个伙伴的上方越过，如此反复。

11. 一名球员将球向前方高空抛出，身体跳起跃过体操凳，然后沿着体操凳奔跑，用脚掌停住球（图1.30）。

12. 沿着体操凳进行运球跑。

13. 完成行进中的用头部颠球动作。行走和颠球过程中，将体操凳放在做练习球员

图 1.22　　　　图 1.23　　　　图 1.24

图 1.25　　　　图 1.26　　　　图 1.27

图 1.28　　　　图 1.29

图 1.30

的两腿之间。

14. 完成跳跃过三个栏架，然后运球跑动 12 米远的距离，再从两个栏架下面爬过之后，以用脚颠球的动作完成训练。

15. 三人一组完成练习，进行相互间的三角低传球（先顺时针传球，然后逆时针传球）。球员将球传给伙伴后，先做一个前滚翻动作，然后再向上跳跃两次。

16. 沿着直径为 8 米的圆圈奔跑，然后双脚起跳越过 4 个实心球，完成一个前滚翻动作后，用内脚背或外脚背去踢球。球由站在踢球球员侧面的伙伴抛出。

17. 完成向后滚翻动作后，紧接着再做一个前滚翻动作，然后冲刺跑动 8~10 米的距离追赶滚动的球，追上后将球踢向目标。

18. 完成长滚翻越过障碍物（栏架、实心球、半蹲的伙伴），然后完成 6~8 米距离的冲刺跑，在弹簧跳板上起跳，跃向"窗口"（环、吊环或类似的物件）并用头去顶悬挂着的球。

19. 三人一组完成练习。沿着三角形完成两个球的传球动作（先顺时针方向传球，然后逆时针方向传球）。另一种方式：但传球后球员完成向前跳跃或转体 360° 的动作。

20. 采用各种方式用脚颠球，站在原地并慢慢往前跑位。另一种方式：但以两人一组，颠球数次后相互传递。

21. 用头部颠球，站在原地并慢慢往前。另一种方式：但以两人一组，颠球数次后相互传递。

22. 接力运球（蛇形、之字形、转圈、八字形）和与伙伴传递球。

柔 韧 素 质 训 练

柔韧性是最重要的身体素质，可以被认为是运动支撑器官的机能形态特性，决定着身体各个部分运动的幅度。柔韧性能够更为清晰和节省化地显示出其他方面的身体素质：力量、速度、耐力和灵敏性，以及对最完美运动动作的把握。对于正确形成骨骼和整个运动支撑器官，柔韧性练习是无可替代的。五人制足球运动员如果具备足够的柔韧性，就可以自如地完成技术动作，以及紧张与放松之间的转换。柔韧性分为主动柔韧性与被动柔韧性两种。

主动柔韧性是运动员通过收缩相应关节周围的肌肉群，达到更大运动幅度的能力。被动柔韧性是借助于外力（伙伴的力量、某种负重、运动器材等类似对象）对身体运动部分产生作用，使关节运动达到最大幅度的能力。具备两种柔韧性是每个关节所特有的。但是肩关节的运动水平很高的运动员，并不能保证自己的膝关节或者是踝关节也具有同样的运动水平。因此，在对体育学校的青少年五人制足球运动员进行多年训练的过程中，有必要全面训练培养他们的柔韧性，这对五人制足球运动员的意义尤为重要。

柔韧性也可以分为一般柔韧性和专项柔韧性。

一般柔韧性是身体所有关节以最大的幅度完成各种动作的运动能力。

专项柔韧性只是部分关节所具备的最为重要，甚至是极限的运动能力。在参加比赛的运动员身上，就是这部分关节承受着主要的负荷。训练柔韧性的基本方法是做拉伸练习。建议按每组3~5个有韵律、重复、富有弹性地完成这样的练习，然后，再逐渐地加大运动幅度（对手练习，在体操器械上做，用体操棍等做类似的练习）。先是缓慢地做，然后逐步加快速度。应当逐渐增加对每组关节的重复总量。在被拉伸的肌肉，特别在肌肉的肌腱部位出现疼痛感时，运动员很容易感觉到运动幅度的极限。第一次疼痛的感觉应当作为停止练习的信号。

预先的准备活动、按摩、放松练习、温水淋浴，并借助于拉伸练习等，都可以成为训练肌肉和韧带弹性的有利因素。重复方式是通过这样的练习达到最佳柔韧性的主要手段。初始阶段的柔韧性练习，建议每天做（晨操、个性化的训练）。在将要达到训练的必要水平时，拉伸练习的量应当减少。训练得很好的柔韧性是相当稳定的，可以通过相应的练习去保持。这样的减量练习方法，建议列入每周2~3次的训练课程中。柔韧性训练结束之后，必须要进行放松练习。

柔韧性取决于运动员的年龄和性别。身体各大环节的活动性，一般会逐渐增长到 13~14 岁，通常在 16~17 岁时趋于稳定。此后，这项身体素质就将稳定下降。应当注意，在训练大于 13~14 岁年龄段的青少年五人制足球运动员时，如果忽略拉伸练习的话，那么可能在青少年时期，柔韧性就已经开始下降了。体育学校对这项身体素质的培养工作，建议从 7 岁就开始制订工作规划。同时必须注意到，女生在所有年龄段时期，其柔韧性要比男生高出 20%~30%。

【练习示例】

1. 用弓箭步进行弹性摆动跨步走。
2. 将双手向上举起，完成前后桡腕关节的动作。另一种方式：但手持哑铃。
3. 负重或无负重完成最大幅度的双臂划圈动作。
4. 在离墙 1 米处站立，完成向前"倒向"墙面，然后再用手指推离的动作。
5. 完成膝关节划圈的动作。
6. 扭动躯体，完成髋关节的划圈动作。
7. 以左右腿完成髋关节（膝关节弯曲成 90°角）的划圈动作。
8. 将左（右）腿放在肋木、体操凳等类似物体上，完成向前倾躯体的动作。
9. 用站立的姿势，双腿并拢，下腰前倾，将头触及膝盖。
10. 以仰面平躺的姿势，用双脚的脚尖分别触碰头部的左侧、右侧和头顶后面的地面。
11. 用坐着的姿势，双腿并拢，双手向后支撑，将腿向右（左）挥动。
12. 从站立的姿势转为双膝下跪，然后再坐在脚后跟上。
13. 原地站立，然后用左右脚轮流起跳，要用脚掌发力。
14. 两人一组，完成抗阻和拉伸练习。
15. 模仿用内脚背踢球，原地完成左右脚的快速轮换动作。
16. 轮流用左右脚的外脚背模仿颠球。
17. 轮流用左右脚的内脚背模仿颠球。
18. 模仿去踢腰部位置高低的平空球，用左右脚轮换完成动作。

"拉伸法"（源于英语"stretching"一词）作为体育学校训练运动员柔韧性的一种教学方法，是一个完整的练习体系。拉伸法在许多运动项目中被广泛使用，是拉伸躯体和四肢的固定肌肉群、韧带和肌腱的一整套练习动作，其中的练习方法十分简单，可以让运动员使用器械或无须器械去完成，也可以在同伴的帮助下完成。

不过，拉伸法不采用大幅度的摆动动作、任何一种在肌肉高度拉伸和紧绷情况下的快速与强力动作，以及那些可能会对运动支撑器官的肌肉韧带部分造成损伤的动作。拉伸法的实质是在紧绷与放松的交替中尽量地去拉伸肌肉，或者是拉伸已经放松了的肌肉，或者是躯体的所有主要肌肉群和四肢，或者只是部分的肌肉群要进行不断地拉伸训练，这要由该次训练中所要解决的问题来确定：为了训练肌肉器官部分，为完成主要的训练项目做好准备，为了解决一些具体的问题（例如，在对该肌肉群的力量练习之前），最后部分——为了达到放松的目的。

在对青少年五人制足球运动员的训练中，应当只对已经兴奋了的肌肉采用拉伸的方法。

拉伸法同样也可以被广泛用作一种训练和青少年五人制足球运动员在准备比赛之前放松一下的、独立的热身活动。同时应当考虑到，拉伸法不是替换，而只是补充一套一般练习和专项练习的方法。当然，也可以只建议对那些已经得到足够训练的青少年五人制足球运动员使用这种方法。

拉伸法要求以完成以下几种方式的练习为前提：

1. 绷紧部分肌肉或肌肉群，以最大的力量作用于处在静止状态的支撑物体。
2. 做这样的练习要在 2~3 秒的暂停休息时放松肌肉。
3. 要平稳地完成工作着的肌肉拉伸，以及同样的绷紧时间 20~30 秒。
4. 当肌肉被拉伸到将要产生疼痛感的临界点时，也就是拉伸获得最佳效果的时候。与此同时，不建议要求运动员在忍受剧痛的极限情况下争取完成练习。稍微延长一些肌肉拉伸状态的时间是合适的。

【练习示例】

1. 两手手指交叉，抱住后颈，肘部向后用力，头往前伸（图 1.31）。
2. 用手掌捂住肘关节将其往肩部方向推压（图 1.32）。
3. 两人一组完成练习。前面的人双手抱住后颈，用双手向站在身后的伙伴施加抗力，后者则将前者的肘部向下拉（图 1.33）。
4. 向前伸出双手，用双掌紧紧压住球（图 1.34）。
5. 站在墙角处，面向墙（用手掌撑在墙上），将身躯尽量往前压（图 1.35）。
6. 背靠肋木站立，用手掌搭在横木上向下施压（图 1.36）。
7. 站立，将左（右）手肘关节弯曲高举，并用右（左）手将另一只手的肘关节往向下方压（图 1.37）。

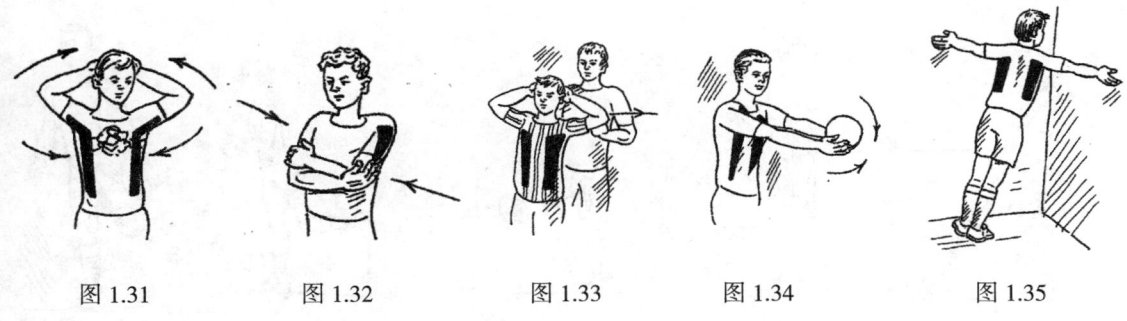

图 1.31　　　　图 1.32　　　　图 1.33　　　　图 1.34　　　　图 1.35

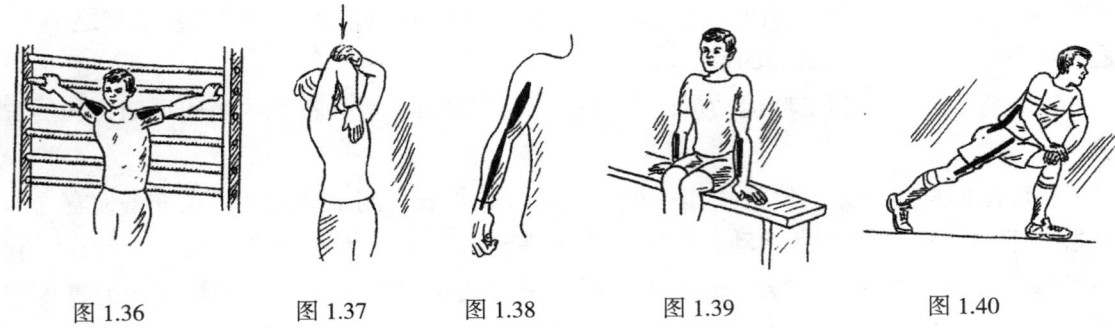

| 图 1.36 | 图 1.37 | 图 1.38 | 图 1.39 | 图 1.40 |

8. 将双臂弯曲抬起（肩关节），然后放下手臂伸直（肘关节），伸直时要绷紧（图 1.38）。

9. 坐在体操凳上，用手掌撑着凳面（手指向后展开），手指用力往下压（图 1.39）。

10. 向前成弓箭步姿势，用双手撑住膝盖，完成伸展髋关节的动作（图 1.40）。

11. 用双臂靠在某个物体上，将额头贴于手臂上（一条腿屈膝向前，另一条腿向后伸直，成弓箭步），慢慢向前跑位，盆骨（背部）要挺直。伸直的腿脚掌不可离开地面，必须在放松小腿后侧肌肉的情况下轻轻地将脚从膝盖的方向往侧面转动，轮换给两条腿形成这样的紧绷状态（图 1.41）。

12. 用站立的姿势，微蹲，绷紧膝上的股四头肌，同时放松大腿后面的肌肉（图 1.42）。

13. 用双脚比肩宽的姿势站立，完成向前弯腰的动作（这时双腿膝部关节略微弯曲，颈部和双手处于放松状态），直到感觉大腿后面的肌肉绷紧为止（图 1.43）。

14. 用单腿站立（另一条腿膝关节弯曲，往后搁在肋木的横条上），在完成弯曲站立支撑腿膝关节的同时，背部往后下方倾（图 1.44）。

15. 用左（右）腿单腿站立，用手抓住右（左）脚掌，在弯曲膝关节的同时，完成将脚掌往臀部上拽（图 1.45）。

16. 仰卧（身体上抬离开地面30°），双手放在臀部或躯干两侧，绷紧腹部肌肉（图 1.46）。另一种方式：但以站立的姿势，以身后的肋木高处的横杆为支撑完成练习（图 1.47）。

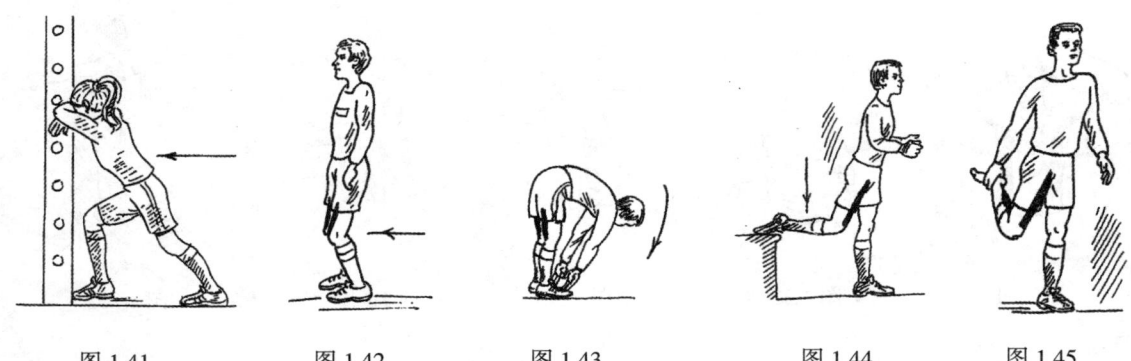

| 图 1.41 | 图 1.42 | 图 1.43 | 图 1.44 | 图 1.45 |

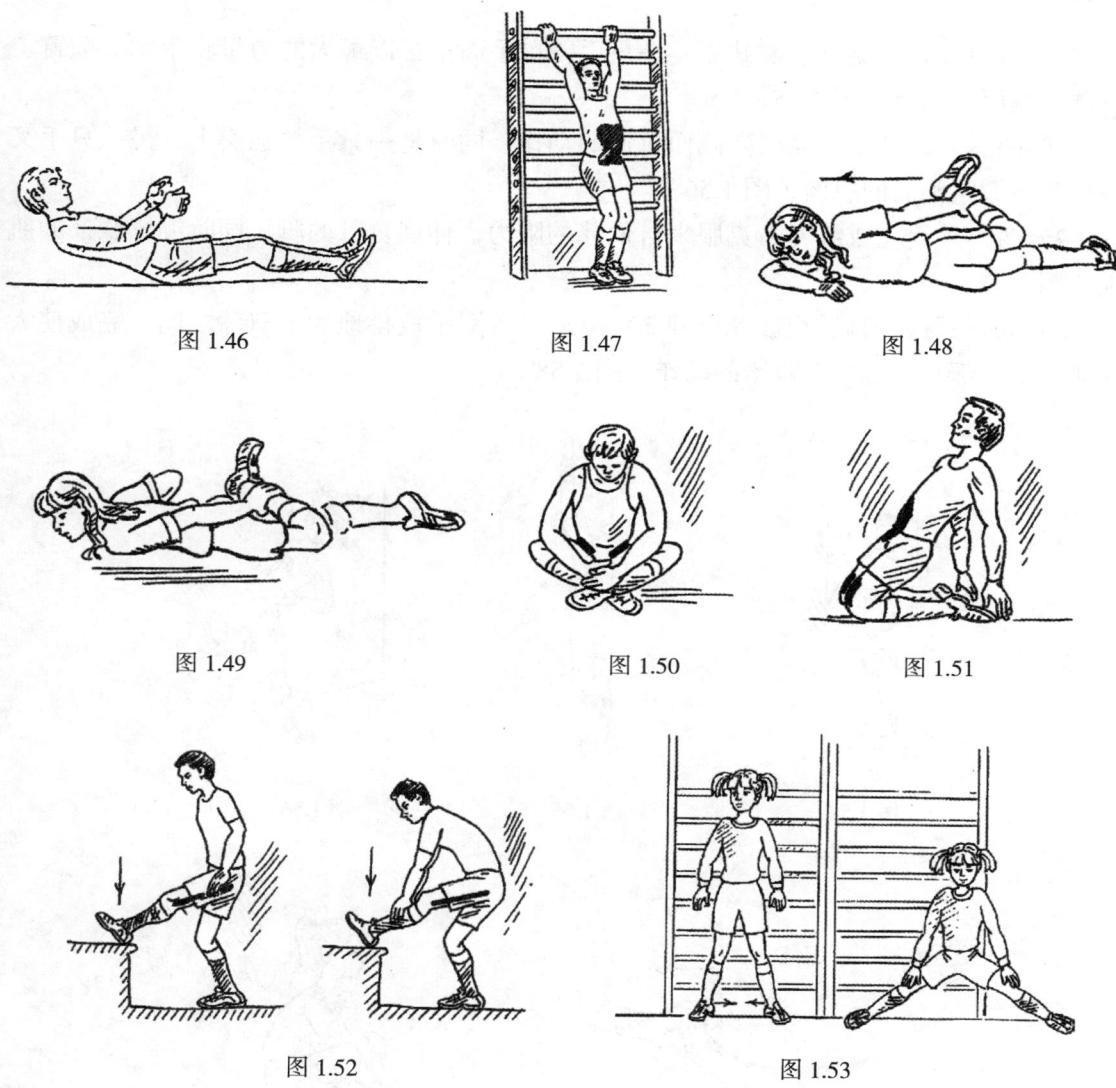

图 1.46　　　　　图 1.47　　　　　图 1.48

图 1.49　　　　　图 1.50　　　　　图 1.51

图 1.52　　　　　图 1.53

17. 用侧卧的姿势，用左（右）手抓住左（右）小腿，在尽力克服阻力的同时弯曲左（右）腿的膝关节（图 1.48）。另一种方式：但是要用手抓住同侧的腿，尽力伸直腿部膝关节（图 1.49）。

18. 用坐地的姿势，将双腿交叉在一起并用手撑住，然后轻轻向前倾直到感觉腹部有绷紧的感觉为止（图 1.50）。完成这个姿势时，头部和肩部不可向前倾。

19. 用跪坐的姿势，完成躯干向后倾的动作，同时绷紧大腿和腹部的肌肉（图 1.51）。

20. 将一条腿的膝关节伸直，搁在体操凳上，用支撑腿微微地弯曲，通过脚后跟对体操凳施压，同时绷紧大腿后侧肌肉（图 1.52）。

21. 将两腿分开站立，背靠肋木，用力绷紧大腿内侧肌肉，同时将两腿并拢（图 1.53）。

22. 背靠墙壁站立，躯干略微往前倾，用腰部抵着墙（双手抱头），通过背部向墙壁用力（图 1.54）。

23. 两腿分开，侧身靠墙站立，一只手臂单手高举，以最大的力量将手掌、前臂、胸廓的侧面压向墙（图 1.55）。

24. 两腿分开站立，完成向侧面拉伸的动作，同时将一只手放在头上，另一只手叉在腰间，绷紧侧面的肌肉（图 1.56）。

25. 两人一组完成练习。克服来自伙伴的阻力，伸展自己的脚，同时绷紧膝部的肌肉（图 1.57）。

26. 双脚深蹲，脚后跟彼此分开 20~30 厘米，双手放松地置于双膝之间，完成使大腿肌肉、膝部和背部肌肉收紧的动作（图 1.58）。

图 1.54　　　　图 1.55　　　　图 1.56

图 1.57　　　　图 1.58

放　松　练　习

在做完紧张大肌肉的练习之后，建议完成放松练习。不仅如此，青少年五人制足球运动员的每一次训练课程完成之后，都应做几组放松练习。在水里完成练习，以及慢游都非常有助于放松。

【练习示例】

1. 在双手的不同位置（向下、两侧平举、向上）抖动手腕（图1.59）。
2. 用站立的姿势，双手向上高举，让双手由上往下"掉"。另一种方式：但以双手向前、双手侧平举的姿势开始。
3. 用一条右（左）腿站立，自由地挥动另一条左（右）腿。
4. 用分腿站立的姿势，在转动身躯的同时放松地挥动双臂。
5. 用手握住横杆（体操阶梯），用悬垂的姿势，完成放松地挥动双腿的动作。另一种方式：但是在吊环上完成。
6. 用分腿站立的姿势，双手向上举起，完成连贯性的手腕、前臂、双手和头部的放松、下垂动作，与此同时身躯完成深蹲的动作。
7. 用站立的姿势，将身体向前倾，完成放松地晃动身躯和自然下垂双手的动作。
8. 进行放松的碎步小跑。
9. 用单腿在原地进行轻松的跳跃，与此同时自然地摆动放松了的另一条腿和双臂。
10. 仰卧，完成彻底放松双肩、双手、双腿、身躯肌肉的动作。
11. 用双肩着地倒立的姿势，完成抖动双腿的放松动作（图1.60）。

图1.59

图1.60

第二部分
技术训练

五人制足球的技术是指为了在比赛中达到预期目的而采取的专业动作的总和，主要分为两种：球员的跑位技术动作和控制球的技术动作。根据五人制足球技术中的运动特性，可将其分为两类：球员的技术和守门员的技术。

　　如今，五人制足球快速发展，并对球员的技术训练提出了越来越高的要求。为了在如此复杂而且场上情况瞬息万变的比赛中取得良好成绩，球员就必须努力掌握大量的技术动作，以及学会如何在不同的情况下可靠、迅速和及时地运用这些动作。

　　对世界强队的分析表明，顶级球员的特点在于，他们是技术的多面手，都能够显示出均衡地并以极高水准地掌握了所有的技术动作，无论是在进攻还是防守中。与此同时，世界五人制足球的顶级球员们在他们自己的技术"宝库"中都拥有各自的拿手绝技。正是这些拿手绝技，使得他们参加的比赛不可复制，并且经常给他们所在的球队带来好成绩。当然，要达到顶级球员那种高度的技术水平并不是件容易的事，但也并非是做不到的。为此，必须在多年训练期间，从青少年开始，就保证不断地提高球员们高水准的技术水平，同时合理地明确每个阶段具体的、相互间隔的任务和目的，为球员们选用最具效果的训练方式和教学法，以实现这个目标。

球员的技术训练

□ 移动

在比赛过程中，球员交替采用行走、跑动、跳跃、转身进行跑位，借助这些动作，以摆脱对方的盯人球员或对自己的注意，跑到空位上去，继续盯住对方的球员。很好地掌握各种跑位动作的球员，可以保证自己能以最合适的、平衡很好的起始姿势去完成有质量的踢球技术动作。

在五人制足球这样快速的比赛中，球员们采用行走的机会大大少于奔跑。然而，球场上还是有行走的。这个跑位动作主要是与奔跑结合着使用的，是在短暂停留的瞬间变化位置，改变运动的速度与方向。与通常的行走相比，球员在五人制足球中的行走只是双腿的膝关节略微弯曲几下。

防守球员在防守自家球门时，行走的特点是间距很小，但用的是速度很快的并步。当然，奔跑才是五人制球员跑位的主要方式。完成任何方向的加速跑，瞬间改变方向和跑位的冲刺，均为球员在比赛中奔跑的特点。例如，球员双脚与地面的接触是由脚跟到整个脚掌，为了突然摆脱对自己的盯防，或者是跑到一个空位，球员不得不采用多种多样的奔跑方式，如冲刺跑。冲刺跑可以是只有几米的短距离，也可以是在更长的一段3~30米的距离内完成。

对于摆脱对手来说，突如其来的启动加速跑，或者是奔跑时的突然加速度，通常都是非常奏效的手段。在完成冲刺跑时起始的几步是短促的，脚的位置从脚尖开始。身躯向前倾，两只手的肘关节弯曲，几乎成直角，随着奔跑的节奏自然运动。奔跑时，头部略微抬起，采用加大下一步的步幅来增加奔跑的速度。在五人制足球中，球员们势必不得不做直线跑位，还要做不同方向的跑位，为此还采取其他的奔跑方式：背部朝向前方的倒退跑、并步跑。

并步跑是脸向前方、背部朝前的侧身跑。在这样的情况下，球员的第一个动作是从朝着运动方向的那条腿开始（脚的支撑点从脚掌向脚尖跑位，同时另一只脚以轻轻地滑行动作向其靠拢）。重要的是，球员的双脚在运动时不相互交叉。

跳跃跑是球员跑位中不可分割的一部分。跳跃跑既是独立的跑位动作，同时又是这项运动的其他技术动作的组成部分。跳跃跑分为向前、向上和向两侧几种形式。球员在跳跃之后落地时，应当是足够轻盈，并保持平衡。这样的落地才能保证对略为分开并屈膝的双腿有所缓冲。只有这样的姿势才能够让球员马上投入比赛,并迅速准备好完成下一个新的技术动作。

根据比赛中出现的情况,球员们经常会被迫做出突然的急停,以便为自己有机会去做下一个动作。停步多半是采用一个更大的急停步,并在做动作之前稍微减慢奔跑的速度。双腿的用力屈膝和整个身体的重量大部分都不得不落在那条支撑腿上,这决定着停步的效果。这个姿势能够保证球员往任何方向继续运动,并马上做出这样或那样的踢球技术动作。

借助转身动作,球员可以几乎毫不减速地获得改变跑位速度的机会,既可以在原地,也可以在运动中完成转身动作。例如,以几个短步用迈步方式完成转身动作。而利用往自己初始动作相反的方向蹬出的腿,球员就可以改变自己跑位的方向,同时朝着自己想要继续移动的方向弯下身躯,用主动朝转身方向起跳的方式完成跳跃跑的动作。摆腿的那只脚也转向同样的方向。在转身的动作完成之后,通常是起跑后的加速跑。

正如我们所看到的,五人制足球中球员们经常会被迫做冲刺跑、跳跃跑、急刹车(急停),并从任何一个角度重新开始回到初始的动作。

当然,那些能够迅速克服自身惯性的跑位,会迫使球员的腿部肌肉在收缩—伸展状态下工作。而且,缓冲期越是"急剧",它的过程就越短,而球员的腿部肌肉就会更有力地伸展,同时将他"带往"他所选择的方向。这就是为什么在青少年五人制足球运动员的教学训练中,必须要将包括那些跳跃、停止、转体加各个方向的冲刺跑结合在一起的综合性练习的原因。正是这些综合性的练习,才能够反映出五人制足球运动员跑位的特点。

【练习示例】

1. 采用仰卧的姿势,根据信号抬起双腿,膝部弯曲,完成上举并划圈的动作——"蹬自行车"(图2.1)。

2. 原地站立,完成双臂用力扩展的动作。

3. 根据信号,完成一边行走一边用力甩动手臂的动作。在每个第三步时,快速抬起大腿。

4. 完成高抬腿的跑步练习。另一种方式:但在大腿抬起时用双手拍打膝部(图2.2)。

5. 完成双手下垂原地小步跑的动作。另一种方式:原地跑,腰间系一根橡皮拉力带将练习者往后拉(图2.3)。

6. 完成脸朝前的高抬腿的跑步,然后转换成小腿往后甩,并用同侧的手掌触及同侧的脚部的动作(图2.4),而后换成轮流用右手拍打左脚脚掌,左手拍打右脚脚掌的跑步动作。

7. 完成背朝后的反身跑、左右的并步跑和跳跃式跑——鹿跳式跑的动作。

8. 分成两组,成纵队相向站立。根据指令,由第一名球员沿着圆圈的右边开始奔跑,

图 2.1　　　　图 2.2　　　　图 2.3　　　　图 2.4

图 2.5

跑至圆圈的当中时，用并步横向朝左穿过圆圈，然后再向后跑回自己的队尾。以此类推，最先结束追逐奔跑的那一队为获胜方。

9. 先完成脸部向前的跑步动作，然后再跑一个 360° 的大转身之后，紧接着再完成一个 8~10 米的加速跑（图 2.5）。以此类推。

10. 完成曲线跑（之字形），转体 180° 之后，紧接着再完成一个 8~10 米的加速跑。

11. 排成纵队，一个接一个以均匀的速度跑。根据哨音，进行 6~8 米的加速跑，然后重新转入匀速跑。以此类推。

12. 完成两人一组的练习。由领头的球员给出跑的速度和方向，另一名球员跟着重复他的动作。隔段时间后，双方互换角色。

13. 完成背部向前的倒跑，并绕过在一条线上间隔并随意摆放的障碍物。

14. 以并步侧身往一个方向奔跑，根据信号，应立即往反方向完成 8~10 米的加速跑，并以此类推。

15. 进行背部向前的倒退跑，根据信号，应立即完成 6~8 米的加速跑之后马上急停，并以此类推。另一种方式：在进行转体 180° 以后再完成加速奔跑。

16. 在原地高抬腿跑、小步跑、甩小腿跑以后，完成起跑后的加速跑。

17. 进行双脚起跳的向前跳跃动作之后，根据信号，应立即完成 5~8 米的加速跑。

18. 在完成向前滚翻之后，完成 8~10 米的加速跑，并以此类推。

19. 在完成多次向前、向两侧、向后的跳跃动作之后，再完成用单脚或双脚起跳的练习。

20. 先完成向上挥动手臂的跳跃动作，落地后应立即进行 8~10 米的加速跑。另一种方式：在完成以半蹲姿势的跳远之后，再进行加速跑。

21. 完成两个换脚跳后，用半劈腿动作完成第三个跳跃跑（图 2.6）。

22. 以半蹲的姿势完成脚后跟跳（兔子跳），然后跳跃成跪立姿势，并从这个姿势起跳再完成一个蹲跳，以此类推。

23. 分成两人一组，每一组中先由一名球员按照地面上给出的标记，用单腿完成向前和两边跳跃的动作。另一名同伴紧跟其后，用双手抓住他的另一条腿（图 2.7）。隔段时间后，两人轮换角色。

24. 分成两人一组，每组中两个人采用半蹲的姿势（背靠背），双手穿过对方的肘关节部位，两人同时双脚用力，往上跳起（图 2.8）。另一种方式：但两人采用面对面的姿势（图 2.9）。

25. 分成两人一组，每组中的两名球员相距 5 米面对面站立，两人跑动并向上跃起，与此同时用伸出的手掌与对方相抵（图 2.10）。

26. 在场地上标出一个直径为 8~10 米的圆形跑步"线路图"，依次完成的任务：按照"线路图"沿线放置的标示分别进行向前跑，然后是用并步跑、交叉步跑，以倒跑作为结束（图 2.11）。起先以匀速完成练习，而后提速。再次练习时，从相反的方向开始跑。

27. 排成纵队，挨个进行匀速跑。根据指令，排在队伍末尾的球员开始加速奔跑，跑至队首成为领跑人，以此类推。

28. 排成纵队，挨个站在起跑线上。根据指令，应在障碍物之间进行"回转障碍"跑，

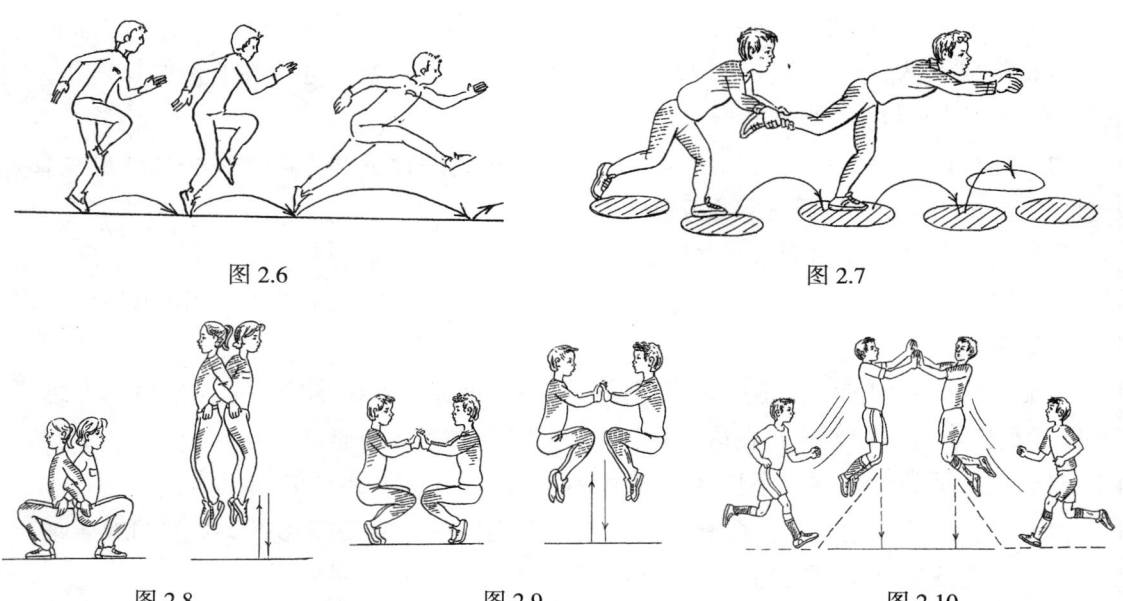

图 2.6　　　　　　　　　　　图 2.7

图 2.8　　　　　　图 2.9　　　　　　图 2.10

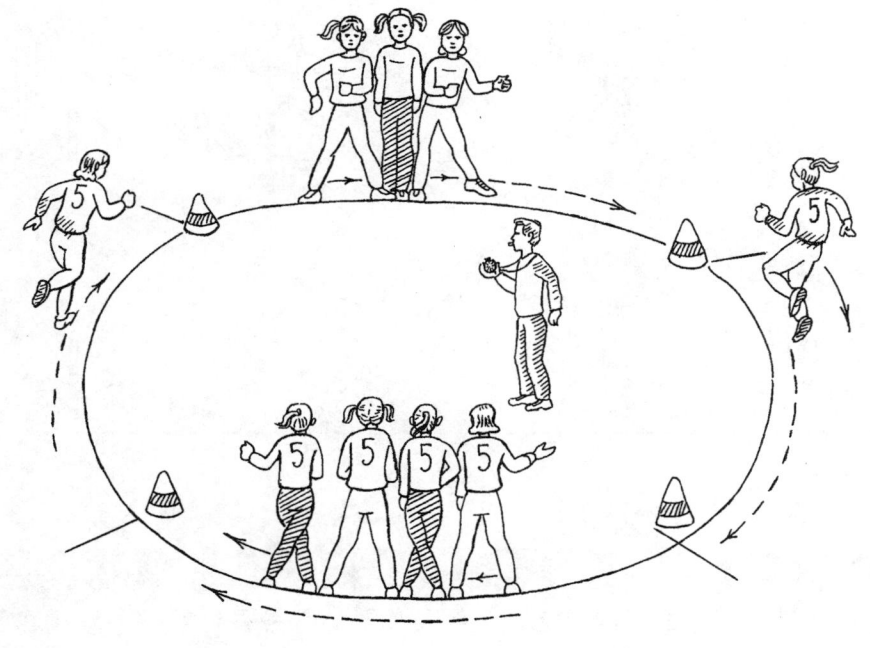

图 2.11

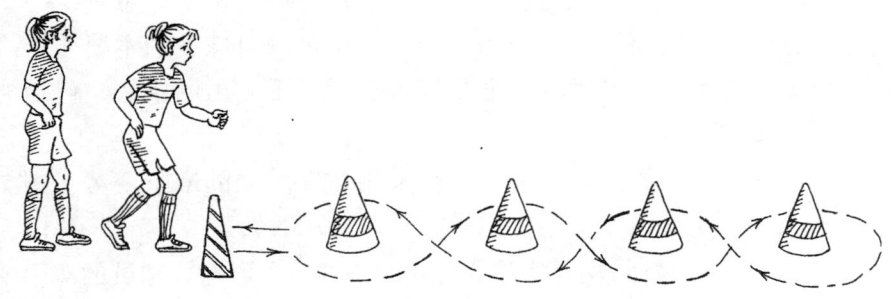

图 2.12

并以同样的方式回到起点，以此类推（图 2.12）。另一种方式：以倒退跑或侧身并步跑的方法跑回终点线。该练习可以以接力跑的形式进行。

29. 分成两组，沿起跑线排成纵队。在每组之间间距 20 米外竖一个立柱，根据指令，由每个纵队的领头球员沿对角线跑向竖立在对手对面的立柱。绕过立柱一圈后，球员以同样方式奔跑返回，同时用手去触碰下一名球员，使其开跑。以此类推。另一种方式：球员们以侧身并步跑或倒退跑的方式跑回本队。

30. 分成两组，分别站在起跑线的后面。每组对面的终点距离为 25 米，其间每隔 5 米处放置一个高 50~70 厘米的栏架。球员们根据指令向前奔跑，沿路跳跃跨过栏架。绕过竖立在离最后一个栏架 3 米处的立柱，再沿直线返回，下一名球员开跑。以此类推。首先完成接力的一组为胜方（图 2.13）。

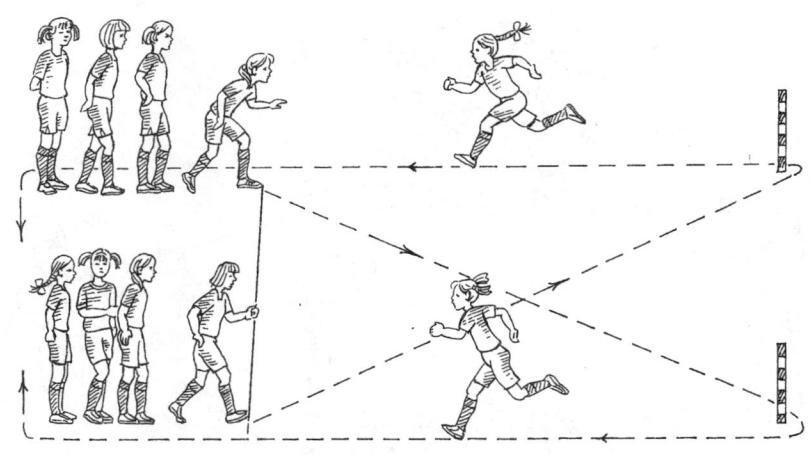

图 2.13

▢ 防守站立姿势

五人制足球最具特色的状况是无论教练员的具体任务是针对哪一场比赛，球队中的每一名球员都应当能够完成无论是防守还是进攻的职能。这是五人制足球的主要特点之一。因为比赛场上的情况瞬息万变，一会儿要求球员占据防守位置，一会儿又要求球员充当进攻的角色。简而言之，全面性是五人制足球对球员的主要要求。因为在这样的比赛中，球员必须在任何时刻都准备好去对付对手使出的招数，包括他们无法预料的动作。

为了成功地进行一对一的拼抢，必须学会采用防守站立的准备姿势（图 2.14、图 2.15）。

防守站立是球员双脚与肩同宽，膝关节弯曲的一种站立姿态。球员的双手要略低于腰部，以保持身体的平衡，背部放松不紧绷，同时将身体的重量分配在两条腿上。防守球员的目光要集中在被紧盯的对手身上，而眼睛的余光则观察整个比赛场上的情况：其他球员的分布位置和球的运行线路。防守球员采用这样的站立姿势，就能够朝任何方向进行移动跑位，并可以有效地盯住进攻球员的动作，也就是在场上能迅速、随机

图 2.14　　　　　　　　　　图 2.15

应变地做出相应的动作。

防守站立的姿势还可以用另外一种方式，即防守球员的一条腿伸向前方。如果防守球员用的是两只脚与肩膀同宽的姿势，他就可以在任何时刻朝任何方向迅速开始动作；如果用的是一条腿伸向前方，他就抢到了先机，或者是贴近对方的进攻球员，并抢断了对方的球，或者抢断了传球，或者是用一个抢断冲刺跑，由防守立即转入进攻。

在与控球的对手直接一对一的情况下，防守球员采用更进一步地弯曲腿部膝关节的动作，降低重心，使得身体能够更加稳定，而紧接着，在对被盯对手的跑位做出反应的同时，突然改变自己动作的方向。在这种情况下，防守球员的上身要往前倾，双肩放松，两只手同时保持肘部弯曲。在与被自己盯守的球员同时跑位时，防守球员在任何情况下都不能使自己的双脚处在交叉状态，从而导致对方马上摆脱盯防。

防守球员应当以半屈腿、脚尖着地的滑步进行跑位。这样的跑位技术使他能够在对手持续进攻的整个过程中，始终保持自己与其面对面地防守站立。

为了更严密地盯住对方带球的进攻球员，防守球员可以采用所谓的逼近步法。防守球员悄悄地贴近对手，这样他就可以抢先防止对方进行射门，堵住对方锐利的传球线路，或迫使对手将球传给处于不利位置的其他同伴。而为了紧紧跟住高速运球的对手，防守球员则采用退防的步法，这是滑步和逼近步法的结合。五人制足球中防守球员"双脚的工作"从整体上讲，可与拳击手在拳击台上的移动相比较。

选择使用防守站立的移动技术进行教学练习，方法很简单。这样的练习动作在运动实践中都是耳熟能详的。首先，建议采用速度不是很快的练习方法。在这种情况下，球员根据指令，或者在预先假定的地方进行移动方向的变换是合适的。逐步地在训练中加入更快一点速度的练习，使之能够很好地感觉到采取更大幅度弯曲腿部膝关节的防守站立姿势所做的跑位技术。为了改善球员们双脚的工作，在进行各种技术动作的训练时，建议对专项技术练习重复进行，任何方式都可以采用，并将它们融入综合性练习中。

【练习示例】

1. 采用防守站立的姿势，根据指令踮起脚尖，然后恢复到原来的姿势；以此反复练习。

2. 在用防守站立的姿势站好之后，进行前后左右的走动，然后以中等速度往这些方向跑动。

3. 在角球区沿球场边线排成横队，根据指令，做出防守站立的动作，并以滑步开始朝边线跑位。到达对面的角球区之后，球员们再以同样的方式跑回到原来的位置。

4. 面向教练员在场地中线排成横队，根据指令做出防守站立的动作，并用背朝前方倒跑奔向球门线。练习的重点在于在跑位中采用倒退跑的步法。根据第二次指令，球员们应在完成"贴近"跑步法的同时，跑回出发的位置。

5. 在球门线后排成两个纵队，教练员站在场地中间。根据指令，纵队中领头的球员采用防守站立的姿势，向前奔跑，同时朝着符合教练员两手动作的方向跑位。

6. 在场地上靠近边线附近画出长约 30 米、宽约 6 米的通道，通道中间用立柱标示出一条之字形的曲折线，通道尽头标出球门。球员们分为两人一组，每组分成进攻者和防守者。根据指令，进攻球员带球按照之字形线路从一根立柱往另一根立柱的方向跑。防守球员边采取防守站立的姿势，边退边防（消极防守）（好像在带球球员面前跳舞一般）。他的任务是在退防的过程中，在进攻球员和距身后 1~1.5 米宽度的球门之间进行多次停顿的动作。第一组刚到达终点的中间距离，第二组就启动开始练习。当所有组完成练习后，再重新开始，但这时每组的球员互换角色。

7. 站在球门线后开始以两人一组进行练习。每组中由一名球员走出队列，转身面向自己的伙伴，做出防守站立的动作。另一名同伴则朝着防守者运球慢慢跑动，迫使其退却，并以防守站立姿势跑位。当球员们跑到场地中线（或对面的球门线）时，再互换角色。带球球员的跑位速度应逐步加快。

8. 同 7，但带球球员在越过中线后，要迅速绕过防守球员并朝球门射门。后者要对进攻球员进行积极的抵抗。

9. 同 7，但防守球员的动作要加大难度，即将双手放在背后（用左手托住右手的肘部）。这个练习能够让防守球员体会到，在比赛中以正确的"双脚的工作"盯住对手是有多么重要。

10. 两人一组，用防守的姿势面对面站好。球员们根据指令在场地上跑位，同时积极地舞动双手，尽力用手去触碰同伴的膝部。

11. 球员带球在球门线后面排成纵队，由一名球员作为防守球员站在球场中间。根据指令，由纵队领头的球员带球向前跑动，力求绕过防守球员，向罚球区界线上用立柱搭成的球门进行射门练习。采用防守站立姿势的防守球员要尽量使自己总是处在进攻球员与球门之间，造成后者无法起脚射门。

12. 在一个（3 米 ×3 米，4 米 ×4 米）场地的一边进行比赛性练习，其中一方仅仅是完成进攻，而另一方则是进行防守。

□ 脚部踢球

用脚部踢球是五人制足球技术的基础动作，根据踢球动作完成的方式，可以分为用脚内侧和外侧踢球，用脚背的中部、内侧和外侧踢球，以及用脚尖、脚跟和脚掌踢球等方法。

球员可能在各种不同的情况下完成用脚踢球的动作：从固定不动的位置上踢定位球、地滚球、原地踢凌空球、跑位中踢球、跳跃中踢球、倒地时踢球、转体时踢球等。但是，在任何一种情况下，踢球的方式都可以分成三个阶段：预跑阶段（助跑）、准备阶段（踢球腿的摆动和支撑腿的站立）和工作阶段（踢球的动作和随前动作）。当然，在原地踢球时就不需要助跑。五人制足球的特点是对手会一直给你施加压力，常常没有足够的时间来完成运球的各种技术动作，以及球员完成上述三个阶段技术动作的时间受到制约。

与之相对应，踢球动作本身的肌肉力量也会降至最低。因此，用脚踢球的技术在这项运动中极具其所独有的各种特征。这些特征的形成，同样也取决于在比赛的过程中球运行的动态特性。

学习用脚踢球的各种技术，建议从使用比较有力量的那只脚来完成每一个技术动作开始。只有这样，球员们之后才能够较轻松地用比较弱的那只脚来完成这个技术动作。

循序渐进地学会每一种用脚踢球的方式，可以采用这样的方法：先是站在原地用脚去踢静止不动的球，接着是跨前一步后再用脚踢（这时，青少年球员的注意力应当主要集中在正确的用脚方式上，以及在踢球的一瞬间，支撑脚和踢球脚的正确摆放位置）。在这以后，球员们在完成助跑之后，用脚踢静止不动的球。最后，原地和助跑踢地滚球和凌空球。在教学的过程中，建议要一开始就将球员们的注意力集中在如何使用正确的技术去完成每一个用脚踢球的动作。在所有的基本动作都掌握之后，就可以转入踢球的准确性以及踢球力量的学习。应当通过组合练习来提高已经学会了的踢球技术。

那么，我们就来研究一下，完成用脚踢球的技术和各种不同的脚法，以及教会球员掌握这些技术动作的教学方法和程序。

□ 脚内侧踢球

按照惯例，掌握踢球技术是从学会用脚内侧踢球开始的（图 2.16），然后再根据球员们对该项技术掌握的程度，转为学习用这种踢法去踢地滚球。在五人制足球中，无论是进行短距离和中等距离的传球，还是近距离射门，通常都是采用脚内侧踢球的方法。这种踢法的优点不在于力量，而在于可靠性和准确性。做这个动作的方法是这样的：支撑脚的脚尖永远要保持与预想中球的滚动方向一致。踢球脚的那条腿，膝关节弯曲，在踢到球之前要用力向外伸展，并向前踢出。这只脚的踝关节部位成绷紧的状态。当脚与球的中部接触的刹那间，球员的身躯倾向球。在踢到球的同时，踢球的那条腿要继续完成随着球往前送出的动作。这个动作叫作随球动作。在所有踢球的方法中，都会普遍使用随球动作。

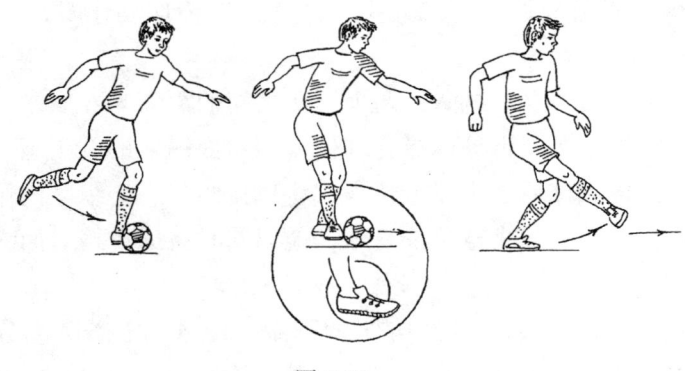

图 2.16

【练习示例】

1. 完成将用于踢球的那条腿向前踢出的动作，同时将脚掌转成90°。然后，重复这个动作，但支撑腿的膝关节部位在踢球腿开始向前动作时，已经成弯曲状态。

2. 在离立柱1~1.5米的地方站立，以踢原地定位球的方式将球踢向墙壁，待反弹回来的球停顿下来，重新再将球往墙壁上踢。

3. 两人一组，每组使用一个球，在场地上间隔3米站立，先完成踢定位球，然后再踢地滚球，尽量将球准确地踢到同伴的脚下。

4. 两人一组，面对面间隔2.5~3米的距离站立，中间用立柱搭建一个0.6~0.7米宽度的球门。先做停球练习，然后相互之间进行低传球练习，要使球在球门内来回传动（图2.17），最后以一次性停住球完成练习。两人之间相隔的距离逐步增加，与此同时，球门的宽度也慢慢缩小。这个练习可以用比赛的形式进行：球员们每出现一次不准确的踢球就被罚1分。

图2.17

5. 在用实心球围起来的场地上安置一个宽度为0.5米的球门。球员们从7~8米以外的距离处完成踢出10个原地定位球练习，准确命中最多的球员为获胜者；然后还是完成同样的练习，但从助跑一步，之后是两步、三步的助跑开始做起。

6. 在场地上画出一个直径10~12米的圆圈，由一名球员站在圆圈的中央，其他球员以相等距离沿着圆圈站立。站在圆圈中央的球员依次将球踢给每个球员，接到球的球员向前跨出一步并用脚内侧将球踢回，以此类推。每个球员依次按规定时间与站在圆圈中央的球员互换角色。

7. 同上，但球员们沿着圆圈跑位，而球则以低球方式传给跑动中的球员。在完成踢球动作时，球员外面的那个肩膀应当朝向前方，而支撑腿的脚尖，应当朝着站在圆圈中央的球员方向。球员们定期改变自己沿着圆圈跑动的方向。

8. 两人一组，每组中一人一球，相互间隔4~6米的距离站立，将球传给另一名伙伴，然后再用地滚球方式将球回传，以此类推。在完成传球动作时，球员们要注意别让球相互碰撞。

9. 分成两个面对面站立的纵队，两个纵队之间的距离为6~8米，由其中一个纵队的领头球员带球。根据指令，带球球员将球低传给对面纵队的领头球员。对方领头的球员以一次触球的方式接到球后，再以低传方式将球传给另一个纵队的第二名球员，以此类推。另一种方式：两队的领头球员都有球，他们同时将球传给对面纵队的第二名球员，以此类推。

10. 在场地上画出一个直径12~14米的圆圈，球员们沿着圆圈分散开站立，有球的球员根据指令将球传给伙伴中的一个，并跑位到他的位置上去，以此类推（图2.18）。

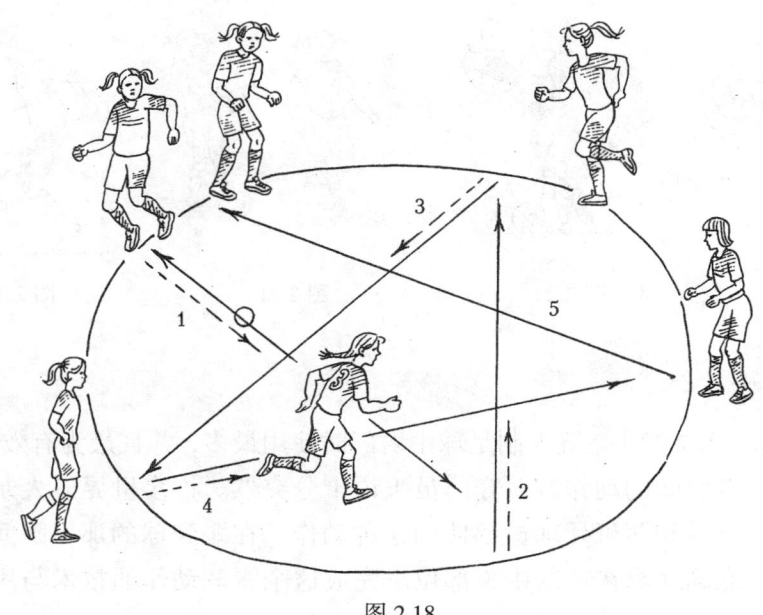

图 2.18

传球的顺序在图中用数字表示。

□ 脚背踢球

用脚背踢球分为正脚背踢球、内脚背踢球和外脚背踢球。所有这些五人制足球的踢法，在不同距离的传球以及射门时使用。

用正脚背踢球（图 2.19）是对着球预想的飞行方向，通过直线助跑完成的。膝关节微微弯曲，落脚在球的旁边，用脚尖准确地朝着踢球的方向。踢球脚往后摆动，用力弯曲膝盖，然后大腿向前挥动将球踢出。要准确地踢中球的中部。踢球脚的脚尖向下低沉，踝关节绷紧，身体向球的方向前倾。如果球员想要传出不高的球，就要将支撑腿站立在球的侧面；而为了踢出高球，则应当站在球的侧后方。

用内脚背踢球（图 2.20）在五人制足球中常运用于射门、不同距离的传球和侧翼传球。完成这个动作的方法是这样的：踢原地球时，用支撑腿站在球侧面略后的位置，以脚掌外足部位弓步站立，整个躯体的重量落在支撑腿上，上身向球的另一方侧倾，踢球腿的膝部弯曲，然后将用于踢球那只脚微微往外撇开，将脚踝绷紧，以使脚型固定，脚尖下沉，踢球的下部。而在助跑踢球时，球员应朝球的飞行方向进行弧形跑位。

用外脚背踢球（图 2.21）在五人制足球中用于射门和传球。踢球的方法是这样的：支撑腿的膝关节略微弯曲，站在离球正好不妨碍踢球脚距离的位置，用于踢球的那只脚的脚尖下沉，脚踝部位绷紧固定，脚向内侧微收，上身前倾，而身体的重量则落在支撑脚上。在用脚背外侧踢球时，完整的动作结构与正脚背踢球的动作相似。

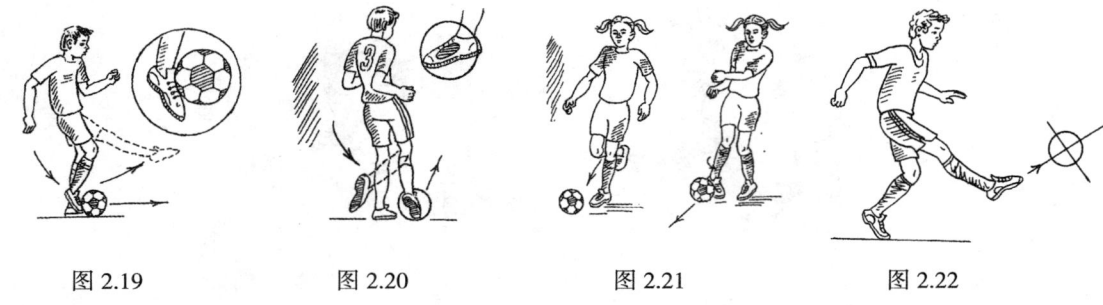

图 2.19　　　　　图 2.20　　　　　图 2.21　　　　　图 2.22

▢ 脚尖踢球

用脚尖踢球（图 2.22）是五人制足球中射门时使用最多，并且最为有效的脚法之一，完成起来几乎没有引腿的动作，对守门员来说十分突然。许多世界五人制足球的著名运动员，特别是巴西和西班牙球员都使用这种动作。在踢到球的那一瞬间，踢球脚的脚尖微微抬起，准确地踢在球的中央部位。完成这个踢球动作的技术与用正脚背踢球的技术有些相似。

【练习示例】

1. 在完成踢球的动作时，模仿使用脚背的任何一个部位或者用脚尖，做踢球的动作。

2. 距离墙壁 3 米站立，不用助跑完成朝墙壁踢定位球的动作。球员的任务是感觉一下脚部与球接触的部位。另一种方式：但通过助跑一步或者两步完成踢球的动作。

3. 在距离画出的目标 6~8 米远的地方，完成短距离助跑后踢球的动作。

4. 两人一组，相互之间的距离为 10~15 米，中间用立柱设置一个宽 1.5~2 米的球门。球员们轮流相互地将球踢给对方，同时采用不同的脚背踢球的方式，使球穿过球门，看谁踢球的失误最少。

5. 两名带球的球员分开两边站立，第三名球员站在球门对面的位置（距离他们两人 8~10 米）。球员们轮流从侧面，采用低传球的方式将球传给第三名球员。后者通过助跑之后，朝目标方向踢出地滚球。球员们定时轮换角色。另一种方法：带球的两名球员分别站在球门柱两边，轮流将球从地面滚传给第三名球员，后者则将迎面而来的球踢向目标。

6. 按照次序，从不同的距离朝画在墙壁上（或者是朝着球门的上部）直径为 1 米的圆圈内踢球，既可以用踢定位球也可以用踢地滚球的方式。练习可以在几名球员之间或者几个小组球员之间，用竞赛的形式进行。

7. 在进行带球之后，完成用脚背某个部位踢球或者用脚尖踢球的动作。

脚后跟踢球与脚掌转移踢球

用脚后跟踢球（图2.23）是五人制足球中使对手感到措手不及时使用的一种脚法。脚后跟踢球的技术是这样的：支撑脚大致站在球的侧面（或稍微比球靠前一点）。为了摆腿，用于踢球的那只脚先越过球，然后再以急剧的反向动作用脚后跟踢向球的中部。这时，脚部要绷紧，脚与地面几乎平行。通常，用脚后跟踢球用于将球传给站在身后的同伴。

用脚后跟交叉踢球是脚后跟踢球的另一种方式（图2.24）。在踢球时，支撑脚与球并列，处于球与踢球脚之间。为了摆腿，踢球脚先向前伸出，以用力的反向动作去踢球。与此同时，踢球脚摆向支撑脚做一个交叉的动作。脚后跟踢球还有另一种踢法，但较少使用，就是用支撑脚踢球。带球球员趁对手不注意之时，突然将脚越过正在滚动着的球后，直接在球的前面落下，接着用支撑脚做向后和向上的动作，并往后蹬。

五人制足球中，比用脚后跟踢球更加频繁使用的是用脚掌转移踢球的脚法（图2.25），主要是用于突然地给处在自己身后的伙伴传球。球员将支撑脚放在球前，用踢球脚的脚掌挡住足球，利用膝部的动作，将球轻轻往前方带过。脚掌先与地面平行跑位，然后脚掌盖住球，就好像一个倾斜着的屋顶。到最后一刻，依靠踢球腿快速向后的动作，突然用脚掌将球踏传给背后显身出来的同伴。

【练习示例】

1. 在离墙壁1.5~2米远的距离背部朝墙站立，每名球员面前的地面上都放置一个球，向前跨出一步之后，用脚的后跟将球往后踢向墙壁，以此类推。

2. 场地上每隔3~4米的距离，沿直线放置5~6个球。球员们依次跑向球，通过助跑，完成用脚后跟踢球的动作。开始用缓慢的助跑动作，之后可加快速度。另一种方式：用脚后跟将球踢向场地上标出的目标。

3. 两人一组练习。球员们相互面对面，在相隔5~6米的距离站立。带球的球员转身背朝自己的伙伴，用脚后跟将球踢向自己的同伴。后者接住并停球，以同样的方式将球回传。以此类推。

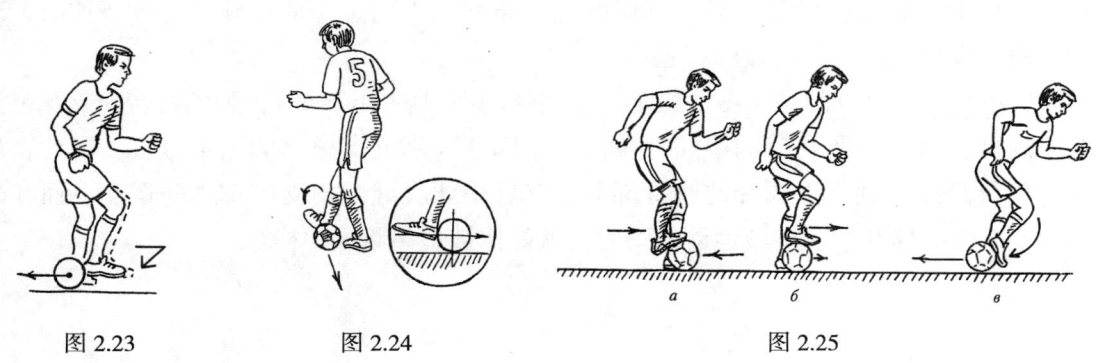

图2.23　　　　　图2.24　　　　　图2.25

4. 两人一组练习。两人并列站立，其中带球的球员轻轻地将球低传向前踢出，同伴用冲刺速度跑出，追上球之后，用脚后跟将球回传给踢出球的同伴。球员们定时互换角色。

5. 每人一球，持球排成横列。根据指令带球向前跑动，完成 6~8 米的距离之后，用脚跟将球往身后传，然后再转身 180° 往回奔跑，追上球，并再次用脚后跟的踢法将球往身后传出，以此类推。

6. 依次轮流沿直线带球跑动，直线旁用立柱搭成一个宽度为 1.5 米的球门。每名球员提前跑到预先留下的标记处，完成脚后跟的交叉踢球，并尽力命中目标。在完成踢球动作时，支撑腿的膝部弯曲，落脚略微在球的前方一点点的位置。踢球的那只脚向前伸，并稍微向旁边偏出，脚尖同时翻转，以使脚后跟正好对准球的中间部位，最后用脚后跟将球踢往已设置的目标方向。

7. 球员沿着直径为 10~12 米的圆圈分开站立，由奇数的球员持球，所有球员沿着圆圈朝一定的方向跑动。运球的球员根据指令，完成用脚掌向后踩停的动作，将球传给后面在跑的伙伴。后者接到球之后，继续朝同样的方向运球跑动，根据指令完成同样的动作。球员们定时改变沿圆圈跑位的方向。另一种方式：球员们沿着球场的四周完成同样的练习。

8. 两人一组练习。由一名球员运球，而另一名球员跟在其后面 3~4 米距离处。前面的球员突然用脚掌将球传给跟在后面的球员，后面的球员接球之后带球做加速跑，追上前面的球员之后，也同样用向后踩停的动作将球传给跟在自己后面跑动的球员，并依次轮流。

□ 削 球

各种各样的削球在五人制足球中也占有一席之地。用这样的脚法踢出的球按弧线飞行，围绕球的轴心回旋。用脚背的内部和外部，可以踢出各种各样的削球。

内脚背削球（图 2.26）的动作完成与一般用内脚背踢球相同，区别只在于削球时，用内脚背触碰的不是球的中间部位，而是从球的侧面去触及离开支撑脚较远那个部分。在踢到球的一瞬间，脚就像只是从球的边上略微擦带而过，使球旋转起来。这时，球旋转的力度越大，飞行的弧度就越小。

如果是用外脚背削球（图 2.27），当踢球的那只脚接近球时，脚尖要转向支撑脚方向，用外脚背不是踢在球的中间部位，而是踢在球靠近支撑脚的那个位置。因此，球起先仅仅是接触到靠近脚趾的脚背部分，然后踢球脚继续朝支撑脚方向运动，而在外脚背上滚动的球获得了旋转运动的动力，就好像被甩离脚面一样。

图 2.26　　　　　　　　图 2.27

【练习示例】

1. 两人一组练习，每组一个球。球员们相隔 12~15 米面对面站立，完成各种削球的脚法练习。

2. 两名球员分别站在一条 12~15 米长的直线两端，在这条直线的中间画出一个直径为 1.5 米的圆圈，第三名球员站在圆圈内。站在直线两端的球员以各种削球的脚法进行相互传球，同时要尽量使球绕过圆圈传到对方的位置。第三名球员的任务是截住向他踢过来的球，但不能跑出圈外。球员们定时与站在圆圈内的球员交换角色。

3. 两人一组练习。两名球员站在一条长 10~12 米的直线两端，在直线中间用立柱竖起一个宽度为 2 米的球门。两名球员轮流用各种削球的脚法相互传球，使球绕过球门。如果把球踢入了球门，就被罚 1 分。

4. 一名守门员和三名球员参加练习。一名球员站在离开球门 8~10 米远的距离，由另外两名同伴轮流用地滚球将球传给该球员，而后者完成各种的削球踢法，尽量将球踢入球门的任何一个角落。球员们按照秩序与射门的球员交换角色。

5. 在离开球门 15 米远的地方划上一条踢球线，场地上罚球线上再用立柱竖起一个宽度为 2 米的球门。球员们的任务是以各种削球的脚法，将定位球踢出弧度很大的弧线球，绕过添加的球门后射入球门。另一种方式：球员们从两侧对在滚动的球，或者是对踢球球员迎面传过来的球完成各种削球的脚法练习动作。

脚尖弹射

用脚尖弹射（图 2.28）可以被认为是五人制足球的高级技术动作，既可以用于进行 6~15 米距离之间的传球，也可用来射门。脚尖弹射的效果非常好，它的突如其来常常会令对手束手无策。不仅如此，弹射球的准确度也很高。完成这个技术动作不用摆腿，而球沿着高抛物线飞行。球员用于踢球的那条腿膝盖弯曲，并用脚勾住球，利

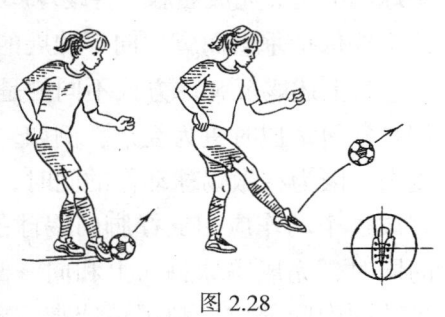

图 2.28

用脚踝的挥动将球往选定的方向射出。此时的脚尖绷直,腿部继续完成向前、向上的动作。

【练习示例】

1. 两人一组,面对面相隔 5~6 米站立,进行使用脚尖踢出弹射球动作练习,将球以不高的抛物线弧度踢出。

2. 与上一个练习相似,但面对面相互之间的间隔距离为 7~8 米,两人中间安置一根高 1.5 米的立柱。球员们相互轮流,用脚尖弹射球的脚法将球踢给对方,与此同时,要让球越过立柱。逐步地将立柱升高,并增加间隔的距离。

3. 在墙壁上 1.5 米高的地方划上一个直径为 1 米的标靶。球员们站在距离墙壁 6 米远的地方,朝着标靶完成用脚尖踢出弹射球的动作。练习以比赛的方式进行,逐步地增加与目标之间的距离。另一种方式:运球后完成朝着标靶用脚尖踢出弹射球的动作。

4. 在操场上标记的 6 米地方安置一个高度为 1.5 米的立柱,球员们沿着与立柱同一条线上的侧翼轮流带球跑动,将球以高抛物线弧度弹射脚法越过立柱传给正在另一侧翼跑位中的球员。以此类推。

5. 守门员站在距离 6 米的标记处,球员们轮流从中线朝球门带球跑动,并从 10~12 米距离处以脚尖弹射脚法,尽量将球越过守门员射入球门。守门员不得离开自己的位置。

□ 凌空踢球

各种凌空球的踢球技术被视之为比赛中最为复杂的技术。由于在空中飞行的球的速度几乎永远要比在地面上滚动的球速快,所以在做这些踢球动作时,主要的难度就在于球员要准确地判断与正在飞行中的球相遇的位置。同时,无论是用脚背和脚内侧,还是用脚外侧(图 2.29)去踢落下的和平传来的球,其踢球的动作与踢类似的地滚球的动作相同。用脚部的外侧踢凌空球也有这个特点。

五人制足球中还采用踢反弹球的脚法。主要的方法是:当球从场地上反弹的那一瞬间,采用脚背的中部或外部完成踢球的动作。当球触及地面时,球员应迅速将支撑脚落于球的旁边,完成屈膝,将踢球脚往后摆动,然后迅速将球踢出。脚在踢到球的一瞬间,一定要保持垂直而脚尖向下伸展的姿势。

与上述踢反弹球方式不同的是,在五人制足球中同样还采用踢凌空球的脚法,球员们在学习掌握时更为复杂。例如,踢侧面凌空球(图 2.30)时,球员双脚的跑位动作更复杂,因为在做踢球动作的同时,必须要靠一只脚来保持平衡,并同时身体偏向一边。完成这个动作应用支撑脚向踢球的方向翻转,上身朝该脚的方向往前倾,在上身转体的同时,完成踢球脚向上和向一侧(与地面平行)的挥动,使得脚背的中部可以踢到足球的中间部位,利用踢球脚的横向摆腿动作完成踢球。一般而言,如果踢球动作做

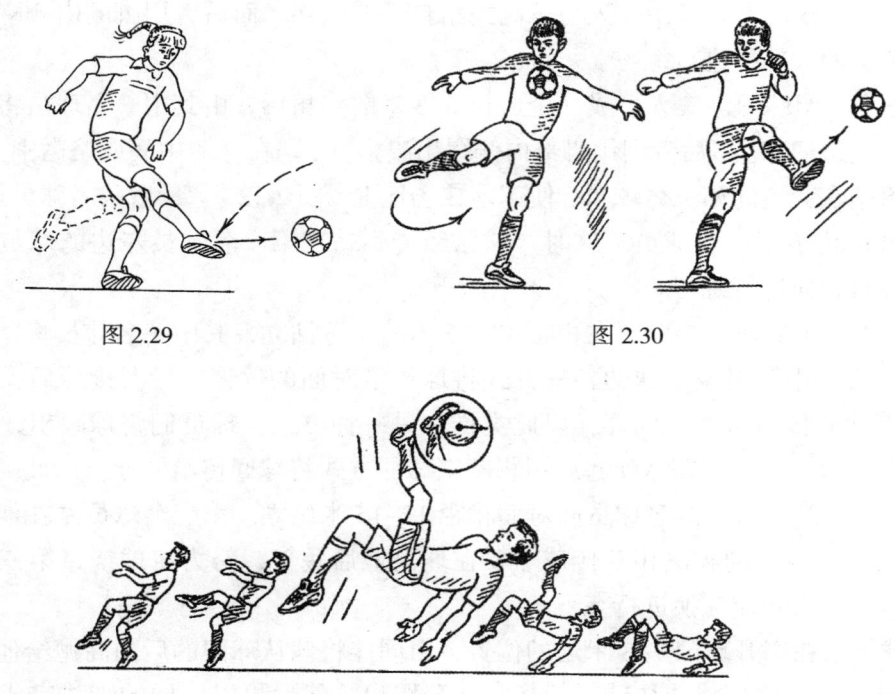

图 2.29　　　　　　　　　图 2.30

图 2.31

得正确的话，球会准确地飞向目标。

不过，无论如何，在所有凌空踢球的脚法当中，还是将落下的球踢过头顶的倒勾球（图 2.31）的踢法，是技术性最复杂和最漂亮的动作，要求球员有着良好的运动协调性。对于对手来说，这是个突如其来的动作。这个动作是这样完成的：当飞行中的球到达球员的头顶上空时，他正好站在背部朝着对方球门的位置。球员将上身向后倒地，支撑腿的膝部弯曲，用于踢球的那只脚用力向上挥出，用脚背在最高的踢球点踢向球的中间部位。球员的身体在落向地面时，先是双臂，然后是背部着地。为了缓冲倒向地面的力度，在落地的一瞬间应当放松身体并完成滚翻的动作。这是为了预防腕关节受到损伤。当这个动作在跃起后空中完成时，是特别引人注目的。因此，倒勾球常常被称之为特技动作。这样的动作在使观众得到巨大满足的同时，更为比赛增色。

【练习示例】

1. 两人一组练习。每组的两名球员面对面在相隔 3 米的位置站立，其中一人将足球往自己的前方抛出后，在球下落到膝盖高度时轻轻用脚的外侧踢出凌空球。另一个接球后以同样方式回传。以此类推。球员们还应以这样的方式完成用脚背中部和脚背内侧踢球的动作。另一种方式：球员们对着悬挂着的球踢凌空球，同时相互传球。

2. 在离开墙壁 6~7 米的位置分开站立，将球往自己的前方抛出后，在球下落的瞬间完成踢出凌空球的各种动作。

3. 两人一组练习。其中一人将球高抛给自己的伙伴，而后者用脚的内侧踢出凌空球将球回传。两人轮换进行练习。

4. 三人一组练习。三人形成一个边长 6~8 米的三角形，由其中一名球员将球高抛给站在自己左边的球员，后者则用脚部内侧踢出凌空球（踢在球的中间或略微中上的部位）将球传给站在旁边的第三名球员，使球落在场地上（图 2.32）。最后一名球员接到球后，再将球低位传给第一名球员。这时，球已经传到站在第一名球员左边的球员的脚下。球员们按时轮换进行练习。

5. 两人一组练习。面对面在相距 12~15 米的位置站立，其中一名球员将球往自己的前方抛出后，用踢出凌空球的各种方式将球传给对面的伙伴。后者接球后，使用同样的脚法将球回传给自己的同伴，以此类推。另一种方式：球员们将球踢出，并使球在同伴的面前落下，后者在球弹起后用踢凌空球的方式将球回传给同伴，以此类推。

6. 三人一组练习。两名球员面对面相距 12~15 米站立。第三名球员站在他们中间。球员们以踢凌空球的脚法相互传球（要在球落地后踢），努力将球绕过第三名站在中间的球员。三人轮流互换进行练习。

7. 球员站在离开球门 7~8 米远的位置，由同伴将球从球门的后面高抛给他，让他用脚内侧踢出凌空球，将球往球门的指定部分踢出，然后再以同样的脚法完成用脚背的中部和脚背外侧踢出凌空球的练习。

8. 在离开墙壁或离开球门距离 4~5 米的地方放置一个高度约与球员们的大腿齐平的短桩。首先，球员们摆腿越过短桩，模仿侧身踢凌空球的动作；然后，在短桩上安放一个球，由球员们练习踢短桩上的球（图 2.33）。可以使用悬挂于同样高度的球的方法替代使用短桩。

9. 在离开墙壁 5~6 米的距离站立。由教练员抛出球，使其在球员的侧面落下，球员则以侧身踢出凌空球的方法将球踢向墙壁。另一种方式：但将球朝画在墙上的标靶踢出。

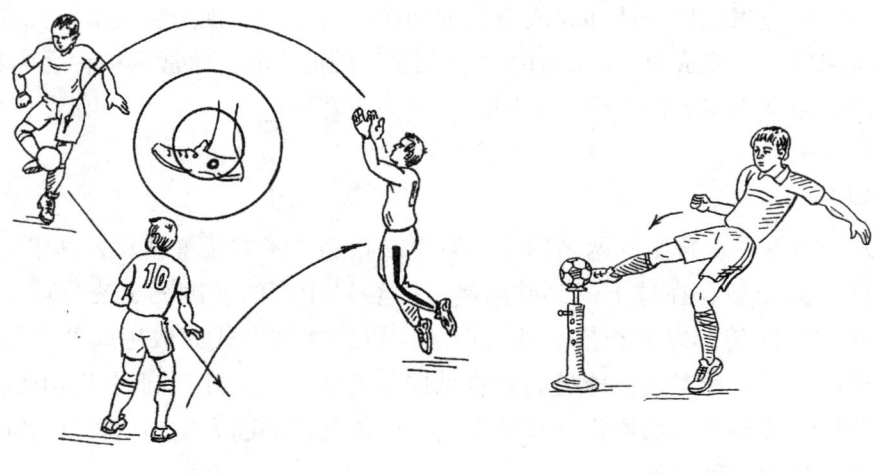

图 2.32　　　　　　　　图 2.33

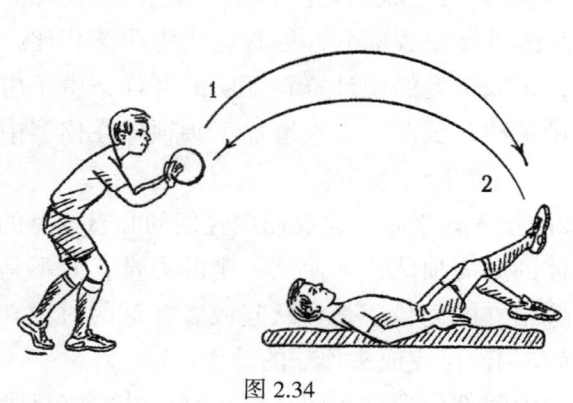 

图 2.34　　　　　　　　　　　　图 2.35

10. 两人一组练习。面对面在相隔 8~10 米的位置站立，每一组由其中一名球员先将球抛出，使其落在稍微边上一点的位置，然后再用侧身踢出凌空球的方式将球传给同伴。后者接到球之后，重复这样的练习动作，以此类推。

11. 一名球员在面对球门距离 7~8 米的位置站立，其他分散在两侧的球员轮流用脚弹射的方式将球向上高传给他，要使球落在他的前面和略微侧面一点的位置。他的任务是以侧身踢出凌空球的方式将球往球门中踢出，以此类推。球员们依次轮换练习。

12. 两人一组练习。每组中由一名球员躺在垫子上，做好踢球的准备动作，另一名球员则站在其头部的后方（图 2.34），将球抛给他，由其将球踢出。球员们依此轮换练习。

13. 在球员的头顶高度悬挂一个球。球员们的任务是，在完成踢出头顶高度的球之后，落在地上叠放着的几块垫子上（图 2.35）。逐步地减少练习球员倒地后垫子的数量。

14. 两人一组练习。其中一人的身后叠放 3~4 块垫子，其同伴站在离开该球员 2 米远的地方，将球高抛给已经准备好踢球的球员。当球下落到该球员的头部高度时，他在完成凌空踢出球的动作后倒落在垫子的上面。逐步地减少踢球球员身后垫子的数量，球员们依此互换角色进行练习。另一种方式：但球是从 5~6 米距离处，包括从两侧高抛给准备踢球的球员。

15. 两人一组练习。其中一名球员站在 6 米距离的标记处（背部朝向球门），另一名球员站在离球门 12~15 米的地方（面向球门），用脚背弹射方式将球高抛踢传给同伴，使球落在他的位置上。同伴则用凌空倒勾的脚法尽力将球踢入球门。球员们按时轮流互换角色进行练习。

头顶球

用头顶球是五人制足球中不可分割的重要组成部分，尽管与用脚踢球相比，在比赛中这个动作的使用要少得多。然而，正如最近的统计资料证明的那样，由于引入了新规则，允许守门员在场地中线后面抛掷球，因此，大大增加了头顶球在比赛中的使用率。

在对初级阶段的球员进行用头顶球的技术教学时，建议使用轻便的和悬挂型的球。应当让球员们注意，必须用头部往具体的方向顶球，并使用一定的力量，而不是简单地用头部去等待球来碰。无论是以支撑站立的姿势还是在跃起或者扑球的时候，都要使用额头的中间部位、额头的侧面和后脑勺部位完成头顶球的动作。

在完成以支撑站立的姿势用额头的中间部位顶球（图2.36）时，站立姿势为两只脚与肩同宽，或用一只脚向前跨出。球员的上身在顶到球之前往后仰，双腿的膝关节与脚踝关节部位弯曲，背部肌肉绷紧。然后，上身向前摆动。紧接着，头部有点像点头似的用力摆动，利用额头的中间去击球的中部。与此同时，球员要用眼神观察球的飞行线路。

这个动作的特点就是准确度高。由于头部与球的接触面大、视觉上很方便，因此，便于对球的飞行路线进行观察，以及球员全身更多的肌肉都参与了顶球的动作。上身的摆动幅度和顶球的瞬间，颈部与背部肌肉的紧张度决定了顶球的力量。用这个动作不仅能够将球向前，还可以向两旁传球。后一种情况表现在击球的瞬间，球员的头部与上身要转向打算传球的方向（图2.37）。上身的转体通常依靠脚尖部位的转动来完成。

跳起用额头的中间部位顶球动作的完成（图2.38），是用单脚或双脚起跳的。起跳可以是在原地起跳，或者是助跑后再起跳。在顶到球之前，球员的上身和头部往后仰，在跳起后的最高点，以短促的上身向前摆动与头部用力的点头动作，通过上身和面部的正面额头部位，在瞬间完成头顶球动作。球员的眼光在用头将球顶出之后，继续注视足球的飞行线路，然后以双脚的脚尖落地。此时，为了缓冲，双腿膝部应微微弯曲。这个动作的效果如何，取决于球员在顶球的瞬间把握自己动作的协调能力。

图2.36　　　　　　　　　　　图2.37

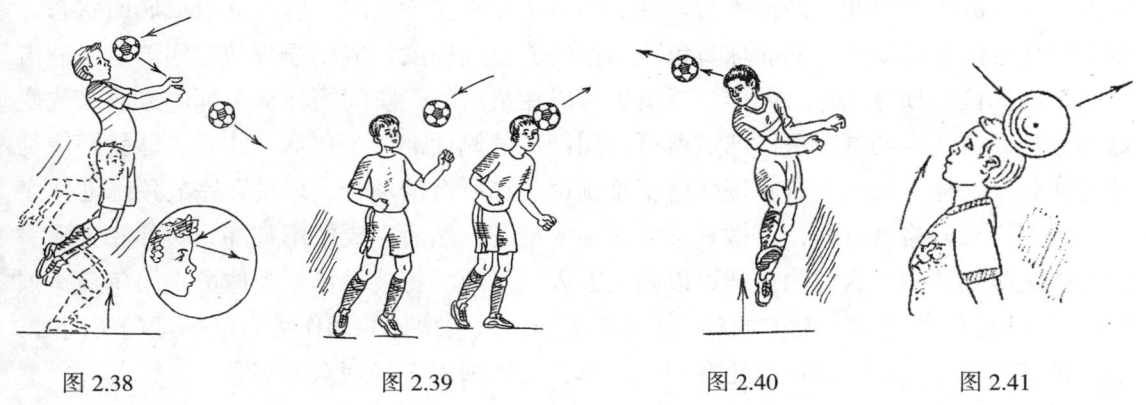

图 2.38　　　　　　图 2.39　　　　　　图 2.40　　　　　　图 2.41

用额头的侧面部位顶球的动作，可以用支撑站立的姿态，也可以用跳起的方法来完成。在完成用支撑站立的姿态顶球的动作时（图 2.39），球员应将离球较远的那条腿伸向一旁，将膝部弯曲，并将上身的重心也转移到这一条腿上。球员的头部转向来球的飞行方向。顶球的动作从主动地伸展双脚开始做起，上身和颈部朝着目标方向。顶球动作结束时，上身应朝着球飞行的方向前倾，身体的重心也向前转移到站立着的那一条腿上。在完成起跳后，用额头的侧面部位顶球的动作时（图 2.40），球员在蹬脚跳起的同时，将上身朝着球将要飞行的相反方向倾斜，在跳起后的最高点，依靠用力挺直的上身和头部的力量，朝着球飞来的方向做出有力叩击来完成顶球动作。

用后脑勺部位顶球（图 2.41）的动作，使用于当朝着球员飞来的球（或者是朝向他落下的球）略高于他的头部，而他却无法采用其他任何方式将球往侧面或者往前传递给自己队员的时候。正是在这样的情况下，才可采用后脑勺部位顶球的方法将球顶传给站在身后的同伴，或者将球顶向赛场上更为安全的区域。在做这个动作时，上身和头部应稍微向前倾，然后用上身向上、向后挺起以及向后方仰头的动作，将球往背后的方向顶出。在跳起后也可以完成类似的顶球动作。

最为复杂的顶球动作是鱼跃头顶球（图 2.42）。这项技术与所有比赛中其他的头顶球动作有很大的区别。当低空（一般低于腰部）飞行中的球处于球员的面前，而此时却难以用其他任何方式去踢球的时候，就采用鱼跃顶球。鱼跃顶球球员为了要得到这个球，单腿（带助跑）或双腿（从原地）蹬地，用头部完成向前鱼跃冲顶球的动作。在这种情

图 2.42

况下，球员的腾空跃起与地面平行。球员的双手在腾空跃起时，肘部关节成屈曲状态，双眼盯住球的运行线路，依靠球员鱼跃动作的质量和速度完成用额头的中间部位去冲击球的中心部位的顶球动作。同样，球员也可以在最后的一瞬间用转动头部的方法去改变球的方向。在这样的情况下，球员就可以用额头的侧面部位去顶球。此时，球就好像是被突然截断一样，它的飞行轨迹变得很难预料。在所有的场合，球员在完成顶球动作之后，都要将双臂略微弯曲，以做好缓冲落地的准备，然后完成使用胸部、腹部和大腿一侧的依次滚翻动作。这样的顶球可以归入五人制足球的特技动作。当球员采用鱼跃头顶球的方式射门，将球打入对方的球门，或者借助鱼跃头顶球的动作为自己的球门解围时，他就是在用自己高超的球技为比赛增色添彩，可以博得全场观众的喝彩。

【练习示例】

1. 带球距离墙壁 2~3 米站立，将球向自己的头部上方抛出，将上身和头部往后仰，绷紧背部和颈部的肌肉，然后通过上身和头部的用力摆动，用额头的中间部位去顶击球的中部。在此之前，两腿的膝部关节弯曲站立，在用头部顶球的同时将双腿挺直。在球从墙面弹回之后，将球接住，然后再照此继续练习。另一种方式：但方法改用头部去顶击悬挂在与球员的额头高度齐平的球。

2. 两人一组练习。一人采用坐姿，面朝距离自己 2~3 米以外手持球站立的同伴。后者将球轻抛给坐着的球员，并要使球在后者面前落下。坐着的球员上身与头部往后仰，当球靠近时，利用上身与头部用力甩动的动作去顶击球（图 2.43）。两人轮换角色进行练习。另一种方式：同样，但是球员以跪坐的姿势完成顶球的动作。在这个练习中，顶球的球员不得使用腿部来踢球，必须使用上身背部的肌肉。

3. 每人一球，在离开墙壁距离 1.5~2 米的位置站立，各自将球抛向自己头部上方，并用额头中间部位将球朝墙壁的方向顶出。

4. 每人一球，在将球往自己的上方抛出后，通过弯腰使用上身和头部的用力动作，将球往自己头部的上方向前、向上顶出，然后再接住球；依此反复进行练习。当球员再次准备完成顶球的动作时，就已经是二次顶球了。在顶到球之前，弯曲双腿的膝关节，然后再挺直。

5. 两人一组练习。两人在相隔 3 米距离的位置面对面站立，其中一人将球向上抛给同伴，而后者则用额头的中间部位回传给前者；以此类推。球员们轮换角色进行练习。另一种方式：接球的球员在做第一次用头部顶球的动作时，将球往自己上方顶出，使球落在自己面前，而第二次则是将球顶传给自己的同伴。

6. 两人一组练习。两人在相隔 3~4 米的距离面对面站立，用头顶球进行传球，尽量使球在空中的时间长一些（图 2.44）。相互之间的距离逐渐地加大。另一种方法：但将球员分成三人一组进行练习。

7. 三名球员相互之间相隔 3 米的距离站在一条线上，由站在中间位置的球员将球向

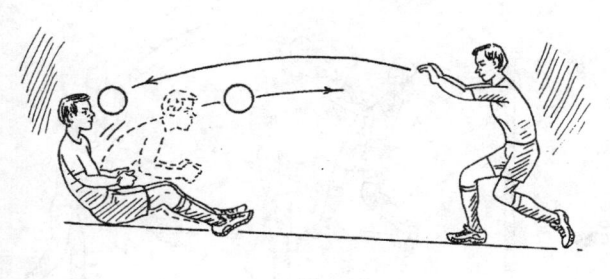
图 2.43

图 2.44

上抛给一端的球员，后者用力用头部将球顶出，使球越过中间的球员后传给第三名球员。此时，站在中间位置的球员转身面向接球的球员。第三名球员再将球头顶传给中间的球员，该球员接住球之后，用高抛物线的头顶球将球回传。第三名球员再以用头部顶球的方式，将球越过中间的球员，传给第一名球员。三人按时轮换角色，以此类推，进行练习。

8. 三人一组，站成一个三角形练习，用额头中间部位完成头顶球。此时，球员们要注意的是，顶球球员的上身在做顶球的动作时，应当朝目标方向转体，这有助于通过上肢肩膀的运动带动头部的动作。在转移接球球员位置的同时，沿三角形完成用头顶传球的动作。

9. 教练员伸出手臂用手将球托于手掌中（高于站在他面前球员的头部），球员用双脚蹬地，连续数次起跳，尽力用头部去顶球。

10. 教练员伸出手臂用手将球托于手掌中，站成纵队的球员们依次开始跑并尽力在起跳中用头顶球将球从教练员手中"摘走"（图 2.45）。

11. 两人一组练习。其中一人站在距离 4~5 米处的地方，将球抛给自己的同伴，使对方在越过实心球的同时用头顶将球顶出（图 2.46）。两人轮流互换角色练习。

12. 在原地起跳，完成对悬挂着的球的头顶球动作（图 2.47）。根据对这个动作的掌握程度，球员转为助跑两三步起跳完成用头顶球动作。

13. 球员们排成纵队，纵队前面竖立一个立架，在架子上与头部同高的位置系一根

图 2.45

图 2.46

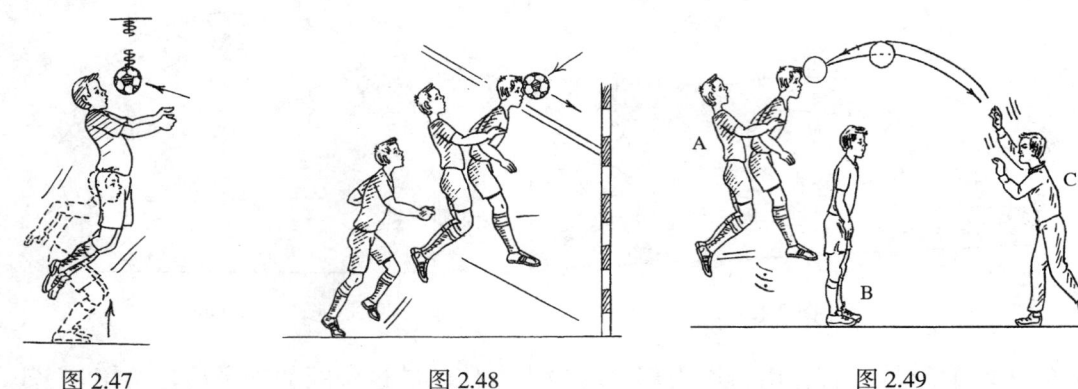

图 2.47　　　　　　　　图 2.48　　　　　　　　图 2.49

带子（图 2.48）。教练员双手持球站在纵队的前面，将球抛出，站在纵队第一名的球员助跑起跳，用头将球顶过带子传给教练员。完成顶球后，该名球员跑回纵队队尾，而教练员再将球扔给下一个的球员，以此类推。

14. 三人一组练习。球员 A 站在球员 B 的身后，球员 C 持球站在球员 A 对面。球员 C 将球抛出，让球员 A 跳起后用额头中部将球回传，依序完成练习。球员 B 开始只是消极等待，根据同伴对动作的掌握程度，他要尽力跳起阻扰同伴用头顶球。三人依此轮换角色练习（图 2.49）。

15. 两人一组练习。其中一人面对同伴背部朝上趴在地上。后者将球高抛给趴在地上的球员。趴着的球员迅速从地上爬起并跳起用头顶球将球回传给抛球的球员（图 2.50）。球员们依次轮换练习。

16. 两人一组练习。相互之间相隔 3 米的距离面对面在球门线的前面站立。其中一人将球抛给背朝前的同伴，该同伴跃起用头顶球将球回传给抛球的球员。后者接球后一边向前跑位，一边再次将球抛给同伴，让其继续用头顶球回传，以此类推。抵达相反方向的球门线后，双方互换角色继续进行练习。另一种方式：加入第三名球员，对用头顶球的球员进行阻扰。

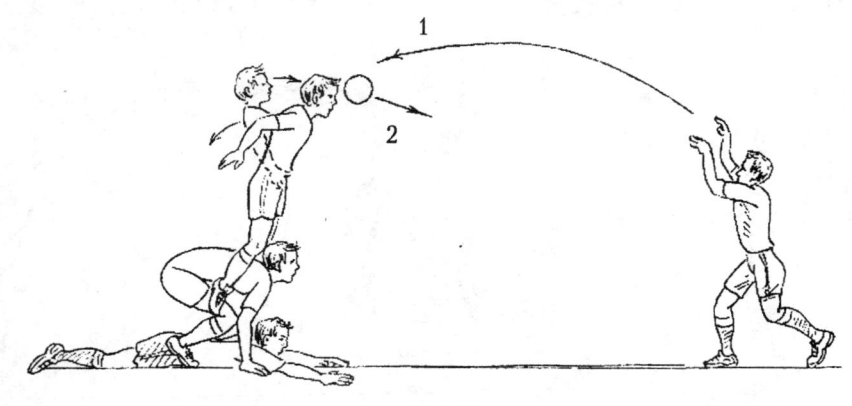

图 2.50

17. 在排成纵队的球员前面放置一根栏杆，一名持球球员站在栏杆前。他将球高抛出去，让纵队的第一名球员助跑后越过栏杆，用头顶球将球回传（图2.51）。回传动作完成后，该球员跑回纵队队尾，而抛球的球员再将球抛给纵队的下一名球员，以此类推。

18. 两人一组练习。相互间隔3米站立在球门线上，开始慢慢地向对面的球门线方向移位。其中一人在行走中将球抛出，后者以支撑站立的姿势用头部的侧面将球顶回给同伴。同伴接球后，一边向前跑位一边再次将球抛出，让对方再次将球顶回（图2.52）。抵达相反方向的球门线之后，互换角色继续进行练习。球员们根据对该动作的掌握程度，逐渐加快在场上的跑位速度。另一种方式：在跃起后完成用头部侧面顶球的动作。

19. 沿圆圈分散站立，将球传给站在圆圈中心的球员（图2.53）。用各种头部顶球的方式进行传球，只要球在场地上落地，就由另一名球员去替换站在圆圈中心的球员，以此类推。

20. 两人一组练习。在面对面相距6~7米的位置站立，其中一名球员将球高高抛出，另一名球员尽力用头顶球的方式将球准确地顶向抛球球员并在抛球时说出球顶向的目标，然后两人互换角色练习。开始时以支撑站立的姿势完成头顶球的动作，而后从原地起跳完成动作。无论是用什么样的方式，练习都以比赛的形式进行。

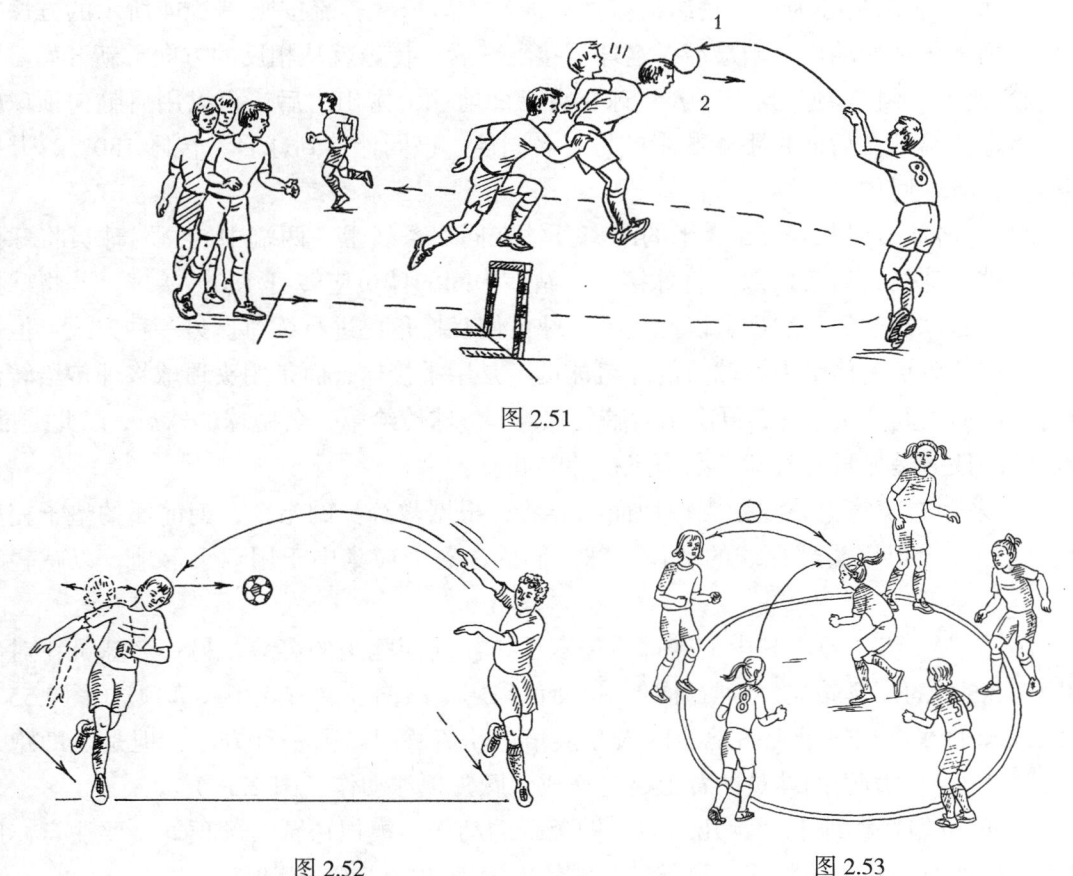

图2.51

图2.52

图2.53

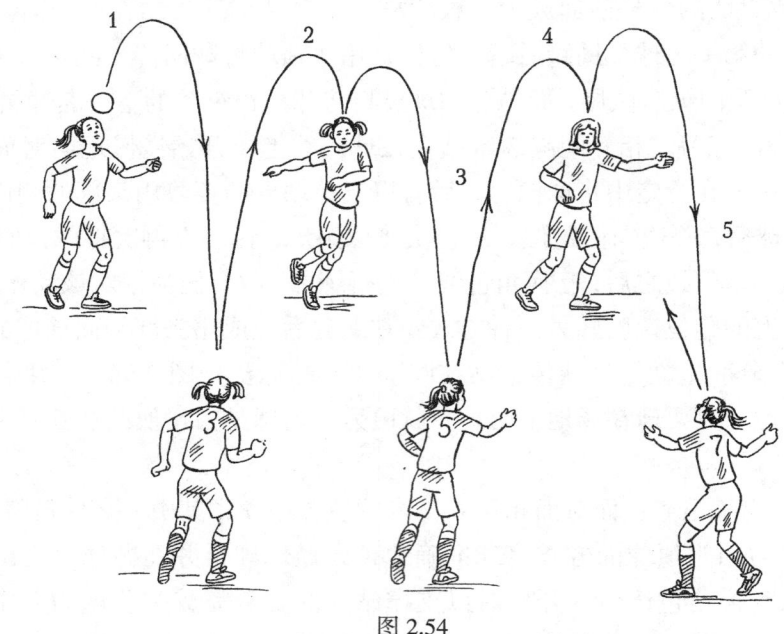

图 2.54

21. 由六名球员分为三人一组横排面对面站立。依次轮流按照图 2.54 所示的方法完成用头顶球传球的动作。当最后一名球员接到球后，传球就从相反的方向重新开始。

22. 两人一组练习。其中一人将球在自己面前往上抛出之后，再以用后脑勺顶球的方式将球传给站在后面相距 4~5 米的另一名同伴。该同伴接到球后，转体 180°，并以同样方式将球回传。

24. 三名球员以相隔 2.5~3 米的距离分站在同一条线上，两端中的一名球员将球抛给另一端的球员，后者用双手将球接住。站在中间的球员应转身 180° 接球，并将球抛给第一名抛球的球员。然后，以此类推。球员们互换角色进行练习。另一种方式：但站在一端接球后负责传给中间球员的那名球员不是用手接球，而是用头顶球将球传给转体对着自己的中间球员。后者再次用后脑勺顶球，将球传给第一名抛球的球员，以此类推。球员们的任务是尽量延长球在空中飞行的时间。

25. 采用屈膝跪坐、双手支撑地面的姿势，根据教练员的指令，朝前面的垫子完成鱼跃前扑，模拟用头部顶球的动作。球员们的注意力应集中于用双手落地，以减轻缓冲力。

26. 两人一组练习。其中一名球员用双手撑住地面跪坐的姿势，另一名球员在对面相距 3~3.5 米的位置站立，将球抛向他，迫使他采用鱼跃向前的方式用头部顶球（图 2.55）。鱼跃顶球的球员在垫子上落地，两人互换角色轮流练习。另一种方法：但是在助跑几步后，从另一名跪坐的球员的背上越过完成鱼跃头顶球动作（图 2.56）。

27. 球员们在场地上助跑几步向前做鱼跃的动作，模拟鱼跃头部顶球。要注意，用双手支撑地面，并带动胸部、腹部和双腿依次滚动的方法缓冲落地。

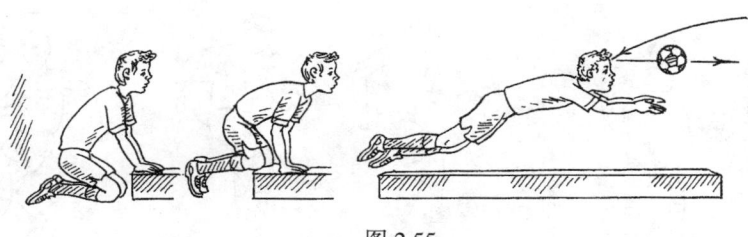

图 2.55

图 2.56

28. 球员们依次轮流，对悬挂高度为 90~100 厘米的球进行鱼跃冲顶练习。落地动作的练习应在球场上进行。另一种方法：但球应由站在顶球球员前方的球员抛出或从侧面抛出。

29. 球员们在场上罚球线后面成纵队站立，领头的球员站在罚球线上。教练员站在球门的后面，将球抛出，使球落向距离纵队前面球员 3~4 米的位置。第一名球员助跑 2~3 步后，对正在下落的球进行鱼跃冲顶，将球射进球门。

□ 接　球

为了抵消正在飞行中的球或滚动中的球的速度，或者是要得到球并加以控制，则要采用各种各样的接球方式。无论是哪一种情况，都是要通过身体某个部位的退让（缓冲）动作、某些肌肉群的放松，以及用脚部、腹部和小腿截住球来完成接球动作的。

在以高速的动作和高强度进行的五人制足球比赛中，球员在接球时几乎不可能完完全全地把球停住。一般来说，球场上的形势迫使他们在接球时将球转移到更合适的位置，以便能够做下一个动作。

这些技术性动作的教学，建议从掌握用脚部内侧和脚掌将滚动着的球停住、用脚部内侧和脚背将正在飞行中的球停住、用胸部停球、用头部停球等动作开始。在此之后，建议再转向对以身体的不同部位在跑位中和起跳中接球的教学。应当考虑到，这个过程要与踢球的技术教学同时进行，然后再与其他技术动作结合起来的话，那么，所有接球方式的教学将能够取得良好的效果。

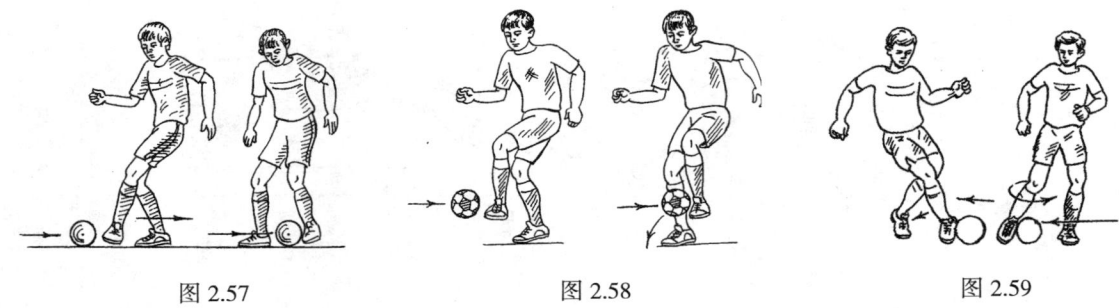

图 2.57　　　　　　　图 2.58　　　　　　　图 2.59

◆ **脚内侧接球**

用脚内侧接地滚球的脚法（图 2.57）经常在五人制足球中使用，因为这种方法完成起来方便、可靠和简单。球员在用脚内侧接球后，可以立即准备继续运球，或者是将球传给自己的同伴。当球滚动接近时，球员将身体的重心转移到膝部屈曲的那条支撑腿上，用脚尖对准球移动而来的方向。对着迎面而来的球抬起腿，脚部向外翻转90°，与支撑腿形成直角。在脚内侧与球相接触的那一瞬间，将腿轻轻地往后面移动（与支撑腿齐平的位置），这样，球滚动的速度就被降低了。这种方法也被用于接传过来的低空球（图2.58）。

球员在完成用脚内侧将地滚球转移至身后的动作时（图2.59），应在做将抬起的腿向后退让（缓冲）的动作的瞬间，用支撑腿的脚尖转体180°，用抬起的那只脚将球从两条腿之间（往身后）送出。球员的上身躯干则朝被自己控制的球的方向往前倾，然后再用右脚或左脚开始运球。

【练习示例1】

1. 在离墙壁 3~4 米的位置站立，用脚内侧将球低位踢出去，使球在墙壁上反弹后再滚回来，再用脚内侧将球停住，并再次将球往墙壁上踢。依此反复练习。

2. 两人一组练习。在相互间隔 5~6 米的位置站立，两人轮流踢出低位球，练习用脚内侧传球和停球。

3. 沿着直径 10~12 米的圆圈站立，教练员站在圆圈的中间。他的任务是将球低位传给所有的球员，要求球员们用脚内侧停住球，并以同样的方式将球回传。

4. 两人一组练习。在相距 7~8 米的位置站立，一起向前跑动，相互之间用脚内侧进行低位球的传接，同时也用同样的方式将球停住。

用脚内侧接住迎面落下的球（图 2.60）采用的是以下方式：支撑腿要落在预判球落点的前侧方，用抬起的那条腿让过飞过来的球并向后挪开。脚尖向外翻转，脚掌向下低垂，在球落地的瞬间，轻轻地用脚内侧将球扣住。

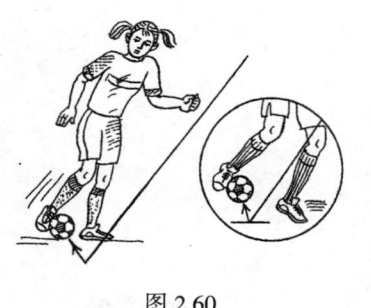
图 2.60

图 2.61

【练习示例 2】

1. 球员将球往自己身体的侧前方抛出，要使球落在抬腿用脚的一侧，用右脚或左脚内侧，将从地面弹起的球扣住，以此类推练习。

2. 两人一组练习。球员们面对面相距 6~7 米站立，相互之间轮流抛球，使对方用脚内侧接住从场地上弹起的球。另一种方式：但接下来的动作是往侧面运球。

3. 两人一组练习。球员相互之间在距离 6~8 米的位置站立，其中一名球员将球往同伴的左侧抛出，后者在接落地之后反弹起的球时，使用脚内侧扣住球（图 2.61），将球往右侧转移，并将球用右脚内侧回传给同伴。然后，换用右脚扣住球，以此类推进行练习。球员们轮流互换角色。

4. 两人一组练习。其中一名球员将球抛向同伴的方向，让他用一个冲刺跑往落球的方向奔跑，用脚内侧扣住从场地上弹起的球之后，一个回身转向抛球的球员，再将球传给抛球的球员，以此类推进行练习，两名球员轮流互换角色进行。另一种方式：将球抛出，使球落在离开同伴 3~4 米远距离的位置，后者用冲刺跑接住球，然后再以脚内侧将球回传。

5. 两人一组练习。其中一名球员将球往同伴的方向抛出，后者紧随着球后面跑出，并用脚内侧将在场地上弹起的球接住，完成转体 90°的动作，紧接着带球返回。

6. 两人一组练习。相互间距离 8 米站立，其中一名球员将球扔出，使球落在同伴前方 4~5 米的位置。另一名球员迎面奔向落地的球，并用脚内侧接住弹起的球，完成转体 180°的动作，然后带球返回出发地。如果球落在接球球员的左侧，接球球员就用右脚；落在右侧，就用左脚。做完一遍之后，两名球员互换角色继续练习。

7. 三人一组练习。每组球员以每边 6~7 米的距离组成一个三角形。球员 A 将球抛给球员 B，后者转身之后面对球员 A，用脚内侧将弹起的球接住，之后将球再传给球员 C。球员 C 将球抛给球员 A，后者以同样的方式处理球，并将球再次抛给球员 B，依此循环进行练习。在顺时针抛球的情况下，使用左脚内侧接住球，再使用右脚将球传出。在逆时针传球的情况下，就用右脚接球，用左脚传球。

8. 三名球员站在一条直线上，相互之间相隔 7~8 米的距离（图 2.62）。球员 A 往球员 B 的方向将球抛出，后者紧随球跑动，转身之后用脚内侧接住反弹起的球，将

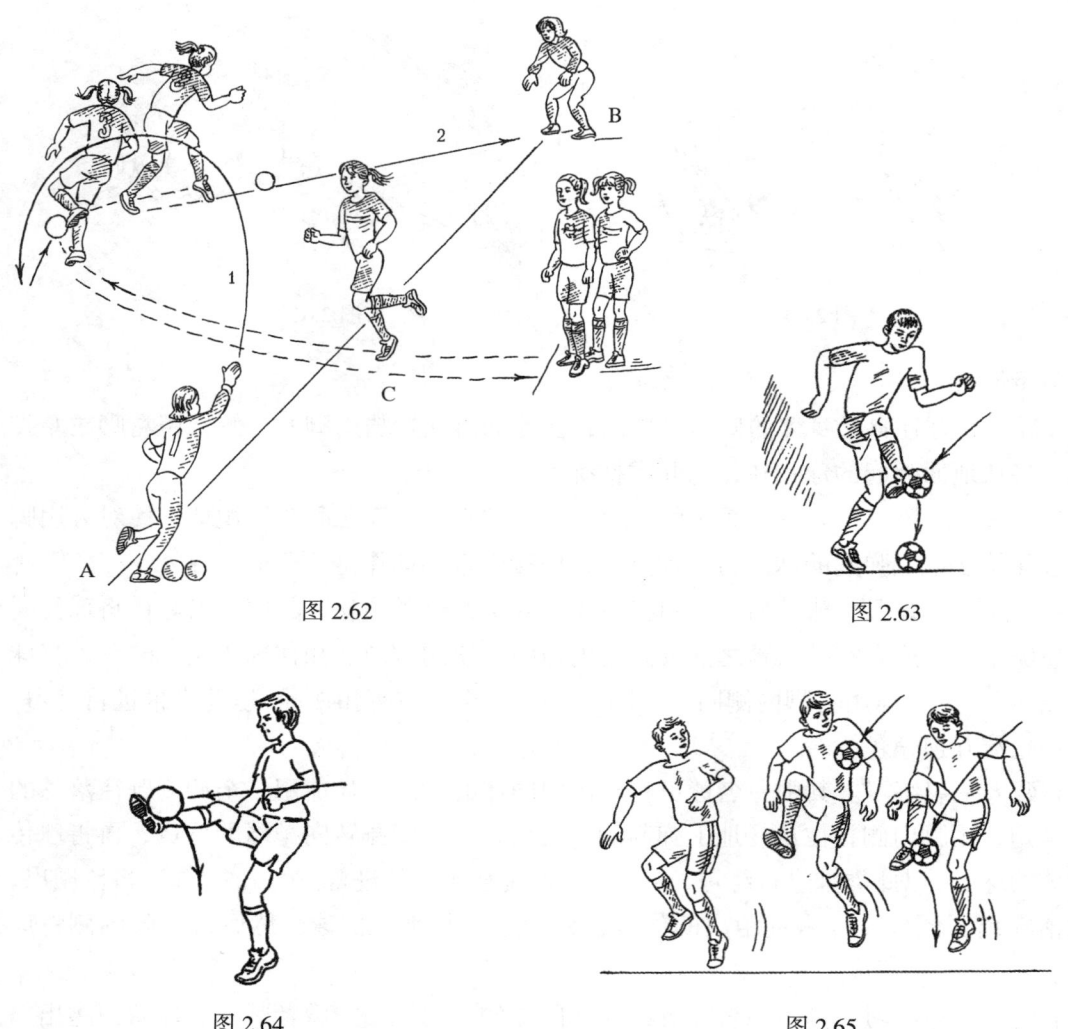

图 2.62　　　　　　　　　图 2.63

图 2.64　　　　　　　　　图 2.65

其截住，再传给球员 C。然后，球员 B 返回到出发的位置，而球员 C 再将球抛给球员 B，但这次是往另外一个方向。如果球是往接球球员的左侧抛出的，他就使用右脚完成接球的动作；如果是往右侧抛出的，则使用左脚。球员们依次轮流互换角色进行练习。

　　用脚内侧接住腿部高度的球的动作（图 2.62）在许多情况下与接地滚球的方式类似。将支撑腿的膝部微微弯曲，另一条腿向前、向上方伸出，计算好使球与脚内侧接触到的位置。在接触到球的一瞬间，将抬起的那条腿微微地往后拖让一下，以消减球飞行的速度。这种方式用于处理落在球员身边大约在大腿高度的球，或者是在腹部高度与球员胸部平行飞行的球（图 2.64）。对于更高的球，也可以在跳起后使用脚内侧来接住（图 2.65）。在这种情况下，球的飞行会由于抬起的那只脚的向后退让动作而得到遏制。球员抬起的那条腿在髋关节和膝关节屈曲，用单腿着地将球控制住。

【练习示例3】

1. 在离开地面大约在40厘米高度的立柱或者篮板上悬挂一个球,并将球摆动起来,球员在球接近自己的时候,向前跨出一步,尽量用脚内侧接住球。地面与球的高度可逐步降低至10厘米。

2. 将球抛落在自己的前方,然后用脚内侧将落下的球接住。

3. 两人一组练习。其中一名球员将球用相当于膝盖高度抛给同伴,后者用脚内侧接住球,并继续使用该只脚将球回传。球员们轮流互换角色进行练习。

4. 两人一组练习。其中一名球员将球往同伴的方向抛出,后者往落球的方向奔跑,并使用脚内侧将球停住。完成转身动作之后,再运球回到原地,并从那里将球再用相同的方式抛传给同伴,依次完成练习。另一种方式:球员们排成纵队,教练员站在纵队的侧面,将球往纵队前方3~4米远的方向抛出。第一名领头的球员朝飞行中的球冲刺奔跑,并用脚内侧将球停住,然后继续使用这条腿的脚内侧,将球低传回给教练员,以此类推(图2.66)。教练员则应将球分别往纵队的左右两侧抛出。

5. 四名球员站立组成一个四方形,球员A将球以膝盖的高度抛出传给球员B,后者站在脸朝球员C的位置上。在按照顺时针的方向传球时,球员B使用左脚外侧接住飞行中的球,然后用右脚内侧将球传给球员C。球员C将球抛传给球员D,后者站立的位置是脸朝球员A,以此类推。在经过多次反复这样的练习之后,球员们变换一下抛球和传球的方向。

6. 两人一组练习。面对面在相隔8~10米的位置上站立,其中一名球员用脚将球踢出,使球落在同伴的前方,高度在腹部左右。后者在跳起后用脚内侧将球接住,落地后用同样的动作将球回传,以此类推。球员们依次互换角色轮流练习。

图2.66

◆ 脚掌接球

用脚掌接住地滚球（图2.67）动作的完成，使用于球迎面而来的时候。球员应将抬起的那一条腿微微屈膝，迎着渐近而来的球伸出。抬起的脚尖和下垂的脚掌就好像在球上形成一个倾斜的屋顶，支撑腿的脚尖方向与球的滚动方向一致。当球与脚掌接触时（将膝关节弯曲）微微往后收一点，与此同时，将球压向地面，球员的上身向前倾斜。这个技术动作经常在五人制足球中使用。球员用这样的方式接球后，就有可能马上转入运球动作，或者在对方的进攻球员面前做一个假动作。

用脚掌接住落地球（图2.68）与用脚内侧处理球有点相似。支撑脚放在预测球落点略微靠前一些，将腿抬起，膝关节弯曲，向前伸出。当球刚接触到地面之后，球员用腿（这时要放松）稍微前伸，马上用脚掌将球扣住。

【练习示例】

1. 在离开墙壁3~4米的位置站立，并用脚内侧将球低平踢出，然后用脚掌将从墙面弹回的球停住。

2. 两人一组练习。球员们间隔距离6米，面对面站立，相互之间采用脚内侧传出低平球，用脚掌接球。

3. 沿着直径12~16米的圆圈分开站立，教练员站在圆圈中心的位置，依次轮流将球用低平的高度抛出，要求球员用脚掌接住球，然后再用脚内侧将球回传。

4. 两人一组练习。面对面间隔距离7~8米分开站立，轮流用力以脚内侧相互之间传出低平球，并用脚掌停住球。

5. 球员将球在自己的面前从上放下，然后用脚掌扣住从地面弹起的球。左右脚互换练习。

6. 两人一组练习。相互之间轮流抛球，使对方用脚掌接住从地面弹起的球。另一种方式：但使用带球方式跑开。

7. 两人一组练习。面对面相隔10~12米的距离分开站立，轮流用脚向上朝对方踢出高球，使球落在对方前面的3~4米远的地方，后者冲刺跑出后用脚掌将球接住。

8. 两人一组练习。其中一名球员坐在场地上，脸朝着同伴，后者持球站在离他7~8

图2.67

图2.68

图 2.69　　　　　　　　　　　　　图 2.70

米距离的位置，将球朝坐在地上的同伴抛出。当球还在空中飞行时，后者应迅速站起身，用脚掌接住从地上弹起的球，并将球踢出低空球回传给抛球的同伴（图 2.69），然后再回到原来的姿势。球员们轮流互换角色练习。

9. 两人一组练习。其中一名球员与同伴并肩站立，后者将球向前高高抛出后，立即用冲刺跑紧跟着球的落点，用脚掌将从地面弹起的球接住，然后再回传给抛球的同伴。以此类推，球员们互换角色练习。

◆ 脚背接球

脚背也可以用于接住下落的球（图 2.70），接球时，球员将支撑腿的膝盖关节弯曲，抬起的那条腿向前、向上伸出，膝部同样也是微微屈曲，脚背向下绷直，上身往前倾。此时，球员应以脚背的中部（或脚尖）部位去接迎面落下的球，用迅速而又轻柔地向下回收的动作控制住球的飞行速度。

【练习示例】

1. 在一根立柱或者篮球筐上悬挂一个球，球与地面相距 35~40 厘米，球员先将悬挂着的球晃动，然后在晃动着的球接近自己的方向时向前跨上一步，尽量使用脚背的中部将球接住。

2. 球员将球向自己的前方高高抛出，然后再用脚背中部接住下落的球。要注意，在向前准备接球时，要将腿的膝盖关节部位弯曲，向前伸出脚背，在触接到球时，脚与球应同时一起往下沉。根据球员技术的掌握程度，可将球尽可能抛至最大的高度。

3. 两人一组练习。两人之间的距离相隔 8~10 米，相互之间轮流以抛物线的方式将足球抛传给对方，互相都用脚背中部将球接住（图 2.71）。

4. 两人一组练习。在相距 10~12 米远的位置面对面站立，其中一名球员将球以抛物线的弧度抛传给同伴，后者则使用脚背中部将球接住，然后再以同样方式将球传回，以此类推。球员在使用右脚将球停住的同时，采用左脚完成传球，以及用相反方式进行练习。球员们轮流互换角色进行练习。另外一种方式：将球抛出，使其落在同伴前方 3~4 米的位置。后者迎面向球奔跑，先用脚背中部将球接住，然后再运球向前奔跑。

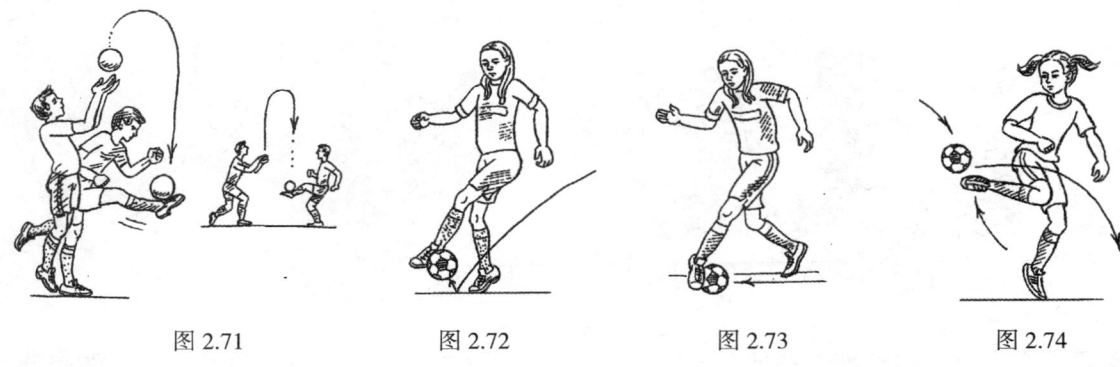

图 2.71　　　　　图 2.72　　　　　图 2.73　　　　　图 2.74

两名球员互换位置轮流练习。

5. 先用脚背中部做颠球动作，然后将球往上方踢高，再用脚背中部将球接住。

6. 两人一组练习。在相距 12～15 米远的距离面对面站立，轮流将球踢出，使球直接飞向同伴，后者则用脚背中部将球接住，以此类推。

7. 用与上述相同的方法练习，但是在接到球之后，球员向任何一个方向做一个转体 45°～90° 的动作，然后带球往那个方向前行，接着再将球传给同伴，以此类推。

◆ 脚外侧接球

用脚外侧接落在球员边上的球（图 2.72）适用于在处理球后立即摆脱对方的进攻球员。这个动作是这样完成的：用于支撑的那条腿膝部弯曲，而抬起的那条腿与支撑腿相互交叉并往边上向前伸直，脚尖向上勾起并向外侧内转。球员在球刚接触到地面的瞬间就用脚外侧将其扣住，同时放松踝关节，然后将上身往球的方向前倾，这样一来就很容易离开自己面对的方向。用脚外侧还可以接住在球员边上滚动的球（图 2.73），或者是从球员的身体后方或侧面飞过、离开距离较远的球（图 2.74）。这种方式需要球员当机立断，它的特点就在于要使对方进攻的球员来不及做出反应。

【练习示例】

1. 在球员的面前（右边和左边）放上一个球，球员模拟用脚外侧去停住假设落下的球。

2. 球员往上将球抛出，使球在自己侧面落下，在球触及地面的一瞬间用脚外侧扣住球。以此类推进行练习，轮换使用右脚和左脚完成接球动作。

3. 两人一组练习。其中一名球员将球抛向同伴的左边，后者用右脚外侧将球球停住，然后再将球回传。接球者将球接住后再往同伴的右侧抛出，后者用左脚以同样的接球方式将球停住（图 2.75）。两名球员互相轮换角色轮流进行练习。

4. 球员以坐在地上的姿势，将球抛在自己面前，然后迅速站立起身，并在球触及地面的瞬间，或用右脚或用左脚的外侧将球接住（图 2.76）。另一种方式：完成接球后转体的动作，紧接着完成运球跑。

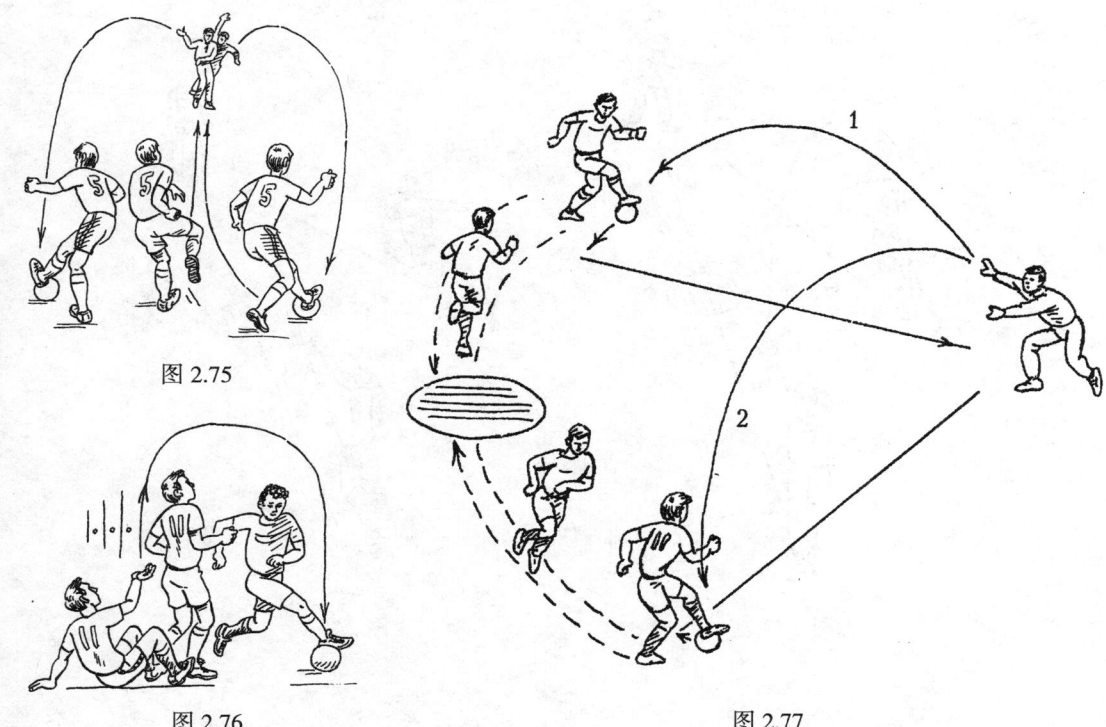

图 2.75

图 2.76

图 2.77

5. 两人一组练习。其中一名球员将球抛出，使球在落在同伴侧面足够远的地方。后者紧随其后往落球的地点奔出，完成将球停住、转身面向扔球的同伴，用接球的那只脚将球回传。此后该球员再回到出发点，将球从另外一个方向再次抛传给他（图 2.77），以此类推进行练习。另一种方式：但改换用左脚停住抛向球员左侧的球，并完成向后转身的动作。

6. 两人一组练习。两人相互传出低位球，使球偏离支撑腿的边上一点。球员将抬起另一条腿往前伸出，与支撑腿交叉，用脚外侧将球扣住完成接球动作。轮换使用左右脚完成接球动作。

7. 三人一组练习。每组的三名球员形成一个三角形，球员 A 按顺时针的方向将球抛给球员 B。后者用左脚外侧将球停住，然后再将球传给球员 C。球员 C 接球后将球再抛传给球员 A，依此轮换进行练习。完成接球动作的球员应当面向扔球的球员站立，然后再按照逆时针的方向来进行练习，这时要换用右脚外侧来完成接球的动作。

8. 三人一组练习。每组的三名球员站在同一条线上，由球员 A 将球抛出，使球落在站立在中间的球员 C 的右侧位置（图 2.78）。后者快速奔向球，并转身用左脚从左边将球接住，然后再将球传给球员 B，后者同样将球抛给球员 B，使球落在他的右侧，依此轮换进行练习。球员 A 和球员 B 轮换着与球员 C 互换角色进行练习。另一种方式：仍然将球从右侧抛给球员 C，但后者应转身从右边用右脚接住球（图 2.79）。

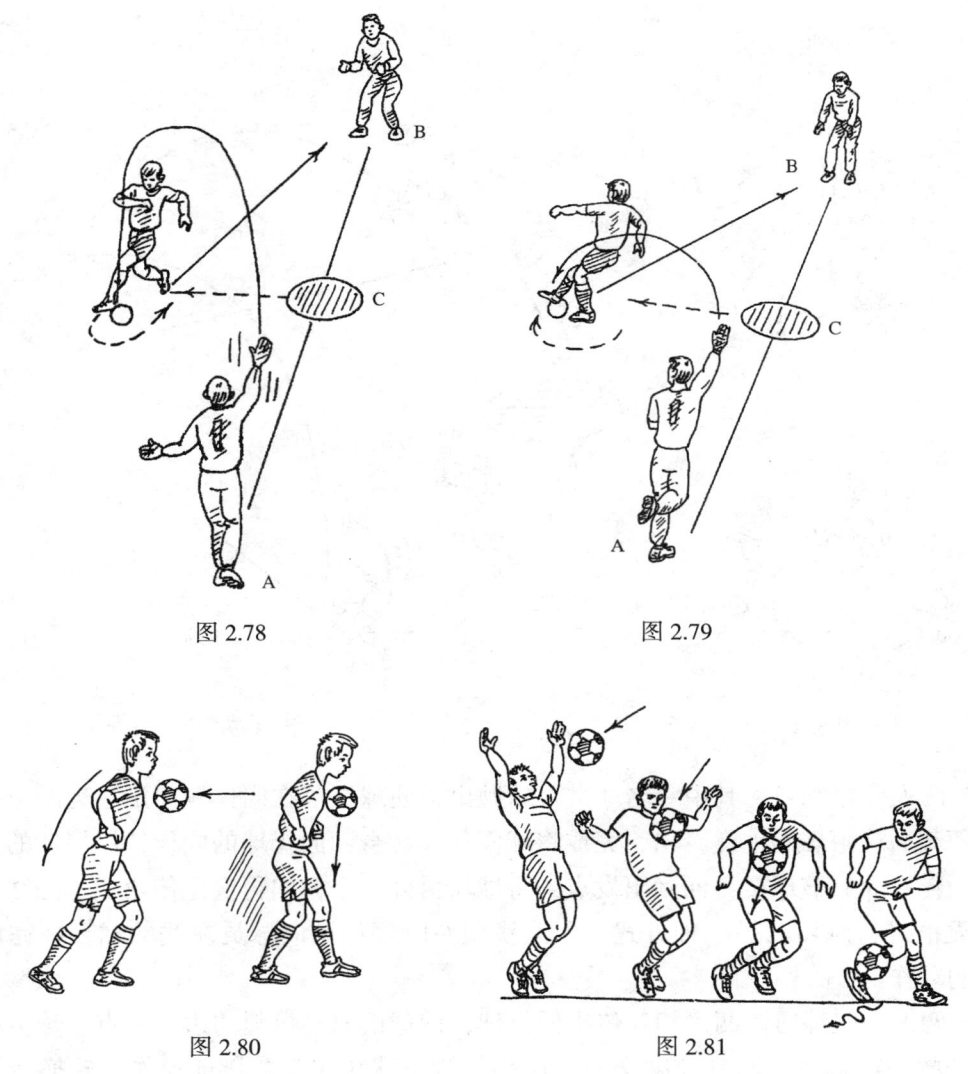

图 2.78　　　　　　　　　　图 2.79

图 2.80　　　　　　　　　　图 2.81

◆ 胸部接球

用胸部将球停住是在五人制足球中时常使用的一种十分有效的技术动作。在接住不同高度和不同速度飞行的球时，球员动作的基本机制几乎是一样的，区别只是在细节方面。用胸部接住飞往球员的球（图 2.80）：球员在准备接球的同时面朝来球的方向站立，两腿分开或用与肩膀同宽的距离站立。球员的胸部前倾，两臂的肘关节弯曲并自然下垂。当球接近时，上身往后收缩，双肩和双臂向前迎出。紧接着做出一个含胸的动作，再加上身躯体的转体，使得球员能够不仅接住来球，并且马上能够将球往其他方向转移（图2.81）。

用胸部接下落的球（图 2.82）也是依靠上身躯干的缓冲动作完成的。在做出含胸的动作时，身体的重心应转移到前面站立的那条腿上。在跃起的时候同样可以接住这样的

图 2.82　　　　　　　　　图 2.83

来球。当球接近时，球员利用一条腿或双腿同时蹬地向上跳起。含胸的动作应当在跳起的最高点，以及球员落向地面之前，即他双脚碰到地面之前完成。在五人制足球中，球员同样也应该掌握在奔跑中用胸部接住飞行中的球的动作（图 2.83）。这个动作是靠在与球接触的一瞬间含胸，然后再向前挺起的胸部完成的。

【练习示例】

1. 两人一组，互相之间相隔 4~5 米的距离站立，互相轮流往对方的胸前抛出高球，接球球员躯干微微前倾，利用胸部将球停住。

2. 与上一个练习方法相同，但抛球的线路高度应当不断变换。

3. 两人一组，站立于互相之间距离 10 米远的地方，互相轮流抛出球，高度和距离要使对方往前跳跃之后再用胸部将球停住。

4. 两人一组，分别往场地的不同的方向奔跑，轮流将球向对方抛出，以使对方在跑动中用胸部将球接住。然后再将球平稳地落在脚面，带球跑动几步之后，用双手将球捡起，并将球抛给正在跑动中的同伴。

5. 两人一组，从 8~12 米远的距离处互相轮流用头部传球，然后再用胸部将球停住。

6. 练习方法与上一个相同，但球员要在停住球的同时，完成一个 45°（向左或者向右）的转身动作之后，再带球往前方跑动。

7. 两人一组，相互轮流将球往场地地面用力抛出，以使球从地面反弹至同伴。同伴则将躯干往后收缩，利用胸部将球停住。接球球员在接球时，双手自然向两侧伸展开。另一种方式：但在用胸部停球时，先往侧面跳出一步。

◆ **头部接球**

用头部将飞行中的球接住动作的完成难度非常大，在五人制足球比赛中，完成的机会非常偶然。在用头部接下落的球时（图 2.84），球员应将两腿大幅度分开站稳，利用双腿膝盖关节处的弯曲，往后做收缩动作，同时也将身体和头部往后收，接球的头部

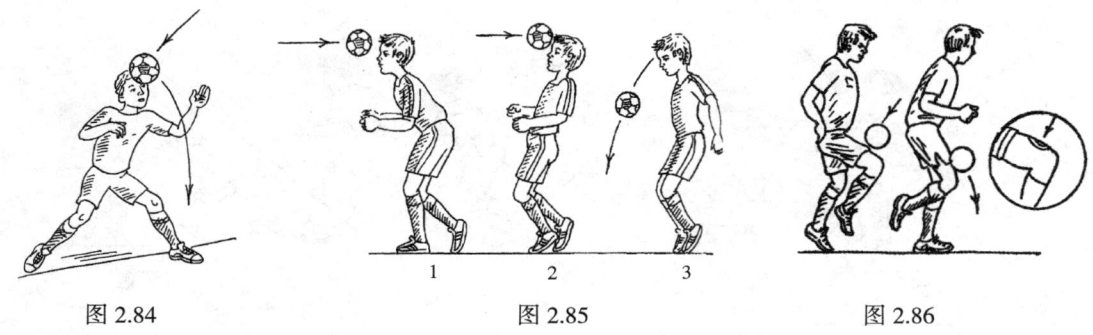

图 2.84　　　　　　　图 2.85　　　　　　图 2.86

部位大多数情况下是用脑门的中间部位。在此之后，球并没有离开球员的身体，而是缓缓地在球员的面前落到地面上。

在用头部接直接飞向球员的球时（图 2.85），应当以跨出一小步的姿势，用脸部直接面向球做好准备，将身体的重心移到向前跨出的那一条腿上，躯干和头部向前方伸出。在脑门中部与球相接触的一瞬间，球员的双腿应当迅速弯曲，躯干和头部往后、往下方收缩，将整个身体的重心转移到后面站立的那条腿上。在接到球并将球转移至侧面的瞬间，球员应将身体躯干和头部转向转移球的方向。

【练习示例】

1. 将球抛向自己的前方，将腿部膝关节弯曲，上身与头部往后仰，用头部将球停住。

2. 两人一组，其中一名球员将球按抛物线的弧度抛传给同伴。后者尽力用头部将球停住，然后再使球往下落在脚面上，用双手将球接住球之后，再以同样的方式将球抛传给同伴。

3. 两人一组，其中一名球员将球往同伴头部的高度抛出，使其在用头部接到球之后，再将球落在脚下，先用脚掌将球压住，然后仍然使用这只脚将球回传给同伴。球员互换角色进行练习。

◆ 大腿接球

用大腿接住下落的球（图 2.86）是采用这样的方式完成的：球员应将上身躯干放松，将支撑腿的膝关节弯曲，以保持韧性，在将抬起的那条腿的膝关节弯曲的同时，尽量向上抬起。当球触及大腿时，将抬起的那条腿向下、向后方下沉，以缓解球下落的速度。在五人制足球中，这样的动作主要用于处理高吊球和落在球员近旁的反弹球。大腿倾斜角度的大小取决于球飞行的弧度，应在接球时做调整。

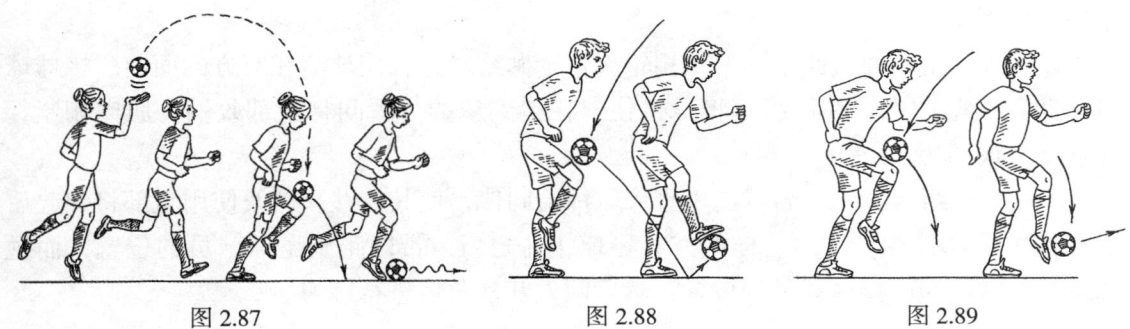

图 2.87　　　　　　　　图 2.88　　　　　　　　图 2.89

【练习示例】

1. 将球向前上方抛出，立即跟随球跑出，并用大腿将球接住后（图 2.87），紧接着带球向前奔跑，照此反复进行练习。

2. 两人一组，相互轮流将球抛给对方，用大腿将球接住，然后再用脚回传给同伴。

3. 两人一组，相互轮流将球以抛物线的弧度抛传给对方，用大腿将球接住之后，立即将球转移到脚下用脚掌扣住（图 2.88），然后再用脚背将球回传给同伴。另一种方式：但在用大腿将球接住之后以低空球回传给同伴。

4. 与上述练习相同，但在用大腿将球接住之后以凌空球回传给同伴。

5. 两人一组，相互将球往上踢高球传给对方，使球落在离对方 4~5 米的位置，后者迅速跑出接球，再用大腿将球接住后运球跑回抛球球员所在的位置，而抛球球员则跑向接球球员的位置，依次互换进行练习（图 2.89）。

6. 两人一组，其中一名球员用力将球由上往下投掷，使球由地面向前反弹传给同伴。后者迅速跑出接球，弯曲腿部的膝关节，以几乎垂直的大腿将球接住（图 2.90）。

◆ 腹部接球

用腹部接住球（图 2.91）是在当球由地面直接反弹向球员的情况下使用的。接球时，用躯干的上部将球略微盖住，将腹部肌肉收紧，而双臂分放在两侧。

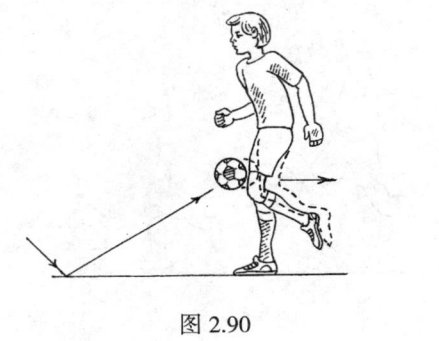

图 2.90　　　　　　　　图 2.91

【练习示例】

1. 两人一组，面对面站立，互相轮流将球抛给对方，使球落在对方的面前。接球球员迅速跑向落球点，并用腹部将球接住。在接到球的一瞬间将腹部收缩，肌肉绷紧，而双臂分放两边。

2. 两人一组，其中一名球员用脚将球传给同伴，使其能够来得及使用腹部将弹起后还在空中的球接住，采用这样的方式将球接住之后，带球跑到抛球球员的位置，而抛球球员此时则跑向接球球员的位置，然后两人互换角色进行练习。

◆ 小腿接球

用小腿接球（图2.92）在五人制足球中是偶尔使用的。当球直接落在球员的附近时，将小腿轻轻抬起，压在正在弹起的球上面，以遏制住球的反弹力。与此同时，将支撑腿的膝关节弯曲。跑位中的球员在接球时，其小腿如同"屋顶"的姿势通常会导致球向前方反弹出去，这就使得跑位中的球员能够将球带住，而不影响跑位的速度（图2.93）。

在用小腿将球停住的时候，球员应将双腿一起并拢，然后将膝关节弯曲，与此同时，将脚掌略微抬起，而上身躯干往前倾。

【练习示例】

1. 两人一组，在相距4~5米的位置面对面站立。其中一名球员将球抛给同伴，使球落在同伴的面方。后者则将支撑腿的膝关节弯曲，利用小腿将从地面反弹起来的球扣住。之后，再以类似的方式将球再抛给同伴，以此类推。

2. 球员们排成纵队站立，教练员持球站在纵队面前，将球往前方抛出，使球落在冲自己跑来的第一名球员面前。后者在球刚刚从地面上反弹起来的瞬间，用小腿将球盖住，然后带球向前奔跑，并将球再回传给教练员，完成后则奔向纵队的末尾。教练员得到球后，再将球抛给纵队的第二名球员，以此进行练习。要注意的是，在用小腿接球时，在球的上方形成一个"屋顶"的同时，不要将腿抬得很高。

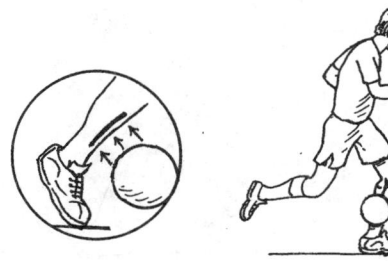

图2.92　　　　　　　　图2.93

□ 运球与假动作

◆ 运球

在五人制足球中，由控球的球员带球奔跑，以跑出一个有利的位置去完成传球给同伴，或者自己射门。当对方球员采用严密的盯防战术，紧盯住进攻球队的所有球员时，在这种情况下，借助运球动作，可以暂时控制住球，以便随后找到合适的战术处理机会。

在五人制足球中，带球奔跑的运球动作是利用双脚来完成的。在这样的情况下，可以使用下列各种不同的运球方式：外脚背运球、内脚背运球、脚内侧运球、正脚背运球、脚尖和脚掌运球。除了使用脚掌运球之外，在所有情况下，运球动作都是以脚部的任何一个部位，以一连串的轻轻推击球的下部，使球朝着相反方向的旋转来完成的（图2.94）。

对于五人制足球而言，最为通用的运球方法是运用外脚背（图2.95）和脚掌运球（图2.96）。运用第一种方式既可以使球员带着球做出沿着直线的跑位，也可以在有对方球员严密的盯人防守情况下完成弧线或者改变方向的跑位。第二种方式是以脚掌轻柔的滑动推击球来完成的。这样的方法可以使球的控制得到保证，是一种最为可靠的运球方法。与此同时，也能够使球员在朝任何方向做弧线运动时，轻松地改变自己奔跑的方向。

五人制足球有着独特的环境：有限的场地空间。在球场的所有区域中，实际上都经常存在高度集中的球员，在这样的环境下，掌握运用脚掌运球的技术就具有特别的意义。场地的专用覆盖物同样也使掌握这项技术动作的球员有了更多的优势。

在使用脚的不同部位做运球的动作时，推击动作要做得让球好像是存在着一根绳子将球与球员绑在一起，而球员应当将球控制在离自己不超过30~40厘米远的距离。只有在反击时，当球员面对着的是一块更为宽阔的场地区域时，他才有机会让球与自己之间的距离更加扩大一些。

在做运球动作时，球员的躯干上部要微微向前方倾出，做出这样的姿势是为了将球保护住，以避免对方的抢夺。与此同时，运球球员的目光不应总是盯在球上，因为球员

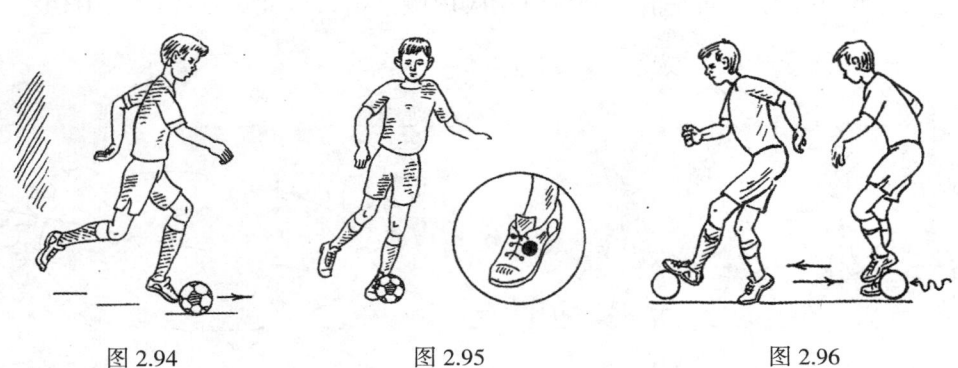

图 2.94 图 2.95 图 2.96

同时还必须要眼观自己同伴们和对方球员在场上的跑位情况，并根据球场上形成的局面做出下一步的动作。一名很好掌握了使用不同方式用双脚运球技术的球员，才有能力轻松地"变换"在场上的跑位速度，以便在对方球员的防守中寻找最为薄弱的环节，摆脱对自己的盯防，将球准确地传给占据有利位置的同伴，完成运球，或者是将球朝着目标方向踢出去。总而言之，掌握运球技术是五人制足球球员技术训练中一个最为重要的部分。

【练习示例】

1. 沿直线慢速度运球，尽量每前进一步都以内脚背推击球。转身后，向相反方向继续运球，但是用外脚背推击球。

2. 沿直线用慢速度运球往前跑动，完成分别使用右脚内脚背和左脚内脚背交互推击（踢）球的动作（图2.97）。

3. 沿着直径为1~2米的圆圈进行运球练习：按顺时针方向用右脚的外脚背或者用左脚的内脚背进行运球。逆时针运球时则是相反：用左脚的外脚背或者用右脚的内脚背推击球（图2.98）。另一种方式：沿着在场地上标出的波浪形线路运球跑动（图2.99）；同样，但球员在线路上要绕几个直径为1~1.5米的圆圈（图2.100）。

4. 在场地上标出一个直径为6~7米的圆圈，在圆圈内再画出一个比其直径小1米的小圆圈。就在两个圆圈之间的区域内进行运球练习。按顺时针时,用右脚的外脚背运球(图2.101)；逆时针时，则用左脚的外脚背运球。另一种方式：按顺时针时用左脚的内脚背运球，而逆时针时则用右脚的内脚背运球。

5. 轮流沿着两个相距3米远的立柱做"绕八字"的运球跑动。绕第一根立柱时，按照顺时针的方向用右脚的外脚背运球；在越过连接两根立柱的交叉线时，变换使用另外一只脚。在此之后，在绕第二根立柱逆时针方向时,使用左脚的外脚背运球，以此类推(图2.102)。另一种方式：当连接两根立柱的线路相交时，仍然使用原先踢球的那只脚，而在绕第二根立柱时，使用右脚的内脚背运球。

6. 踢球的脚不变，进行蛇形运球练习，但同时在每次触球时都变换方向：向右前方跑位时用外脚背踢球，向左前方跑位时用脚内侧推击，以此类推（图2.103）。

图2.97

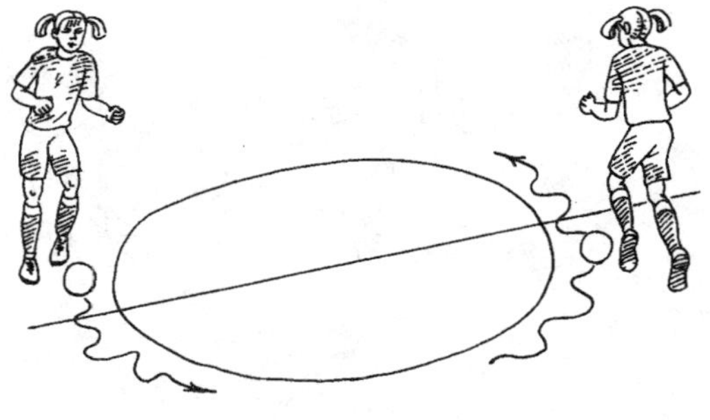

图2.98

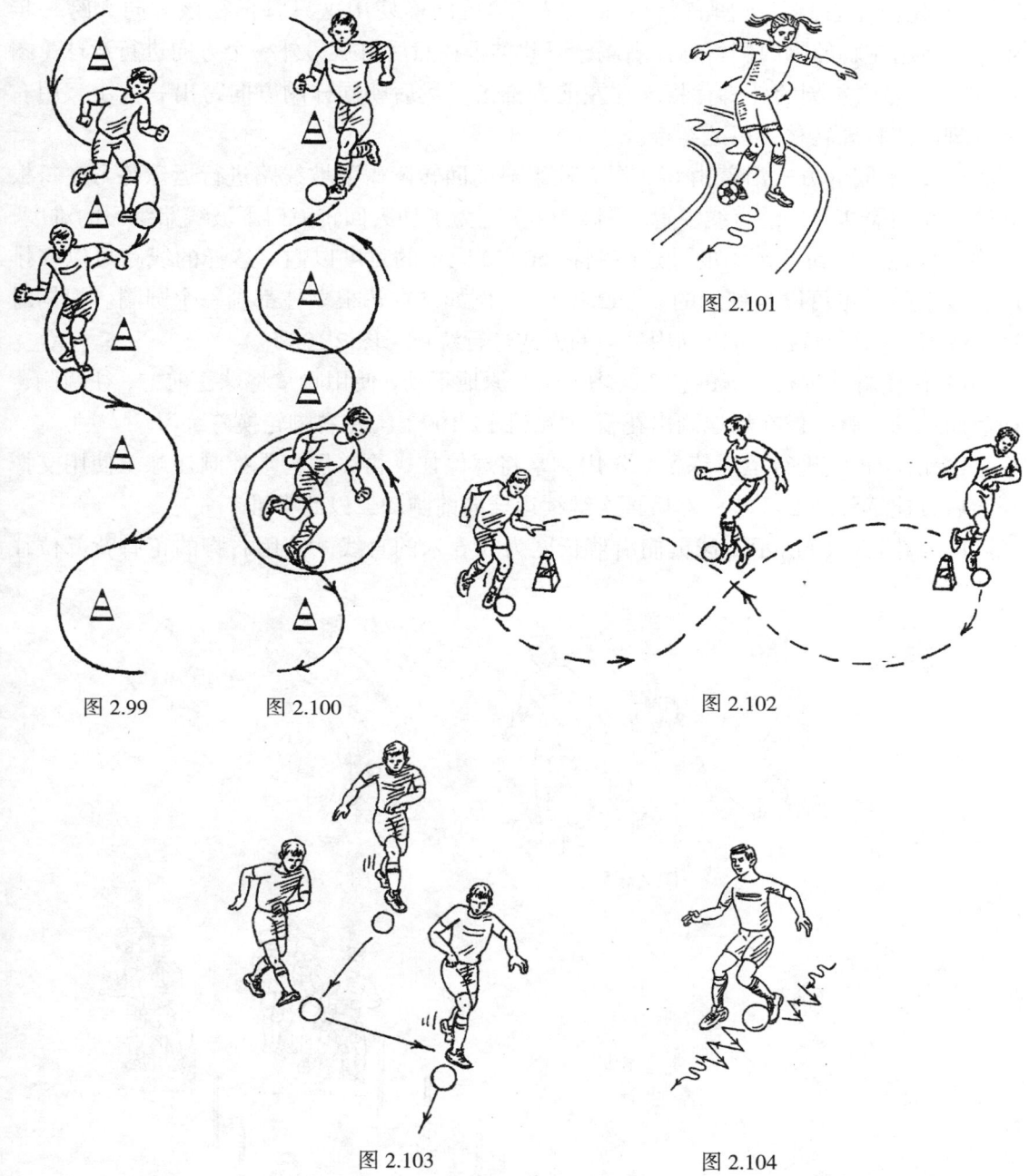

图 2.99　　　图 2.100　　　　　　　图 2.102

图 2.101

图 2.103　　　　　　　图 2.104

7. 沿直线进行中速的运球练习，首先使用外脚背在右边推击球，然后再使用内脚背在左边推击球，以此类推。

8. 一边变换踢球的脚，一边以蛇形线路运球跑动：使用右脚的外脚背先往右边拨球，然后再用左脚的外脚背往左边推击球，以此类推。

9. 一边变换踢球的脚，一边以蛇形线路运球跑动：使用左脚的脚内侧往右边拨球，然后右脚的脚内侧往左边拨球，以此类推（图 2.104）。

10. 先使用右脚的外脚背将球往右踢，然后同样使用这只脚再往该方向大跨一步后，再使用左脚的脚内侧将球往右踢，以此类推；然后再从另外一个方向进行运球（图2.105）：先用左脚的外脚背将球往左前方推击，然后朝同样的方向跨出一大步，用右脚的脚内侧将球转移，以此类推。

11. 以不同的方式沿着由6~8根立柱组成的回转障碍下坡线路进行运球练习。每根立柱之间相隔2米，沿直线安置（图2.106）。为了加大回转障碍下坡线路练习的难度，应将在场地上用粉笔画出的过道限制在50~70厘米的宽度以内。这样的线路可以安排成直线形的，也可以是蛇形的（图2.107）。例如，在每根立柱都画一个圆圈。根据对这些练习的掌握程度，可以利用接力的方式进行练习（图2.108）。

12. 使用脚掌进行运球的技术练习。站在原地不动，使用脚掌将球往前方、往两侧、往后面推动，就好像在场地画出花瓣一样（图2.109）。左右脚轮换着练习。

13. 沿着直线进行运球练习。先用脚掌将球停住，再（用脚掌控制住球）使用支撑腿向后方连续跳动2~3步，然后再次继续运球向前跑动，以此类推。

14. 如图2.110所示，球员们沿着长度为5~6米的直线，使用右脚的正脚背部位往

图2.105　　　　　　图2.106

图2.107　　　　　　图2.108

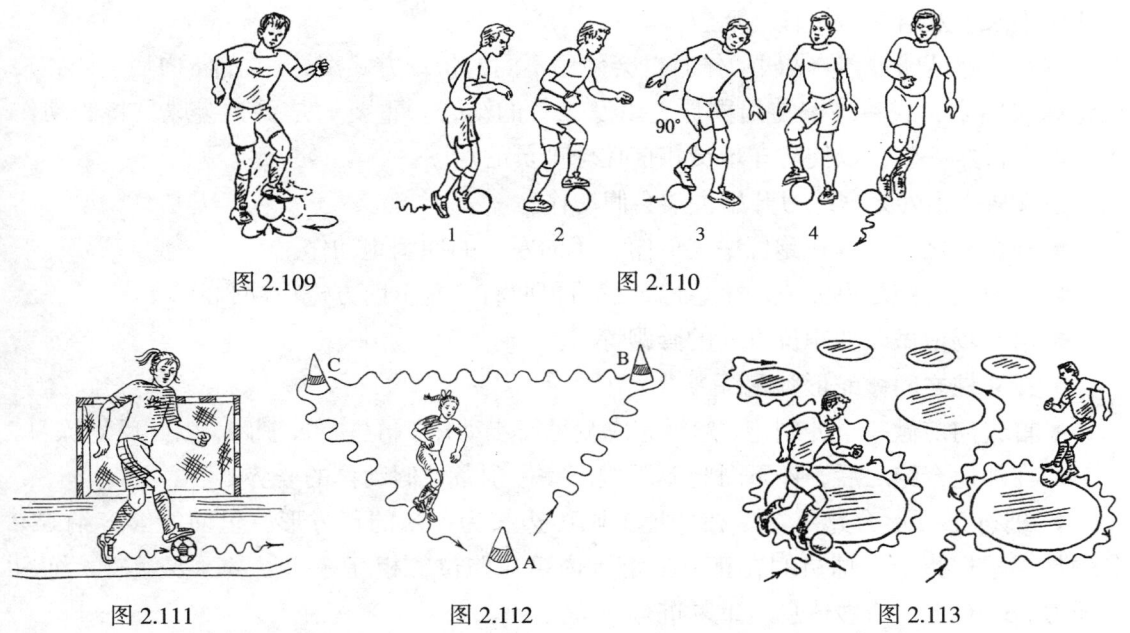

图 2.109　　　　　　图 2.110

图 2.111　　　　　图 2.112　　　　　图 2.113

前方运球跑动，然后用脚掌将球停住。接着，再用脚掌将球往后方挪动，与此同时，将身体向右转体 90°，用上身护住球后继续运球往前方跑动。另外一种方式：但使用左脚进行运球练习。

15. 沿着罚球线用脚掌进行运球练习：在左边跑动时使用右脚，在右边跑动时使用左脚（图 2.111）。另一种方式：沿着直径为 2~3 米的圆圈进行运球练习。

16. 沿着专设的"线路"（场地上用三根立柱组成一个三角形）使用脚掌进行运球练习。首先从立柱 A 出发，使用右脚运球至立柱 B 的方向，然后再运球至立柱 C 的方向。完成后再往立柱 A 的方向继续运球。在完成练习时，使用左脚往反方向运球（图 2.112）。

17. 两人一组，其中一名球员使用脚掌运球，而另一名球员则扮演抢球的角色。控球的球员使用离开自己面对面的同伴距离较远的那只脚运球，而后者开始时只是表现出想要将球截住的意图。两名球员轮流互换角色练习。

18. 球员们以不同的方式进行运球练习，将球绕过场地上画出的直径为 1~1.5 米的数个圆圈（图 2.113）。

◆ 假动作

在五人制足球中，球员们经常会不得不做出一系列假动作。这些技术动作的目的是为了将球保护住、摆脱对方对自己的防守。无论是利用身体的躯干，还是双腿，都可以做出假动作。假动作由两个不可分割但相互之间密切联系的部分组成：第一部分是假动作，第二部分是真实的动作。后者是在对手对假动作做出反应之后，马上就开始进行的。假动作以略慢的节奏完成，是为了让对手很清楚地看见，而真实的动作则要迅速得多，以让对手来不及对其做出任何反应。

在五人制足球中，在做假动作时也会使用不同的带球方式离开（向前、向后、向左），或将球勾回来，或将球漏传给同伴，以及二者的结合。重要的是要教会球员将假动作尽量做得自然一些，以使防守球员相信控球球员的意图。

建议从一系列无球练习开始去学会假动作。
- 在慢跑之后，或在跑位中完成向右（向左）的冲刺跑动作。
- 在急速奔跑之后完成一个急停，然后再向右（左）前方进行冲刺跑。
- 沿着场地做改变跑位方向的奔跑练习。
- 在立柱之间做蛇形奔跑练习。
- 首先向前做一个冲刺跑，然后完成侧弓箭步动作，再进行冲刺跑，以此反复练习。
- 在加速奔跑之后，停下时将躯干摆出一个预备性假动作的姿势。
- 进行正方形奔跑练习。在场地上画出边长为4米的正方形，里面能够容纳6~8名球员。根据指令，球员们在正方形范围内迅速跑位，相互之间尽量不要触碰，练习时间为20~30秒。略做休息后重复进行。
- 进行绕立柱的追拍游戏（以用手掌触碰到被追者为获胜的游戏）。由两人一组进行练习，在直径为2米的圆圈中进行。在圆圈中竖立一根立柱，其中一名球员利用上身躯干的假动作努力甩开同伴，但不得跑出圈外。球员们轮流互换角色练习。

在熟练掌握了这些练习之后，就应当转入学习最简单的带球假动作练习阶段了。

【练习示例】

1. 先将球往前方抛出5~7米远的距离，用冲刺跑追赶球，赶上之后向前运球奔跑5~6米，转身180°，重新将球往前方抛出，再次用冲刺跑追赶上球，以此反复练习。

2. 将球朝前方5~7米远的地方抛出，在完成追球的冲刺跑之后，带球再往右（左）侧进行冲刺跑，然后再次将球往前方抛出5~7米远的距离，以此反复练习。

3. 集体练习（每人各持一球），随意地沿着有限的场地边缘进行跑位练习。球员们应鱼贯而行，以免碰撞。在完成这个练习时，无论是球员自己，还是所持有的球，都不能发生相互触碰到的情况。

4. 5~6人一组在罚球区域内进行运球练习。根据教练员的指令，运球跑动到前方对面的罚球区域，在那里继续进行练习。根据第二次指令，再以同样的方式迅速返回到原出发点。在运球的过程中，不得使自己的球与其他人的球相碰撞。

5. 两人一组，以任意队形或顺序在任意一个罚球区域内进行运球。根据指号，所有球员一边运球，一边急速冲向对面的罚球区域，到达后继续进行练习。任何情况下，球员们都不应该相互碰撞，而球也不应触及其他球员的球。

6. 两人一组，相互距离10~12米的位置上站立，开始时迎面向着对方的方向运球跑动，在即将相遇的那一刻，带球从同伴的身边绕过。该练习可以根据情况加大难度，

图 2.114

可画出一条通道,沿着通道相迎进行运球练习,同时避免相互触碰。

7. 沿着直线运球跑动,做出用脚掌将球停住的假动作,然后再继续带球往前方奔跑,再次做出用脚掌将球停住的假动作。另一种方式:但在做出停球的假动作之后,将用于踢球的那只脚往球的右(左)侧方向伸出,而球员则将球带往前方,或者往另一边迅速跑开(图 2.114)。

8. 两人一组,第一名球员首先运球向前奔跑,中途突然用脚掌将球停住,然后弃球继续往前方奔跑(慢速)。紧随其后的另外一名同伴得到球后,高速带球超过前者。跑过第一名球员几米之后,他也同样用脚掌将球停住,然后再弃球继续往前慢跑,以此反复进行练习。

9. 以任意的队形或者按照顺序运球奔跑,根据教练员的指令做出射门的假动作,然后带球往两侧完成冲刺跑。

10. 两人一组,其中一名球员与带球的同伴面对面站立,两条腿大幅度叉开。同伴则运球向前方奔跑,将球从同伴的双腿之间踢过去,从左侧(或者右侧)绕过同伴,然后再继续运球往前方奔跑。在进行 180° 转体之后,再重复完成这个动作。球员们按时轮流互换角色练习。

11. 两人一组,其中一名球员在场地上随意运球,同时做几个急停,向右、向左、向后转身或突然加速等动作。同伴跟随其后,也同样进行运球。他的任务是尽可能准确地重复第一名球员的所有动作。球员们轮流互换角色练习。

12. 每人各持一球,用两脚分开的姿势站立,根据教练员的指令,开始将球在自己的两只脚之间滚动(双脚的内侧)(图 2.115)。根据对该技术练习掌握的程度,球员们应逐步加大球的滚动幅度,为此要完成向左侧、右侧、后方的弓箭跨步(图 2.116)。然后,再完成跨出 2~3 个弓箭步的练习,并回到原来的位置上。

13. 向着一个方向跨出弓箭步的假动作,然后再快速撤回转往相反的方向(图 2.117)。先不要进行带球的练习:球员们做一个向左侧跨出的弓箭步,然后再从右侧方向离开。之后,再进行带球的练习(图 2.118)。

图 2.115　　　　　　　图 2.116

图 2.117　　　　　　　图 2.118

图 2.119　　　　　　　图 2.120

14. 排成一排横列（球员之间间隔 1.5~2 米）进行运球（图 2.119）。在听到教练员的第一声哨音后，要用脚掌将球扣住，然后再继续运球向前。在听到教练员的第二声哨音之后，应使用脚外侧将球停住，完成一个转体 360°的动作，然后再继续朝着原来的方向运球奔跑，以此类推。

15. 排成一列横排，以中等速度运球往前方奔跑（图 2.120）。根据教练员的指令，应用脚内侧将球停住，然后再带球朝左侧或者右侧加速奔跑，以此类推。

16. 排成一列横排，用中等速度进行运球（图 2.121）。根据教练员的指令，用脚外侧将球停住，完成转体 180°的动作之后，往相反的方向运球奔跑，以此类推。

17. 排成一列横排，用中等速度进行运球练习（图 2.122）。根据教练员的指令，用脚内侧将球停住。然后，以左肩膀为轴心完成转身动作之后，再带球从右侧跑开，以此类推。

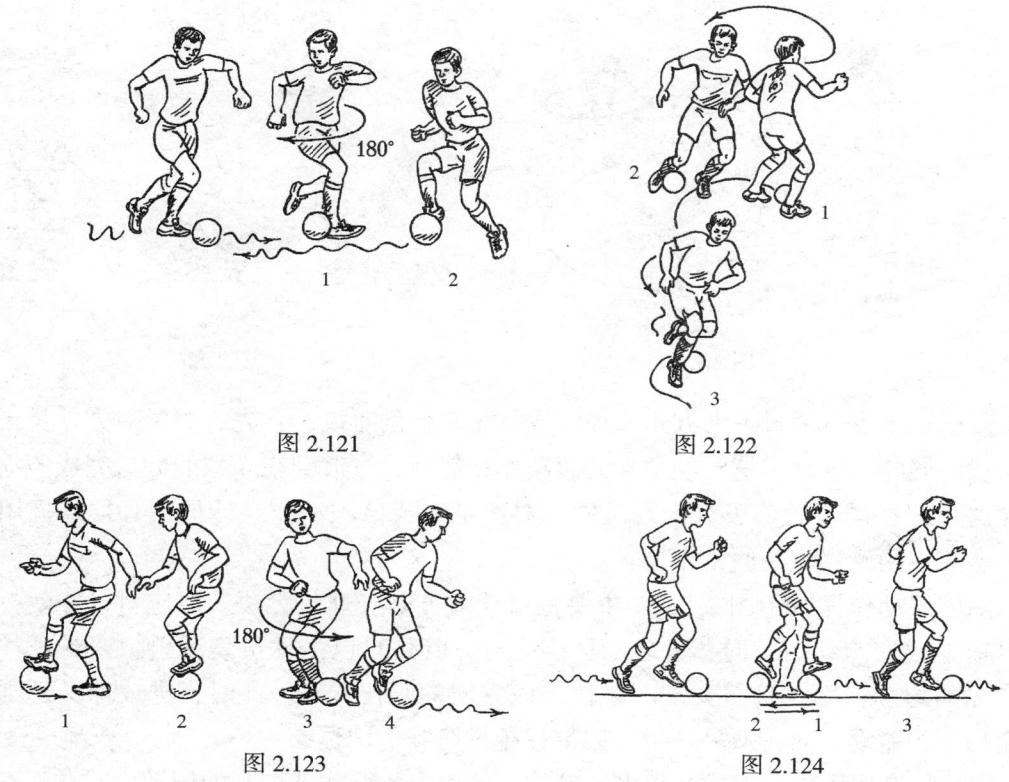

图 2.121　　　　　　图 2.122

图 2.123　　　　　　图 2.124

18. 排成一列横排进行运球练习（图 2.123）。根据教练员的指令，应将位于前方的球用脚掌将其"拖"回来，以运球的那只脚为轴心完成转体 180° 的动作，然后再继续将球带往相反的方向，以此类推。

19. 排成一列横排进行运球练习（图 2.124）。根据教练员的指令，用脚掌将球接住并将球"拖"到自己面前，然后再将球推向前方，继续运球奔跑，以此类推。

20. 沿着圆圈进行运球练习（图 2.125），根据教练员的指令，完成一个转身 360° 的动作后，继续运球奔跑。听到第一声哨音后，转向左前方；听到第二声哨音后，转向右前方。另一种方式：根据信号，球员们做出用脚掌按住球的假动作，与此同时，放慢跑动的速度，然后用力将球往前方踢出，并紧追其后。

21. 球员们用随意的队形进行运球练习（图 2.126）。根据教练员的指令，他们应将用于踢球的那只脚从球的上方掠过，然后再用外脚背将球拨向一侧，快速带球跑开。以此类推。

在掌握了这些技术之后，球员们就可以转入直接学习假动作的阶段了。这个循序渐进的教学过程是这样进行的：第一步是学习以跑位速度的变化和运球速度的变化为基础的假动作，第二步是掌握以跑动速度与方向同时变化为基础的假动作。

在球员掌握了这些技术之后，建议转入学习复杂的配合假动作，包括连续几个假动

图 2.125　　　　　　　　　　图 2.126

作的组合技术。可通过下列方式增加完成技术动作的难度：首先，想象对方球员正在进行阻扰的同时，准确模仿已经学会的假动作；然后，过渡到在立柱的旁边完成假动作。在此之后，在同伴的消极对抗乃至主动对抗下完成该项动作。球员们必须掌握用两只脚都能够往两侧完成的假动作。

　　使用假动作摆脱（图 2.127）主要是要让对方防守球员无法及时应对，并使自己可以迅速地改变跑动的方向。进攻球员要向对方盯住自己的球员表现出想要带球往某个方向去的意图，后者自然会试图堵住往该方向的跑位线路。此时，进攻球员迅则速地改变自己的跑动方向，从另一个方向带球越过防守的球员。

　　完成这个假动作的方式有很多。例如，使用内脚背扣球摆脱的假动作，在面对对方球员高速冲向运球球员时十分有效。当防守球员接近时，进攻球员要将自己整个身体的重心转移到一只脚上。与此同时，用另外一只脚的内脚背迅速地将球从防守球员的面前"扣"向支撑脚的方向，然后轻松地摆脱他。如果防守球员接近进攻球员的速度相对慢且谨慎时，那么带球球员在快要与对方面对面地碰到时，做出预先设想好的假动作，将躯干的上部往某个方向倾斜，装出要用内脚背往那个方向"扣"球的样子。当防守球员对虚晃的动作做出反应动作时，进攻球员突然将身体挺直，换成原来的姿势，并用另一只脚将球带离防守球员。

　　引腿假踢摆脱假动作（图 2.128），无论是在防守还是进攻的过程中都会使用。当控球球员接近防守球员时，他用踢球的脚做出引腿动作，显露出要往目标方向将球踢出或者传出的意图。参与一对一防守的球员被迫对这个动作做出反应，并会对球传出的大致线路区域进行封堵。此时，控球球员则带球以一个冲刺跑的动作绕过防守球员。在这样的情况下，球员根据赛场情况，可以选择几个摆脱方向：向前方、向右侧或者向左侧。

　　引腿并转体 180°摆脱假动作（图 2.129），在比赛中使用得十分普遍。例如，球员朝着站在其运球线路上的防守球员带球奔跑过去，在接近防守球员的同时，他将支撑腿向前伸出，落在球的侧面，并假装急着要用另一条腿将球踢出。实际上，进攻球员并非是想要将球踢出去，而是将踢球的那只脚向前方"飘"过，将脚掌向内展开，上身朝球的方向往前倾出。用脚内侧将球向后方拨出，身体做出转体 180°的动作后，

图 2.127　　　　　　图 2.128

图 2.129　　　　　　图 2.130

摆脱防守球员后跑开。

　　倒脚过球摆脱假动作（图 2.130）是在球员用右（左）脚的脚掌沿弧线向防守球员方向运球时使用。进攻球员尽量用自己的整个身形使对手相信，自己是想要绕过他，如从左侧绕过去。而他自己，在接近对方之后，将右脚从球的上方迅速朝着踢球脚的方向并拢过去，完成 90°的转体动作之后，进攻球员再用这只脚的外脚背将球往自己的方向略作调整，然后再用一个冲刺跑摆脱盯防自己的对方防守球员。

　　虚晃侧跨步摆脱假动作：进攻球员显露出想要绕过防守球员的意图，以从左侧绕过为例，在接近防守球员之后，进攻球员用右脚向左前方蹬跨出一个大步，防守球员也会朝着这个方向快速跑位，竭力想要将带球球员跑位的方向封堵住。在这样的情况下，进攻球员用左脚向右前方急蹬跨出一大步，用右脚的外脚背将球从防守球员身边绕过，向右前方带过，用这样的方法摆脱对自己的盯人防守。

　　双脚交叉过球的跑位和虚晃的跨步摆脱假动作（图 2.131）与上述提到的那些摆脱

图 2.131

的假动作有着本质上的区别，经常是在进攻球员的身后有个对其防守十分严密的防守球员的情况下使用。例如，进攻球员在接到场地纵深的传球后，表现出想要从左侧摆脱处在自己身后位置的防守球员的样子，上身躯干朝这个方向展开，用右脚从球的上方交叉越过，然后向左侧的方向落下。由于防守球员无法看到球的位置，在对这个假动作做出反应时，也相应地会做出类似的跨步。这时，进攻球员在瞬间向右侧迅速转身，用外脚背将球拨开后，就可以轻易地摆脱对自己的盯人防守了。

脚掌停球假动作可以通过不同的方式来完成，无论是否带有踏球的动作。例如，在防守球员与进攻球员平行奔跑时（图2.132），进攻球员选择时机急停，用离防守球员较远的那只脚将球踩踏住。防守球员由于没有预料到这个动作，因为惯性，身体往前方跑过了一些。这就足以让进攻球员用远离防守球员那只脚的脚内侧，将球从奔跑着的防守球员的身后转移开，然后就可以轻易地摆脱对自己的防守。如果防守球员对停球动作做出了反应，放慢了跑动的速度，进攻球员则将球往前方轻轻地叩出，以冲刺跑摆脱对自己的盯人防守。如果防守球员直接冲着带球球员奔跑过来（图2.133），后者在与盯人防守相遇前的1.5~2米处，用脚掌将球轻轻压住。防守球员会因为突如其来的这个动作而停下脚步，这时，进攻球员则将用于踢球的那条腿略微抬起，用脚掌将球带开，然后向前方带走。进攻球员的动作也可以这样完成：将球压住之后，进攻球员的第一个动作是用脚掌将球拖向自己，而后是脚掌的第二个动作，将球快速朝前方传出去，再用一个加速跑，从防守球员的身边绕过去。或者用另一种方法：在接近防守球员的时候，进攻球员一个急停用脚掌将球停住，然后用支撑腿做两三个向后的小跳步，继续用脚掌

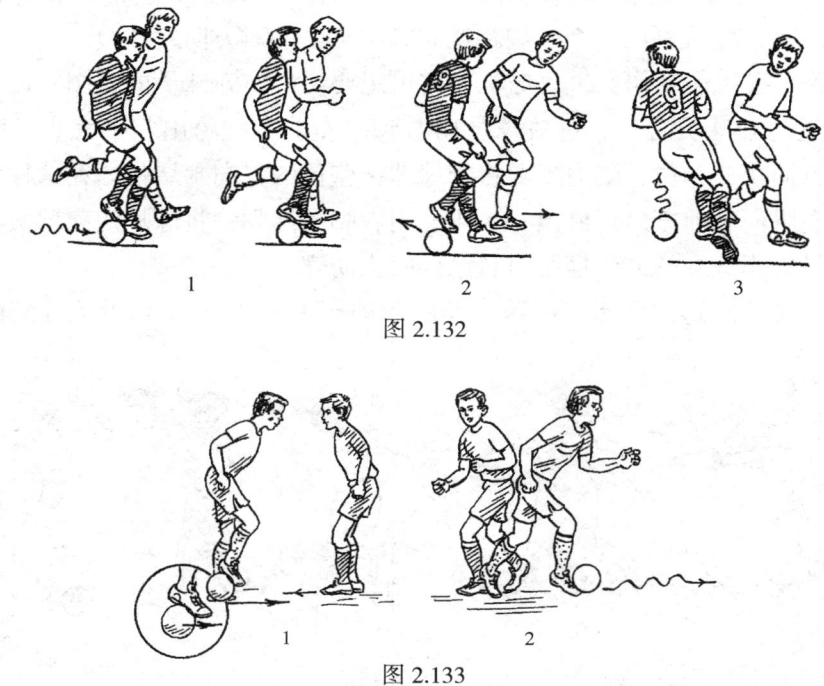

图 2.132

图 2.133

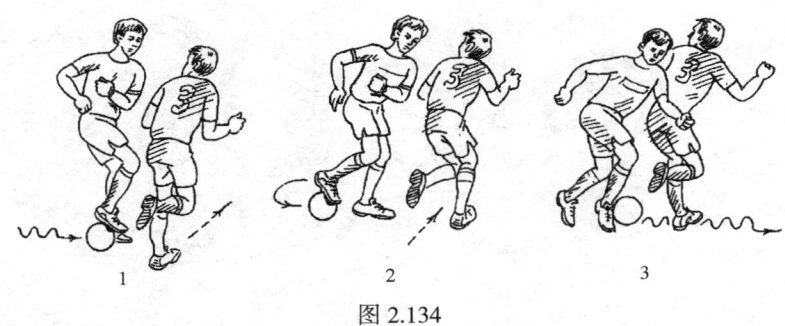

图 2.134

将球控制住，用这样的一些动作表示没有进攻的意图。当发现防守球员放松了警惕之后，进攻球员则快速用冲刺跑带球绕过防守球员。

还有另外一种完成假动作的方式（图 2.134）：当进攻球员带球进攻时，防守球员朝着他从侧位横向奔跑过来，想要切断他向前运球的通道。进攻球员发现了防守球员的意图之后，先将球用脚掌扣住，然后再将球往自己的方向回拖，让过由于惯性而跑过头的防守球员，之后再继续将球往前方推出，用一个冲刺跑继续运球。

在进攻球员接到球的那一瞬间，用脚掌做停球假动作是最能够奏效的。进攻球员在接球时，正处于单脚站立的姿势，用准备去停球的那只脚迎向来球，再使用脚掌将球接住。如果防守球员在截球时自己想发动进攻，那么进攻球员在对局面做出判断之后，只需简单地让球从自己的脚下滚过，然后完成一个转体180°的动作，再重新将球控制住以后，继续朝确定的方向运球。

脚掌拖带球假动作（图 2.135）在五人制足球中使用得相当多，在这种情况下足球就好像是一个诱饵。例如，球员沿着与球门平行的线路运球奔跑时，使自己身体的侧面对着防守球员，用离开防守球员较近的那只脚运球。与此同时，要引诱防守球员上前来截球。当防守球员刚刚靠近，进攻球员就用脚掌将球往后方拖开，完成转体90°的动作之后（也就是面向球门的方向），仍然用那只脚的脚内侧将球往前带。此时防

图 2.135

图 2.136

图 2.137

守球员已经扑空,而进攻球员则已快速冲向球门的方向。

人球分过穿越过防守球员的假动作(图 2.136)使用于防守球员的身后出现了无人防守的空白区域的时候。进攻球员在接近防守球员时,将球往对方的一侧磕出,而自己则从对方的另一侧快速跑过。类似的假动作是将球从防守球员的两腿中间穿裆过去(图 2.137)。

□ 抢断球

五人制足球的特点要求,无论处于什么样的位置,每一名球员都必须学会从对方球员那里抢断到球的基本手段,并在比赛中有效地加以运用。在一支球队中,如果球员要是对抢断球的技术掌握得不熟练的话,这支球队就很难取得良好的成绩。

抢断球通常使用在对方球员接球的那一瞬间、运球过程当中,以及试图射门,或者将球传给同伴的时候。防守球员在发现对方对球有些失去控制或者是让球离其距离过远的时候,就要开始朝着球用冲刺的速度奔跑过去。在这样的情况下,能够准确地判断与对方球员和球之间的距离,以及球与球员跑位的速度,这时他们的抢断球动作最为有效。

抢断球动作的使用,取决于对抗双方球员相互之间相对峙的位置:从前方、侧面或者从侧后方。五人制足球中禁止对对方球员使用铲球和蹬踏球的动作。抢断球的主要方式有下列几种:用脚掌封堵住球、将球踢开和将球截断。所有这些抢断球的方式都建立在速度和灵敏性等身体素质上,远不是防守球员能够集中注意力并具有宽广的视角范围就能够在抢断球时发挥决定性的作用的。

用脚掌封堵球的抢断球（图2.138）使用于防守球员针对竭力想要以个人的动作完成进攻的对方进攻球员一对一的防守过程中。这个动作的要点就在于，防守球员要占据对方运球球员线路上的有利位置。一旦抓住时机，防守球员就急速向前冲刺奔跑，用脚掌将球封堵住。此时，用于踢球的那只脚先向后撤，将脚的关节部位和肌肉绷紧。将踢球腿向外展开，以阻止的方式迎向来球，并用脚掌将球盖住。在这样的情况下，防守球员的躯干应向前倾出，而双臂则在两侧往后摆动。对方球员在碰到有力的阻挡后，只得将球留在防守球员的脚下。当对方球员试图将球踢向某个目标时，采用用脚掌封堵球的抢断球方法特别有效。

将球踢开的抢断球是依靠将踢球腿朝对方球员的方向跨出一个急速有力的弓箭步来完成的，或者使用脚背的任何部位，或者是脚部的任何一侧，或者是当防守球员迎面朝着进攻球员奔跑而来的时候（图2.139），或者是防守球员处在侧面的位置（图2.140），或者是从侧后方接近进攻球员（图2.141）的情况下，将球从进攻球员的脚下踢开。

截断球（图2.142）的动作可以使用双脚、头部和躯干的不同部位去完成。这个方法主要用于对方球员将球传给同伴的时候。防守球员在猜出这样的意图之后，朝着确定的方向做出加速跑并将球控制住。具有足够快的起跑速度，当然还要具备比赛时的那种机智，也就是能够将自己的真实意图隐瞒到一定的时刻，不被对方球员发现，通常，这样的球员就能够很成功地完成截断球动作。

图2.138　　　　　　图2.139　　　　　　图2.140

图2.141　　　　　　图2.142

【练习示例】

1. 两人一组，面对面站立，中间放置一个球。两名球员都用支撑脚站在球的边上，而踢球脚拖在往后的位置。根据教练员的指令，球员们完成用踢球脚向前踢出的动作，尽量同时用脚内侧去踢到球（图2.143）。

2. 两人一组，其中一名球员站在带球同伴的前进线路上。当进攻球员接近前方防守球员时，防守球员就迎着来球的方向将腿伸出，做出用脚封堵住球的动作。另一种方式：抢断球的球员在同伴用内脚背触球时将脚向前伸出。

3. 两人一组，面对面在相距7~8米的位置上站立。其中一名球员对着向自己接近的同伴运球往前方跑动，后者在最后一刻做出用脚掌封堵球的动作。另一种方式：同样，但是由进攻球员在接近同伴时做出模仿踢球的假动作。

4. 两人一组，在相互间隔7~8米距离的位置上站立。其中一名球员运球往前方跑动，另一名球员在向前者靠近的同时，在进攻球员使球离自己稍微远一点的时候，马上将球从他的脚下将球踢开。初始阶段，进攻球员在靠近同伴时故意让球离自己的距离稍远一点。

5. 完成类似以上的练习动作，区别仅在于进攻球员沿着直线带球跑动，而他的同伴从侧面向他靠近。当进攻球员使球离自己稍微远一些的地方时，其同伴就一个弓箭步冲上前去将球往边上踢开。另一种方式：抢断球的球员跟在运球同伴的身后，从其后侧接近他，抓住时机，用一个弓箭步将球从进攻球员的脚下踢开。

6. 三人一组，其中两名球员一边相互传接低平球，一边靠近另一名球员。后者的任务是抓住时机，完成一个冲刺跑的动作，并截住传递中的球。另一种方式：但相互用高传球传接，防守球员的任务是用头部或者胸部将传递中的球截住（图2.144）。

7. 两人一组，站在同一条线上，完成下列练习：其中一名球员将球往前抛出数米远的距离。两人同时做出冲刺跑的动作，并进行比赛，看谁能够首先将抛出去的球控制住，以此类推。另一种方式：但球向上、向前方抛出，而球员们则尝试在球从地面上弹起之后再将其控制住。

8. 两人一组，在相互间隔3米的距离站立。每组站在前面的球员开始从球场中线后面朝球门的方向运球奔跑，尽力在未到达球场罚球线之前就朝着站有守门员的球门进行射门。另一名球员负责追逐，他的任务是追上这名同伴，并运用最为合适的抢断球方式阻止他完成射门的动作。每组球员在完成练习后，互换角色继续进行练习。

图2.143

图2.144

守门员的技术训练

在五人制足球中，守门员是个十分特殊的人物。实践表明，一支球队里虽然拥有众多高水平的上场球员，但如果守门员的训练水平很差，要想取得好成绩是非常困难的。相反，一支拥有中等水平球员的球队，而守门员十分可靠，这支球队的能力就增强了许多。

并非所有那些在足球比赛中表现出色的守门员都能够以较高的水准参加五人制足球比赛。这些运动员在长期训练过程中所形成的技能与习惯，不仅使他们无法很快地改变自己，反而从某种程度上成为他们掌握小球门比赛特点的"障碍"。同时，那些才刚刚参加五人制足球比赛的守门员，却可以轻松地转到小球门比赛中去。当然，这并不意味着前者将永远无法进入五人制足球，渴望熟悉并掌握小球门比赛、训练上的坚持不懈，永远会带来良好的结果。特别是在球队中，不仅是针对场上的球员，而且还针对守门员，都有着目标明确的教学训练工作的情况下。尽管如此，毕竟还是直接从如今已是遍地开花的五人制足球体校开始训练这一角色的球员，才是更好的方式。在这样的环境中，球员们能够循序渐进、目标明确地学习并掌握五人制足球守门员专业技术，并能够更快地达到运动技术水平的高度。

下文就说一说五人制足球守门员的技术特点和技术训练的方式方法。

在五人制足球比赛中，守门员在使用弓箭步和劈腿动作的同时，势必要依靠两条腿来回击地滚球或者低空球，很少做飞身扑球的动作。可是他们被迫更多地采用倒地的动作，飞身封堵进攻球员的脚下球，抑或球员直接射门的球。而在回击飞行高度超过腰部的球时，守门员唯有灵活地使用双手，将对方球员的危险射门，或者接住，或者击打出去。除此以外，比赛规则也迫使守门员在将球控制住之后，要快速和准确地将球传给同伴。自然，只有在长期训练的每一个阶段中，从教学上循序渐进地选择和运用专业化的训练和引导性的练习方法，才能使充当这个角色的球员掌握所有不同的技术动作。

□ 移 动

在五人制足球中，那些善于在球场上快速移动和合理移动的守门员，其动作才会显得更加有效。这就是要求这种角色的球员必须要学会急速启动、突然地改变跑动方向、自如地往前和向后倒退跑移动、用侧并步和倒退跑进行移动、完成各种不同的跳跃动作和突然的急停等一系列动作的根本原因。当然，在所有这些动作之间都存在着不可分割的相互关系，通常都是从不同的起始位置开始的。同时，这些动作也是掌握和进一步提高带球技术动作的基本功。

跑位移动的教学，建议在球门以外的地方进行。在初始阶段，新守门员首先要学习单个动作，然后再逐渐转到不仅是单个动作之间的组合练习，而且是与数个其他技术动作结合的组合练习。

最初先要学会的动作是往前方的一般性跑动，然后学习并步往两侧的跑动、向前和向后的跑动，此后学习倒退跑。在进行跑动的技术展示和讲解时，建议要让守门员将注意力集中在两条腿的弯曲和双脚在场地上摆放位置的特点上。

对于停步的学习，先要学会原地起跳，然后是跑位中的单腿和双腿起跳，要从掌握停止跨步开始，然后是跳步急停。守门员还应当注意利用双脚的主动蹬踏离地和双臂的挥动来帮助完成跳跃动作。不仅如此，守门员还应将注意力集中于在完成跳跃后正确的落地姿势。在将落地的重心支撑在稍微分开的两条腿上面的同时，守门员还应当在不需要做任何多余的附加动作的情况下，对赛场上随后而来的任何动作做好准备。

□ 站　姿

根据比赛过程中球所在的位置不同，守门员应采用各种不同的站姿。当对方带球球员处在正对球门，但相距还有一定的距离时，守门员的位置是站在球门的正中间。他的双腿略微屈膝，与肩同宽，身体的重量均衡地落在两条腿上，而躯干略微向前倾斜。这样的状态就是守门员的基本站姿（图2.145）。如果对方带球球员接近球门时，守门员的站姿就要有所改变，应将身形放低，而躯干更加向前方倾出。守门员的身体重心更多地转移到脚掌的前部位置（图2.146）。

当对方带球球员沿着侧翼跑动靠近时，守门员要采取紧靠球门立柱的站姿，将靠近球门立柱的那只手臂高高举起，用手将球门的上角遮挡住，另一只手则往一侧张开，以防守住无保护区域空间。此时，守门员的身体重心应落在靠近球门立柱站立的那条腿上（图2.147）。采用这样的防卫位置，守门员就可以对朝着球门飞来的任何高度的

图2.145

图2.146

图2.147

球做出反应，以及用脚或者用手将对方球员射向球门立柱远角方向的球击打开。

接 球

在五人制足球中，守门员可以采用各种不同的方式接球。任何一种接球方式的选择，都完全取决于球场上的具体情况、球飞行的高度，以及对方球员射门的力度。接球技术与十一人制足球比赛守门员的技术基本相同。

◆ 接地滚球和低平球

地滚球和低平球的接球方法是守门员以两脚平行站立的姿势来完成的（图2.148）。该动作的要领是这样的：守门员用目光紧紧盯住球，当球来到跟前时，将双腿并拢，然后向前屈体（弯腰）。与此同时，将膝部弯曲，用下垂的双手将球接住之后，身体挺直并将球紧抱于胸前。如果球滚动到离守门员一步之遥的距离时，他应及时朝着来球的方向迎出去，将靠近球的那条腿跨上一步，在双手触碰到球之前，另一条腿紧紧跟上。这个技术动作的要领，主要是靠双腿之间良好的"配合工作"和对球跑位的专心观察。不仅如此，守门员还应当考虑到，在五人制足球比赛中，当球员们在球门的前面密集站位，而球的滚动突然出现偏向的情况时，使用这个方式常常可能会造成很多问题。

为了更稳妥地接住地滚球，建议采用单膝跪立的方式接球（图2.149）。当球滚近的时候，守门员应将身体的重心转移到膝关节弯曲的那条支撑腿上，另一条腿则朝内翻转，将膝盖横落在那只支撑腿的旁边，将小腿横着放平，就像横挡在球滚动线路上的一个障碍物。此时，守门员的两臂往下伸直，几乎要触及两腿之间的地面。球在碰到膝盖之后，将会顺着小臂滚动到胸部或者腹部的位置。

【练习示例1】

1. 采用两条腿分开站立的姿势，向前做弯腰的动作，双腿的膝盖部分不得弯曲，用两只手掌触碰地面。另一种方式：区别在于使用两条腿并拢的姿势，向前方做出弯腰的动作。

2. 采用守门员基本站立的姿势，向前方弯腰，用双手将向着自己踢来的球接住，并

图 2.148　　　　　　　　图 2.149

顺势将球带至胸前。

3. 两人一组，其中一名球员以守门员基本姿势站立，当其相距 4 米远的同伴朝自己踢过来的球靠近时，将身体前倾，用双手将球接住，挺直腰身后将球抱至胸前。然后轮换，由另一名球员采用守门员的基本站立姿势，而同伴将球踢传给前者，以此类推。

4. 排成一路纵队站立，由站在纵队前方的球员先将球踢传给纵队领头的第一名球员，后者以守门员的基本姿势站立，当球滚到自己面前时，便前倾身体，并用双手将球接住，然后用脚踢出低平球将球回传，而自己则跑至纵队队尾，依次轮换。

5. 两人一组，其中一名球员站在球门内，其同伴站立在相距 5~6 米远的地方，用低平球将球传踢传给前者。守门员的任务是演示接球的正确方式。另一种方式：但踢传给守门员的球是忽左侧忽右侧，让守门员做出往侧面跨步、并步并接到球的动作。

6. 三人一组，其中两名球员在相距 16 步远的距离面对面站立，轮流以低平球向站在他们中间的守门员进行传球。守门员站在原地，或者是往两侧跑位后将球接住。守门员将球控制住后，再回传给踢传球的球员，完成一个转身动作之后，再接另一名球员传过来的足球。轮流与守门员互换角色练习。

7. 数名球员在相距球门 8~12 步远的距离站立，使用不同的力量轮流以低球往守门员站立的方向踢出。守门员以原地站立以及向两侧跑位的方式将球接住。

用倒地和向两侧扑出将地滚球和低平球接住的方法：守门员察觉到球的运动方向之后，利用一个倒地动作，就好像去紧贴地面一样将球接住。在整个身体扑出的同时，小腿、大腿、臀部和手臂依次触及地面。用一只手掌从球的后面，另一只手从上面将球抓住并抱至胸前（图 2.150）。扑球的接球动作技术要点，就在于守门员对射门的来球方向上时间的把握。

在五人制足球中，倒地扑球或者是扑接球的方法，经常是在守门员离开球门线，朝着进攻球员的方向靠前的情况下使用。在这样的情况下，守门员应该当机立断，准确地判断出能否早于进攻球员，或者是与其同时将球截获。因此，守门员在看清形势后，向前迈出几步，利用进攻球员带球时离球过远的失误，以倒地或者扑救方式将球控制住。或者是采取迅速接近进攻球员，用自己的身体将通往球门方向的线路阻挡住（图 2.151）。

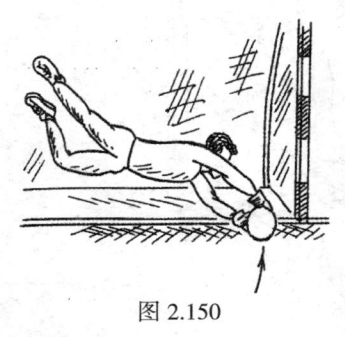

图 2.150

图 2.151

图 2.152

在五人制足球中，当对方球员采用地滚球朝罚球区同伴传球的情况下，守门员也会使用类似的接球方式，此时，守门员的任务是在判断形势之后，迅速从球门底线内出击，用倒地扑接的方法将球控制住，或者将球用手击出（图2.152）。

【练习示例2】

1. 守门员双膝跪地，用双手将球拿住。根据教练员的第一次信号，向左侧倒地，将拿住球的双手向前方伸直，根据第二次信号，再恢复到原来的姿势，然后再往另一侧继续进行练习，以此重复。

2. 守门员采用跪着的姿势，在其左右两侧都放上球。守门员轮流向任何一个方向做倒地扑接球的动作，用双手将球抓住后，顺势将球抱至胸前。

3. 守门员采用下蹲的姿势，在其身旁左右两侧各放一个球。守门员轮流朝任何一个方向倒地扑接到球之后，随即迅速站起。另一种方式：但练习从守门员的基本站位开始做起。

4. 两人一组，其中一名球员用低球将球朝同伴踢出，使球落在距离同伴1~1.5米远的地方。后者用基本站位的姿势扑救球，将球控制住之后，紧接着快速站起。此后，他再以低平球将球踢向自己同伴的侧面。

5. 守门员侧身横卧在球门的前方，胸部朝着教练员。教练员在相距6~7米远的位置将球低传给守门员，使球往守门员的旁边滚去。守门员则使用身体躯干和大腿蹬地的力量腾起竭力将球接住，然后再恢复到原来的姿势，以此类推。练习的难度应当逐渐加大，教练员应将球滚得离守门员更远，或者采用增加抛球力度和击出球的力度的方法。

6. 两人一组，彼此在相距2~3米的地方面对面坐下。由持球的守门员将球往同伴侧面抛出，高度约为0.5米，使另一名守门员用坐着的姿势将球扑接住。抓住球后，他以同样的方式将球回抛给同伴。抛出球的距离都是往相距同伴大约1米的右侧或者左侧。

7. 两人一组，其中一名球员持球站在同伴的对面，后者则采用单膝跪地的姿势。前者将球往同伴的侧面抛出，高度在0.5米左右。后者则采用倒地或者侧扑的方式将球接住，然后将球再抛回，以此反复练习。抛球时，应往同伴单膝下跪的那条腿的方向，他的任务是利用身体最为柔软的部位落地。经过一段时间练习，同伴应变换接球姿势，改用另外一条腿单膝跪地方式。球员们轮流互换角色练习。

8. 在距离球门（与球门平行）8~10米远的地方安放一排球，由数名球员一个接一个依次（中间略带停顿）将球往球门的方向踢出低平球，射向守门员的侧面。守门员则努力倒地扑接将球控制。球员们的第一轮练习是从一排球的一端开始踢，而下一轮则从另外一端开始。

9. 三人一组，其中一人站在球门内（球门是两边用立柱搭建的小门）。在球门前方

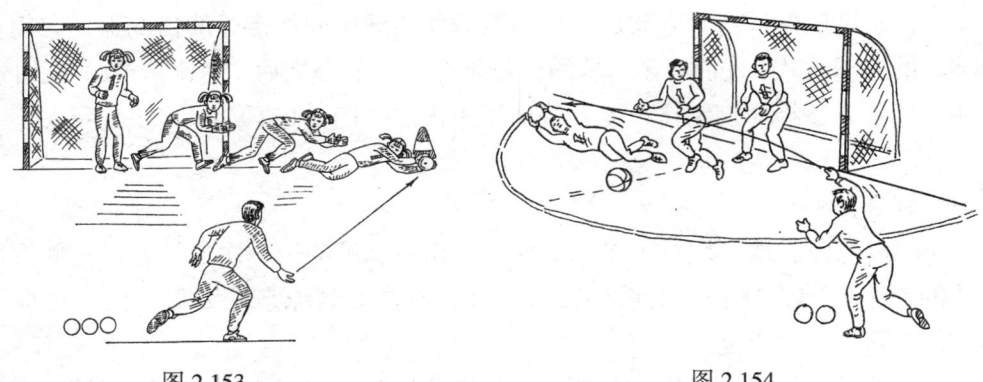

图 2.153　　　　　　　　　　　图 2.154

5~6米的位置站着守门员的两名同伴，他们轮流以抛出或者以轻轻地踢出低球的方式将球往小门的方向传递。守门员应采用从基本站位的姿势到紧贴地面的扑接球方式，尽力将球控制住（图2.153）。将球扑住之后，他迅速将球回传，并恢复原来的站位。在完成一个方向的扑救之后，再继续完成向另一个方向的扑接球练习，以此类推。球员们轮流与守门员互换角色练习。

10. 守门员站在球门中间的位置，在距离他1.5米的地方放上一个实心球。由他的同伴（或者是教练员）站在侧面的位置上，抛出不是很高的球，使守门员跑出球门，越过实心球扑接住球，并将球控制住（图2.154）。经过一段时间练习后，再将球往球门的另一侧抛出，以此反复练习。

11. 两人一组，其中一名球员站在球门内，其同伴站在离他2~3米远的地方，朝他的方向抛球，要尽量使球从地面弹起大约0.5米的高度。站在球门内的球员则蹬地后腾空扑出，将弹起的球扑接住。球应当往守门员的左右两侧轮换抛出，球员们轮流互换角色练习。

12. 两人一组，其中一名球员站在球门中央的位置，背朝同伴，扑接住由其同伴往守门员方向扔过来并从地面上弹起的球。球员们轮流互换角色练习。

13. 守门员站在球门中央的位置，用基本站位的姿势将球往门柱的方向扔出，当足球从地面弹起后，守门员再用一个蹬地扑接的方式将球扑接住。

14. 守门员站在球门内的位置，数名球员持球站在离开球门12米远的地方，他们轮流向球门的方向靠近，故意在罚球线附近将球漏掉。守门员的任务是迎着进攻球员跑出，用倒地扑球，或者扑截球的方法，尽可能在离开罚球区最近的地方将球控制住。另一种方式：但球员们进入罚球区后，应尽力过掉守门员，将球射入球门。

15. 守门员站在球门中央的位置，背朝6米开外的标记。由两名持球球员分别站立在球门两边的立柱旁，面朝同样的标记处。他们预先给守门员发出哨音，然后轮流将球朝前用低球踢出。守门员完成转体180°动作后，跨出两三步，用鱼跃扑救的方式将来球扑接住。与此同时，要努力保持身体不要越过罚球线。以此反复练习。

图 2.155　　　　　　　　　图 2.156

◆ 接半高球

接住半高的球，就是接高于守门员膝盖但低于头部的对方射来的球，这样的接球是在原地或者跃起时完成的。在第一种情况下，当球接近时，守门员应将两腿并拢，膝关节弯曲，身体向前倾斜。这时，躯干与大腿形成一定的角度，双臂肘部向前方伸出，手掌朝着来球，构成对来球一个独特的"托架"。来球被接住后，沿着两个手掌和两只手臂，顺势滚入守门员怀里（图 2.155）。

如果守门员在将球接住的瞬间处在跨步的姿势，那么，为了减缓来球的冲力，身体的重心应当向后面那条站立的腿上转移。

跃起接球的动作，是在对方球员准备将飞往守门员大约是胸部高度的球控制住的情况下，为了抢先于对方球员时采用。守门员跨出一两步后，用单脚蹬地跃起，在空中双手将球接住，并将球抱在胸口（图 2.156）。

【练习示例】

1. 守门员用双脚略宽于双肩的姿势站立，双手的肘部弯曲并向前伸出（球在手掌中），然后将球往胸部回收，完成之后再恢复到原来的姿势。

2. 同样的姿势，守门员先将球抛至 30~40 厘米的高度，然后再将球接住，并将球收至胸口。

3. 守门员站在球门内，将同伴在 2~3 米距离以外抛过来的球接住，抛球的高度应保持在守门员腹部的位置。

4. 守门员站在球门中间的位置，由其他几名球员轮流从 6~7 米开外的距离将球抛向他，高度在守门员腹部的位置。此时，抛球的落点应当在离守门员前面一点的地方。守门员的任务是完成一个冲刺跑之后，将球接住。另一种方式：但球应从 8~10 米开外的地方踢向守门员。

5. 守门员站在球门中央，由同伴轮流从 7~8 米开外的距离将球抛射向他。抛射球的方向应随时往守门员的左右两侧变换。守门员的任务是使用并步或者交叉步，对来球的方向做出相应跑位，并将球接住。

图 2.157　　　　　　　　　图 2.158

6. 数名球员沿弧线在距离球门 8~10 米远的位置站立，轮流用脚以各种力度将球往守门员方向踢出，球的高度应在守门员的腹部或胸部位置。守门员站立在原地，通过往左右两侧、往前方包括跃起的动作完成接球的练习。

7. 守门员站在球门内，在距离球门 2~3 米的位置上放置一个实心球。其他同伴从 8~9 米开外的地方将球向守门员抛射出，使守门员跑出球门外，在跳跃过实心球之后将球接住。

8. 守门员面朝墙壁，在距离 2 米远的位置站立。由另外两名球员持球在他身后和稍微侧面一些的地方站立，轮流将球往墙壁上扔出，守门员或者站在原地，或者用跃起的动作把从墙壁回弹至胸口高度的球接住。

◆ 接高空球

将射向守门员（或者在其附近）的高空球接住的动作，无论是在原地，还是跃起在空中都可以完成。原地接球，也就是用站立的姿势（图 2.157），当来球接近时，守门员的两只手臂向上伸展开，用手掌迎向来球，大拇指基本并拢，以轻柔的动作将接住的球顺势带至胸前，或者恢复到原来的姿势，以便将球扔给同伴。在接球的瞬间，应当将手指放松，用这样的方式将来球的力度化解。如果守门员将手指绷紧的话，球就有可能从手中弹出，因此可能被对方球员截获。

守门员通常是用单腿或双腿从原地蹬地跃起，或者通过助跑将高空球接住的方式去接落在罚球区域以内的球（图 2.158）。守门员落地时，基本上是双脚分开的，以便能够立即将球开出。

【练习示例】

1. 用双手将球持至面部的高度，两只手的拇指几乎紧靠在一起。根据教练员的指令，将手指往后收进（如同将球放开），然后再重新恢复到原来的姿势，如同将正在下落的球接住。

2. 将球往头顶的上方抛出，然后将球接住后再松开手指，将球没进小臂与胸部形成的"弯角"内。

3. 两人一组，在面对面相距 2 米的地方站立，轮流将球抛传给同伴，后者将球接住并抱至胸前。另一种方式：在相距 5~6 米远的地方面对面站立，将球以高抛球抛给对方。

4. 以半蹲的姿势围成一个圆圈，教练员站在圆圈中央，将球往上空高抛出，同时呼叫其中一名球员的名字。被叫到名字的球员迅速站起，跨出两三步跳起后，在最高点将球接住。

5. 守门员站在球门的中间位置，其他数名球员站在相距 8~10 米以外的地方，轮流朝罚球区域踢出高抛物线的反弹球，使守门员在向两侧和向前跑位后跃起将球接住。

6. 该练习与上一个练习的方法相同，但守门员是在与其中一名球员的争抢的过程中完成接球动作。初始阶段，后者只是进行消极的争抢。

7. 守门员站在球门中间的位置，其他同伴站在 10 米以外远的标记处，抛出高抛球并使球落在罚球区域的界线附近。守门员向前方奔跑出位，并在跃起后的最高点将球接住。守门员的注意力应集中于起跳时要确保身体垂直往上，并在落地时不能越过罚球区域的界线。球员们轮流互换角色练习。

8. 守门员以基本站立的姿势站在球门中间，其他两名球员持球站在球门的后方，他们轮流将球从球门的上方高高抛出，使球越过球门的上框，落在距离罚球区域前方 1~2 米远的地方。用高抛物线的弧度抛出的球，在进入守门员的视野时会有所滞后，但守门员必须表现出必要的反应能力，在发现来球后立即快速起动并跃起，在最高点将球接住。

9. 两人一组，在相距 3 米远的地方站立，同时以侧并步进行跑动，轮流将球高抛给行进中的同伴。后者跃起后将球接住，然后再以同样的方式在跑动中将球抛还给对方，以此类推。完成后换一个方向继续练习。

10. 守门员面部朝向墙壁（相距 4~5 米）的位置站立，另一名同伴站在其身后稍侧面一些的位置，任务是用脚踢或者用手抛球，使球从墙壁上反弹，并以高抛物线落向守门员的方向。守门员必须要将自己的注意力集中在每一次的踢（抛）球上。对这些略为滞后落入自己视线内的球，在向前方跨一步后，守门员高高跃起，并在最高点将从墙壁上反弹回来的球紧紧接住。

11. 守门员站在球门的旁边，用一只手护卫球门一边的立柱。他的同伴则在离他 5 米远的地方站立，将球往上方抛出，使球射向球门的另外一个相反方向的角落。守门员应以侧并步快速向另一方向跑动，并在跃起的最高点将球接住，然后再以同样方式往另外一个方向重复练习。球员们轮流互换角色练习。

图 2.159　　　　　　　　　　　图 2.160

◆ **接侧方半高球和高球**

采用扑球的方式，将踢向守门员侧方的半高球和高球接住，这个动作通常是在对方球员大力射门的情况下使用。为力求保住球门安全，守门员双脚用力蹬地后往侧上方扑出。此时，守门员的双手应向上伸举，手掌朝着来球的方向，将手指略微分开，以形成一个较大的接球面积（图 2.159）。守门员在将球接住之后的瞬间，双臂屈肘，顺势将球抱至胸前。在落向地面时，守门员应尽力做出团身的动作。

在五人制足球中，守门员还可能要在基本站立的姿势下，完成将对方射向侧面的半高球接住的动作（图 2.160）。这个动作在很多地方与双手向上将球接住的方法相似。首先是将双手根据来球的方向向前伸展，两只手臂几乎是平行的，手指略微分开并微微弯曲，将整个身体的重心转移到离来球较近的那条腿上。此时，守门员的身躯也应往同一方向略微转动。

【练习示例】

1. 两人一组，其中一名球员采用守门员基本姿势站立，另一名球员与其面对面，在相距 3~4 米远的位置上站立。在守门员的左右两侧放置垫子。同伴将球抛给守门员，让后者扑接球后落在垫子上。球员们轮流互换角色练习。

2. 守门员站在由两个实心球组成的球门内，球门宽度为 2 米。其同伴站在距离球门 3 米远的位置，以高抛弧度将球向守门员的侧面抛出。守门员从实心球的上方飞跃过去，完成扑接球的动作（图 2.161）。该练习应从左右两个侧面完成，在学习动作的过程中，应当使用体操垫。球员们轮流互换角色练习。

3. 守门员站在球门中间的位置，同伴在距离 3~4 米的位置上往守门员的两侧抛射球，使其扑出并将球接住。球员们轮流互换角色练习。

4. 三人一组，其中一名球员充当守门员。第二名球员在距离守门员 3 米的位置，用双手撑地半跪的姿势伏于地面。第三名球员站在距离球门 3~3.5 米远的位置，他的任务是将球朝着半跪伏在地上那名球员的一侧抛出，让守门员跨出几步后，蹬地飞跃过半跪伏地的球员，然后再完成将球接住的动作（图 2.162）。做完这一方向的练习之后，

图 2.161　　　　　　　　　　　　　图 2.162

再继续完成往另一个方向飞跃扑球的练习动作。在学习这个动作的过程中，必须使用体操垫。球员们轮流互换角色练习。

5. 守门员以基本站位姿势站在球门中间的位置，同伴站在距离其 4~5 米远的地方。由同伴将球抛出，让守门员蹬地后扑接球。要将球分别往守门员的左右两侧抛射。球员们轮流互换角色进行练习。另一种方式：守门员分别以半跪、仰卧的姿势完成练习。

6. 守门员站在球门中间的位置，同伴站在相距 8~10 米远的位置。根据教练员的信号，守门员在完成向前的滚翻动作之后，以基本站位姿势迅速重新站立。由同伴将球轻轻踢往守门员的侧面，守门员尽力将球扑接住。踢往守门员方向的球的力量应逐渐加大。球员们轮流互换角色练习。

7. 球员们从 10~12 米远的距离处，用脚将球朝球门的上方以及守门员的侧面踢射，守门员采用扑接的方法将高空球接住。

8. 守门员站在球门的中间位置，另外两名球员分别站在球门的两根立柱旁边，轮流将球抛向距离守门员 4~5 米远的同伴，后者则用头部将球向上顶出，射向守门员的侧方。守门员应尽力用扑接球的动作将高空来球控制住。球员们轮流互换角色练习。

9. 守门员站在球门的立柱内侧，其同伴站在相距 5 米的距离，将球向上往另一根立柱的角落抛射。守门员往该方向做两个并步，蹬地跃起扑出后将球接住。往这个方向的练习完成后，再继续完成往另一个方向的练习，以此类推。球员们轮流互换角色练习。

10. 守门员站在球门中间的位置，其同伴站在对面 4~5 米的位置，将球往守门员的左侧抛射。守门员跃起扑出将球接住后，将球扔回并迅速站起归位。同伴接球之后，不作停顿，立即将球再次往守门员的右侧抛射出。球员们轮流互换角色练习。

11. 守门员站在球门中间的位置，在距离 8~10 米远的地方（与球门线平行）并排放置 6~8 个球。球员们轮流射门，将球向上踢往守门员的两侧。守门员尽力用扑接球的方式将高空球接住。先从球的这一端开始射出，然后再从另一端射出，逐步将射门之间的间隙时间缩短。

□ 击 球

在比赛中，守门员经常会被迫十分频繁地使用将射向球门的地滚球或者各种不同高度射往球门的球击打开的动作。这在很大程度上是由五人制足球的一系列特点所决定的，尤其是频繁多次的射门，这些射门技术的多样化，球员在球门前的密集程度，以及球运动线路的变幻无常。守门员为了在出乎意料的射门或者强有力的射门之下力保球门不破，就不得不采用最为多样的击球动作：用脚、用双手的手掌、用拳头、用头等部位去将来球击打开。

对于射向守门员两侧的地滚球和低空球，使用最多的方法是用脚将来球踢开：用弓箭步或者劈腿的姿势。

用弓箭步将球踢开（图 2.163）是最为普遍的一种方式。在对来球的路线做出准确判断后，守门员用接近该方向的那条腿跨出一个弓箭步的动作。此时，守门员的小腿几乎与地面成垂直状态（或者是形成一个不大的角度），使脚掌低低地从地面上掠过，并垂直地朝来球的方向翻转。此时，为了起到保护作用，同一个方向的手臂也朝来球的方向伸出。另一只手臂则微微上举，以保持身体的平衡。脚部和小腿的任何部位都可能触碰到来球，守门员的上身在这一时刻根据弓箭步的大小，或者几乎是用垂直的姿势，或者朝弓箭步的方向往前倾出。守门员在将球击出之后，迅速恢复原先的基本站姿。用这样的动作，守门员可以将对方球员从不同距离突如其来的射门化解开。

劈腿的动作，通常使用于将射往球门底角的球踢开（图 2.164）。劈开伸直的那条腿，任何部位都可以将来球击出。守门员在使用劈腿将球击出之后，身体几乎是坐下或者是跪落在另一条腿上。将球击出去之后，必须尽快起身站立，并恢复保持基本站立的姿势。

对于射向守门员侧面，高度未超过腰部的来球，通常以摆腿的动作将球击出（图 2.165）。在这种情况下，首先是从启动摆动腿的大腿（小腿略微滞后）朝来球方向的跑位开始做起。几乎是在同一时间，守门员的身体也利用另一条腿蹬踏朝同样的方向跃出。此时，守门员必须计算好蹬地的力度，以使自己的脚内侧或者是摆动腿的小腿（此刻的小腿是用力向侧上方稍微抬起）能够触碰到球。守门员的身体在这一刻要保持垂直的姿势，出于保护的目的，在摆腿的同时，应将同一方向的那只手臂尽量往侧面伸展开。

用单掌（或者双掌）将球击打开的方法是在最为特殊、经常是在无法预料的情况下使用的。例如，守门员在出击直接面对对方进攻球员的情况下，往往来不及将球控制住，

图 2.163

图 2.164

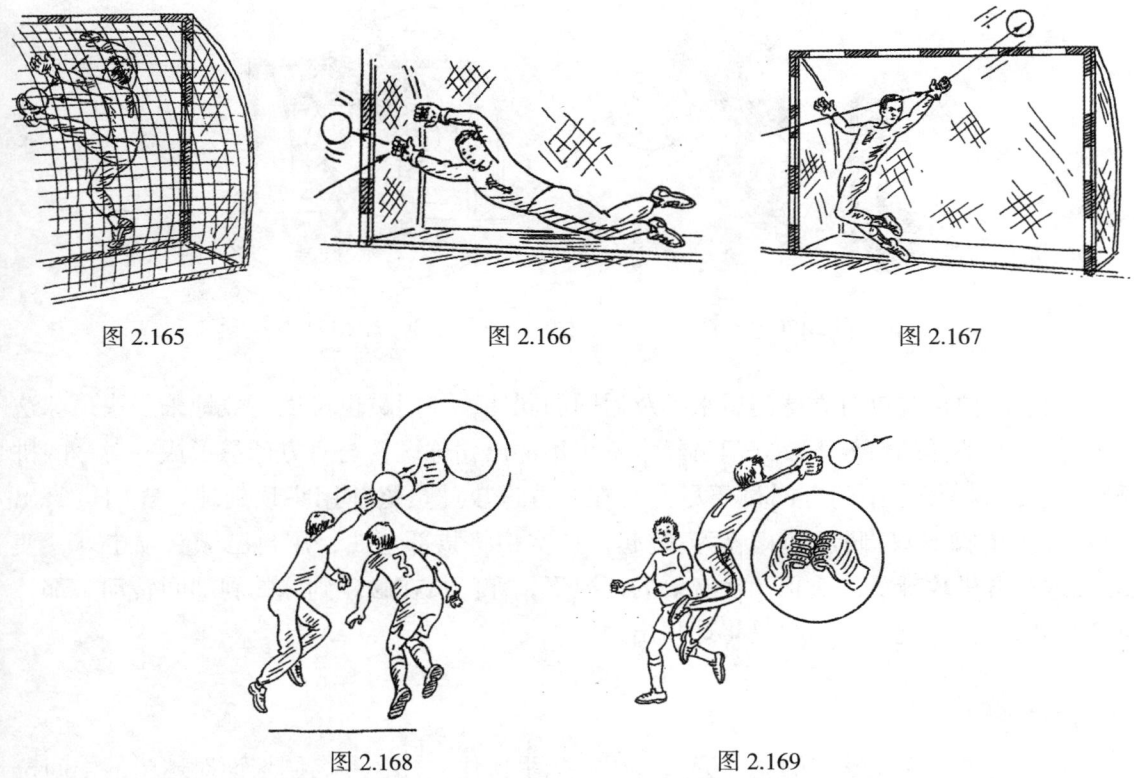

图 2.165　　　　　图 2.166　　　　　图 2.167

图 2.168　　　　　图 2.169

因而在最后一刻被迫用单掌或者双掌，或倒地或鱼跃扑出的动作，将球击往最为安全的地方（图 2.166）。在回击不同高度的射门时，守门员也常常不得不采用这样的技术动作。将这样的射门往球门的边上击出，或者使球的方向改变，从球门横杆上飞出（图 2.167）。当进攻球员竭力想利用高吊球越过冲出的守门员的时候，采用这个技术动作十分有效。

当球落在球门前面，与此同时，进攻球员已经准备将球控制住，守门员用单拳（图 2.168），或者用双拳（图 2.169）将球击出。

击球动作的完成，依靠手臂肘部关节的弯曲，将双手攥紧成拳，用指骨击打，通常是在高高跃起之后完成将球击出的动作。在对方进攻球员试图以高吊球越过向前冲出的守门员时使用这个动作（图 2.170）。

如果空中的球直接吊向球门区，或者射往球门区的方向时，而守门员此时却在另外一个落点等候，或者是完全没有预料到这一情况的发生，并因此没有准备好用双手将球接住或者往旁边击打开，而对方的进攻球员已经准备好补脚射门，在这样的情况下，守门员必须在瞬间判明方向，用头将球顶出（图 2.171），以消除球门区内无法预料的险情。但是，当面对朝罚球线附近落下的高球时，守门员为了保护自己球门的安全，而越来越多地被迫使用头顶的方法来化解危险。在这样的情况下，由于担心用双手接球或者将球击打开还是不够保险，因此守门员常常使用头顶球来解围。

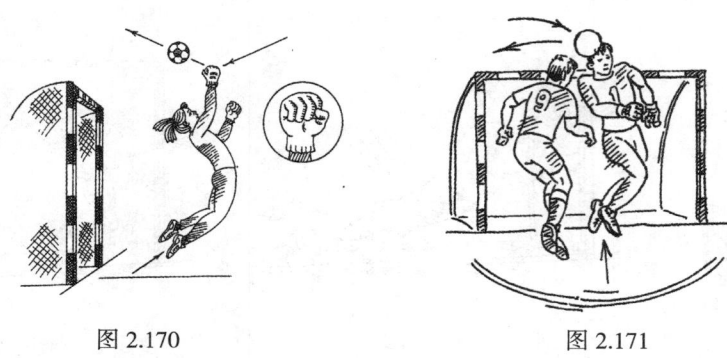

图 2.170　　　　　　　　　图 2.171

为了保护在进攻对方球门后来不及返回的同伴，守门员也可以有效地采用头顶球这一动作。在那样的情况下，守门员经常不得不冲出罚球区，与对方球员形成一对一的拼抢。处在这样场合中的守门员要尽力抢在对方进攻球员之前用头顶到球。守门员跨出几步，用单脚或双脚蹬地向上高高跳起，在空中将腰部弯曲，用自己额头顶击球，使球飞过对方进攻球员的头顶。在必要的情况下，守门员在触碰到球的刹那间转动头部，将球顶到安全的地方，通常是将球顶出边线。

【练习示例】

1. 守门员跪立在球门的立柱旁边，用一只手扶住立柱，一名同伴面对球门的中间位置，站在相距2米远的地方，用低球将球踢往球门的另一个角落。守门员用鱼跃动作平扑出去，用手掌将球击打开，然后在靠近的球门立柱旁恢复原来跪姿。其同伴接着往球门的另一个角落将球踢出，以此类推进行练习。球员们轮流互换角色训练。

2. 守门员在球门中间的位置站立，在球门的两个底角各放一个球。守门员用基本站位的姿势完成往一个角的鱼跃扑击，将放置的球往旁边击打出。然后，再回到原来的基本姿势，继续完成往另一个角的鱼跃将球扑击出去的动作，以此类推。另一种方式：但守门员是面对距离自己3~4米远的同伴往球门的两个底角踢出的地滚球进行鱼跃扑击。

3. 守门员站在球门中间的位置，面部朝着一侧的边线，另外两名同伴站在球门两侧，距离球门4~5米远的位置，轮流用不大的力度进行相互之间的传球（与球门前方平行）。守门员的任务是在跨出一两步之后，尽量用鱼跃的姿势平扑出去，使用单手掌（或者双掌），将从球门前经过的球击打开。守门员在完成击打球动作之后，迅速站回到原来的姿势（图2.172）。球员们轮流互换角色练习。

4. 根据教练员的信号，球员们完成原地向上跳起，落地后分别向左右两侧跨出弓箭步的动作。另一种方式：守门员先往边上跨出一个弓箭步，然后再完成用脚将离他1米远距离的球踢开的动作，以此类推。

5. 守门员站在球门中间的位置，背朝球场中心。一名同伴站在距离球门线6米远的

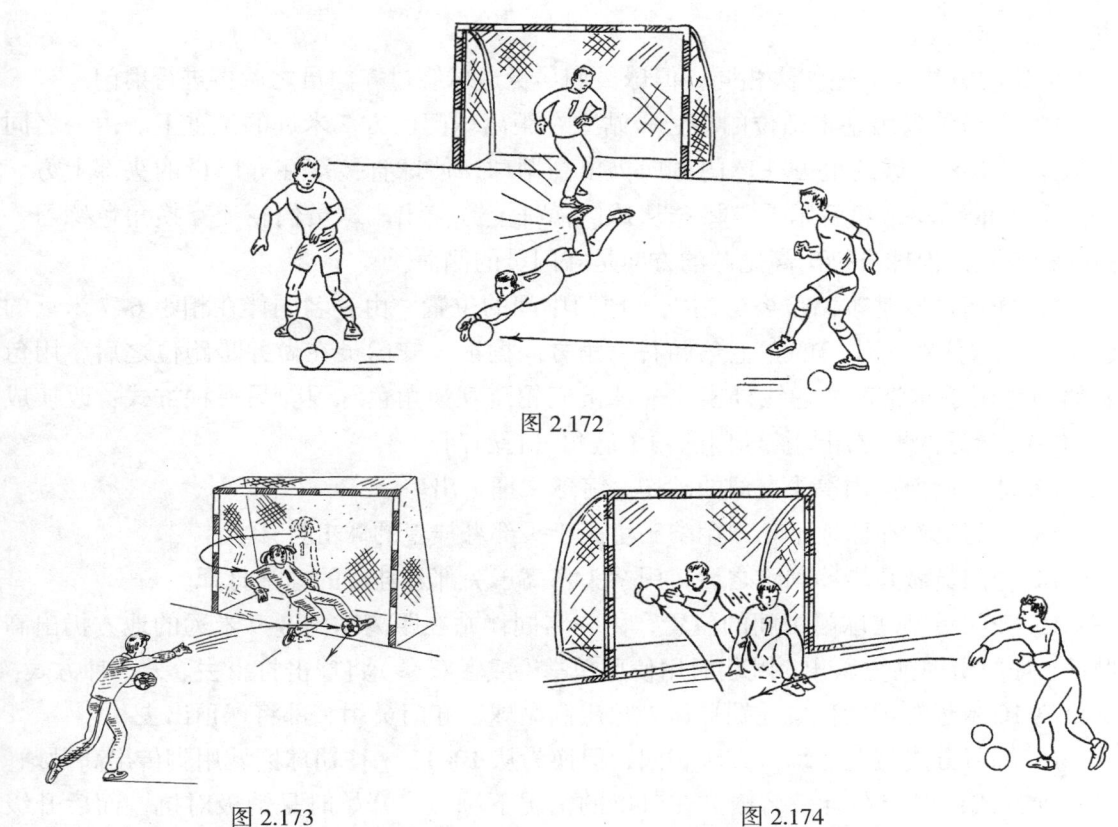

图 2.172

图 2.173　　　　　　　　　图 2.174

标记线上，向守门员发出信号，守门员迅速转体 180°之后以基本站位的姿势站立。同伴朝守门员的侧面踢出低平球，以使守门员使用弓箭步将球踢出（图 2.173）。同伴应将球往守门员的左右两侧分别踢出。另一种方式：但守门员使用劈腿的动作将球踢出；同伴用手朝守门员抛出腰部高度的球，守门员用摆腿动作将球击出。

6. 守门员在 6 米标记处站立，面向球场中央。一名同伴站在他身后 3 米远距离的位置，在给出信号后，将球踢往守门员的侧面，分别往左侧或右侧踢出。守门员应集中注意力，一旦球在自己的视野中出现，就立即采用倒地动作用手将球击出。守门员必须在球还没有越过罚球区线的瞬间将球击出。球员们轮流互换角色练习。

7. 守门员用坐姿守候在球门中间的位置，面向球场中央。两名同伴站在对面相距 3~4 米的位置，轮流将球向前方地面抛出，以使球弹向守门员的侧面。守门员则应用不起身的姿势，伸手去击打从地面反弹的球，尽量使用两个手掌将球往球门的边上击出（图 2.174）。球员们轮流互换角色练习。

8. 球员们持球排成一列纵队，在距离球门 12~15 米处位置上站立。守门员站立于球门中间的位置。球员们轮流朝球门的方向运球跑动，在进入罚球区域后，故意使球稍微脱离自己的控制范围。守门员迎着进攻球员的方向跑出，以扑出的姿势使用单掌击球，将球往侧面击出，以此类推。另一种方式：但球员们分别或从左侧或从右侧往球门的方向运球跑动。

9. 练习方法与上述方法相同，但球员们尽量运球绕过守门员之后再进行射门。

10. 守门员采用基本站位的姿势，站立在距离球门前方 2 米远的位置上。由一名同伴从距离 7~8 米远的地方往球门方向扔出高抛球，使球直接落在守门员的头部上方。守门员尽量跳起，然后用手掌将球从球门横杆上方拨出。球员们轮流互换角色练习。另一种方式：但球员扔出高抛球的方向是守门员的侧面。

11. 守门员以基本站位姿势站立于球门中间的位置，由一名同伴在相距 6~7 米远的位置上将球分别往球门的左上角和右上角方向抛射。守门员在做并步跑位之后，用鱼跃的动作用手掌将球往边线外击出。球员们轮流互换角色练习。另一种方式：改换成从 10~12 米远的地方用脚往球门的两个底角进行射门。

12. 球员们模拟用拳头击球的动作，将球"捅"出。

13. 守门员站在原地不动，用拳头将高于头部悬挂着的球击打开。

14. 守门员做几步冲刺跑之后，用拳头将高于头部悬挂着的球击打开。

15. 守门员站在球门中间的位置，由一名同伴站在距离球门 8~9 米远的地方扔出高抛球。守门员向前方跑出，跳起后用使用单拳（或者双拳）将球击打出去。另一种方式：从距离 10 米远标记的位置往罚球区域扔出高抛球，守门员用头部将球顶出去。

16. 练习方法与上述练习方法相同，但换为从 10~12 米往罚球区域用脚传出高抛球。另一种方式：但应在有一名球员在对抗的情况下练习，开始时是消极对抗，而后升级为比较积极的对抗。

□ 发 球

在五人制足球中，守门员在比赛时可以使用手或者脚发球。用手掷球的发球动作是在球滚出球门底线之后，以及在罚球区域内将球抢到手之后的情况下采用。守门员的任务是要准确、迅速地将球用手抛传给同伴，通常是用一只手从肩后侧的部位，或者是由下往上将球掷出。

用手掷发球有这样几种方式：原地掷发球、交叉步跑动中掷发球、不带交叉步的跑动掷发球、腾空跃起掷发球和跃起落地后的掷发球。

在原地用手掷将球从肩后发出（图 2.175）时，守门员持球的那只手臂，肘部弯曲，将球举到头部的高度，将整个身体的重心转移到后面那条站立的腿上；另一只手臂肘部弯曲，放在胸前。投掷以前臂向前、向下方的挥动开始，以手臂的有力动作完成掷球动作。球被掷出后，朝着守门员选定的目标方向飞行。完成掷球动作的同时，守门员另一只无球的手臂尽量往身体侧面摆动，将整个身体的重心转移至前面的那条腿上。然后，守门员将投掷时的后腿向前方并上。

在完成带交叉步跑动中的上手掷球（图 2.176）动作时，守门员用双手持球，将左脚（用右脚起跳时，则相反）前跨一步，跨出第二步时，将脚掌与起跑线形成一个夹角

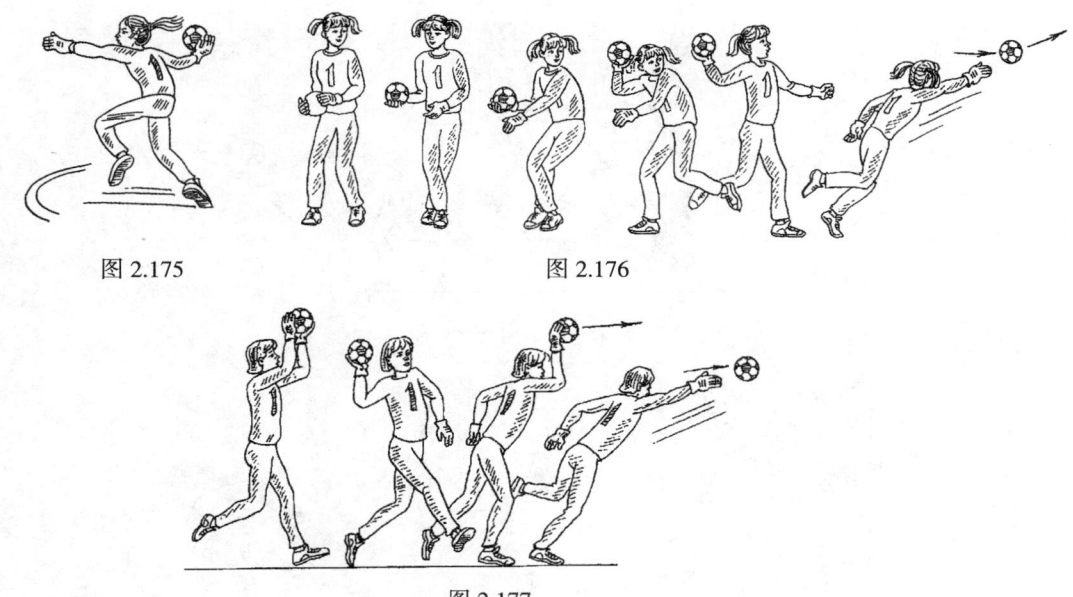

图 2.175　　　　　图 2.176

图 2.177

此时，将用于持球的这只手臂伸直后，往上举置于头部侧后方，身体则转向掷球目标的方向，在将重心转到另一条支撑腿后开始完成投掷动作。守门员的身体重心在向前方转移的同时，胸部也跟着转向同样的方向，上举在头部侧后方的持球手开始朝目标方向加速挥动。在完成这个动作时，肘部的动作要略快于手臂，利用手指和前臂的挥出动作，将球往前方掷出。

在完成不带交叉步跑动中的上手掷球（图 2.177）的动作时，守门员应快速引臂，在用左脚（或右脚）跨出一步的同时，将持球的右手（或左手）放置于头部侧后方。守门员将上身转动，以在跨出下一步之前获得最大的引臂空间。在同侧的那条腿落地得到支撑之后，守门员快速转动上身，并以手臂的有力动作将球往前掷出。在完成这个动作的同时，身体也往前方送出。这种掷发球的方式与上一个方式的区别就在于掷球动作是由掷球手臂同侧那条腿作为支撑点来完成的。

在五人制足球中，跳起后的上手掷球（图 2.178）的动作经常在守门员需要迅速、有力地将球掷传给正在奔跑中摆脱对方球员的同伴时使用。在守门员蹬地后处在跳起腾空阶段的瞬间，完成引臂和将球投掷出手的动作。守门员以那条非掷球方向的另外一条腿完成起跳的蹬地动作，然后仍然用那条腿完成接下来落地的动作。持球的手在跳起腾空时向后摆动，而无球的手则向前方伸出。身体的上部朝着挥臂的方向转体，摆动的那条腿微微弯曲，在腾空跳起的最高点将球掷出。与此同时，摆动的腿主动弯曲，身体上部朝向目标方向转体。

落地后的上手掷球是在守门员在空中将球接住，并落到地面后完成的。在这一刻，守门员应毫不迟疑地立即将球掷传给占据有利位置的那一名同伴。这样的情况下，当守门员尚未从空中落地时，就已经发现目标并开始做引臂的动作。落地动作的完成起

图 2.178

图 2.179　　　　　　图 2.180

先是在右脚（如果守门员投掷球是用同侧手臂的话，或者相反），而后，守门员再将用于增强制动动作的那只左脚跟（或右脚跟）跨出一步。身体的重心在这一时刻应向前转移到支撑的那条腿上。守门员在将胸部转向掷球的方向之后，将屈肘的持球手用力向前方送出。

侧身单手掷球（图 2.179），守门员在完成这个动作时，有点类似铁饼运动员。不仅如此，该技术动作在许多方面与原地肩后单手掷球的技术相同。

单手向下掷球（图 2.180）常常被称之为地滚球。这个动作完成起来并不复杂，经常在短距离内守门员要准确地将球传给同伴时使用。第一步，守门员将持球的那只手臂向后方摆动，而上身则向前方倾出，非同侧方的那条腿向前跨出一步，然后紧接着的动作是将持球之手朝着目标方向用力挥动。在向前跨一步之后，守门员同时将球滚向同伴。在此之后，守门员的手臂还要有个继续跟在滚动的球后的随前动作。

【练习示例 1】

1. 球员们排成一路纵队站立，由一名球员持球站在纵队对面前方 4~6 米远的地方，用手将球滚给站在纵队队首的那名球员。后者接球之后，用同样的方式再将球传回，而自己则跑向队尾。接着，球再次滚向纵队的第二名球员，以此进行练习。球员们轮流与站在纵队前方的球员互换角色练习。

2. 两人一组，相隔的距离为 6~7 米，在使用规定的方法将球接住之后，轮流将球"滚"还给对方。

3. 两人一组，相隔的距离为 8~10 米，站在原地使用上手肩后的方法相互掷出传球。另一种方式：但是站在原地不动，从身体的侧面将球掷传出。

4. 球员们在距离墙壁 4~5 米的位置站立，以不同的方式将球往墙壁上掷出。掷球时，将注意力集中于手腕用力的最后动作。

5. 在球场上距离球门 20 米、25 米和 35 米的位置处画出三个直径为 1~1.5 米的圆圈，守门员站在原地，轮流练习使用各种不同的方式将球掷出，以命中圆圈。另一种方式：但掷球动作是在交叉步跑动、不带交叉步的跑动、跳起在空中以及落地后的运动过程中完成的。

6. 守门员站在球门中间的位置，在两侧的边线上，各成一路纵队站立两组球员，其中一组球员每人手持一个球，轮流将球往罚球区域里掷射。守门员跑出球门底线，使用原地上手肩后掷球的动作，将球传给另一个纵队准备跑动的球员，以此类推。另一种方式：但掷传球的动作是在交叉步跑动、不带交叉步的跑动、跳起在空中以及落地后的运动过程中完成的。

从手中将球踢出去是当守门员在罚球区域将球抢到手之后，必须快速将球往对方的球门传出时所采用的方法。从手中直接将球踢出去动作的完成，既可采用将球往前上方高抛出的方法，也可使用在球出手后，在空中立刻将球踢出去的方法。

【练习示例 2】

1. 两人一组，面对面在相距 20~30 米的位置上站立，将球在自己面前向空中抛出，然后轮流互相以空中或者半空中的脚法将球传给对方。

2. 在离开罚球区域 30~35 米的距离处画出两个直径为 1.5~2 米的圆圈，两个圆圈之间的距离间隔 5~6 米。守门员站在球门中间的位置，由一名同伴将球往守门员头部上方抛射。守门员将球接住后，将球抛在自己面前，再以空中或者半空中的脚法将球踢向同伴指定的目标。另一种方式：由同伴踢地滚球将球低射向守门员。

3. 由两名守门员进行练习，其中一名守门员站在球门中间的位置，另一名守门员站在球门的侧面，将球往罚球区域中间抛射。前者跑出球门将球接住，在将球抛在自己面前后，以空中或者半空中的脚法将球踢往另一半场地中标出的目标。另一种方式：将球直接踢向对面的球门。

4. 与上述练习方法相同，但守门员在将同伴从侧面抛射出的球鱼跃接住之后，再将球踢出。

在现代五人制足球中，守门员不仅要具备接球、击打球和开球的专项技术，还应当掌握场上比赛球员的技术。五人制足球运动本身的性质使这样的要求非常必要，因为守门员在比赛中不得不经常地发挥场上比赛球员的作用。例如，守门员在从同伴的脚下得到传球之后，必须准确地将球传给自己球队中的另一名球员，以防止对方球员将球拦截住。除此之外，球场上千变万化的局势也要求守门员必须采用各种方式将球稳妥地接住，并善于使用各种各样的假动作。不仅如此，在加入助攻时，还要能够将球有力、准确地踢向对方的球门。在守门员在成为唯一的一名防守队员的情况下，还需要具备高超的技术储备，不得不发挥起"保险员"或者"调度员"的功能。当然，为了充分地应对现代化足球发展的需要，守门员应当在教学—训练的过程中不仅要练习好各种守门员的专项动作和技术，还应参与场上球员的各种练习，甚至作为一名场上球员参加。

□ 补充练习

1. 球员们各持一球在手，完成向前和向后旋转的动作。练习以左右手定时变换的方法进行。

2. 守门员将两只手臂向两侧伸展开，将球在两手之间高抛传接（图 2.181）。

3. 守门员双手持球，上身前倾弯腰，将球从两腿之间往背后高抛出，使球越过自己的头顶，然后将身体挺直，在自己面前将球接住（图 2.182）。另一种方式：守门员将球往上高抛出，挺直身体完成转体 180° 之后，在头顶上将球接住。

4. 守门员将身体前倾弯腰，将球围绕着自己的身体或者从两腿之间从这只手到另外一只手转换传接球（图 2.183）。另外一种方式：左右两只手用绕"8"字的方法进行传接球练习（图 2.184）；在地面上做两腿之间绕传，或者进行绕"8"字方法的传接球练习。

5. 守门员坐在地面上，将一条腿伸直并略微弯曲抬起，左右两只手将球从翘起的腿下进行传接练习。

6. 守门员以站立姿势，两只手臂往前伸出持球在手，松手使球在自己面前掉落下，在球即将落到地面时下腰将球接住，并用双手抱至胸前。另一种方式：但守门员是在球从地面弹起后再将球接住。

7. 守门员以站立的姿势，将持球的右手往侧面伸出，在将球往自己面前脚下的地面上砸出的同时，向空中跳起，然后用双手将从地面反弹起来的球接住。动作完成之后，

图 2.181

图 2.182

图 2.183

图 2.184

将球再传至左手,仍以同样的方式再次往自己脚下砸球,以此类推。

8. 守门员用双手将球往自己的头部上方高高地抛出,在跳起后的最高点将球接住后,再将球抱至胸前。另一种方式:但守门员在将球抛出后快速完成转体180°的动作,然后再尽力将球接住并抱至胸前。

9. 守门员采用仰卧的姿势,将双手伸直持球,迅速起身后将球抱至胸前。另一种方式:以侧卧和俯卧为起始姿势进行练习。

10. 守门员采用俯身双手支撑地面的起始姿势,由同伴朝他扔出头部高度的球。守门员以胸部落地后起身的姿势,努力将射过来的球扑接住。另一种方式:守门员采用跪坐的姿势,而由同伴朝向他扔出与手臂向上伸直同等高度的球(图2.185),或者是稍微侧面扔出的球进行练习(图2.186)。

11. 守门员采用基本站位的姿势,由一名同伴持球站在对面相距2米远的地方,将持球手向前伸出,然后松手使球自然下落。守门员竭尽全力在下落的球尚未落到地面时用鱼跃动作将球扑接住。

12. 守门员俯卧,将双手放在自己前方,由一名同伴在相距1.5~2米远的地方将球扔给守门员。守门员在接球的时候,尽力将双腿抬起。

13. 守门员转身背朝同伴,以基本站位的姿势站立。一名同伴双手持球在相距5米远的距离站立,根据教练员的信号,将球往守门员侧面扔出。守门员在迅速完成转体180°的动作后将球接住(图2.187)。另一种方式:将球朝向守门员侧面更远一点的方向扔出,或者是扔向守门员双手伸直的高度。

14. 守门员以基本站位的姿势站立,用力将球砸向自己面前的地面,然后在球从地面上反弹起来后跃起将球扑接住(图2.188)。另一种方式:但以坐姿练习。

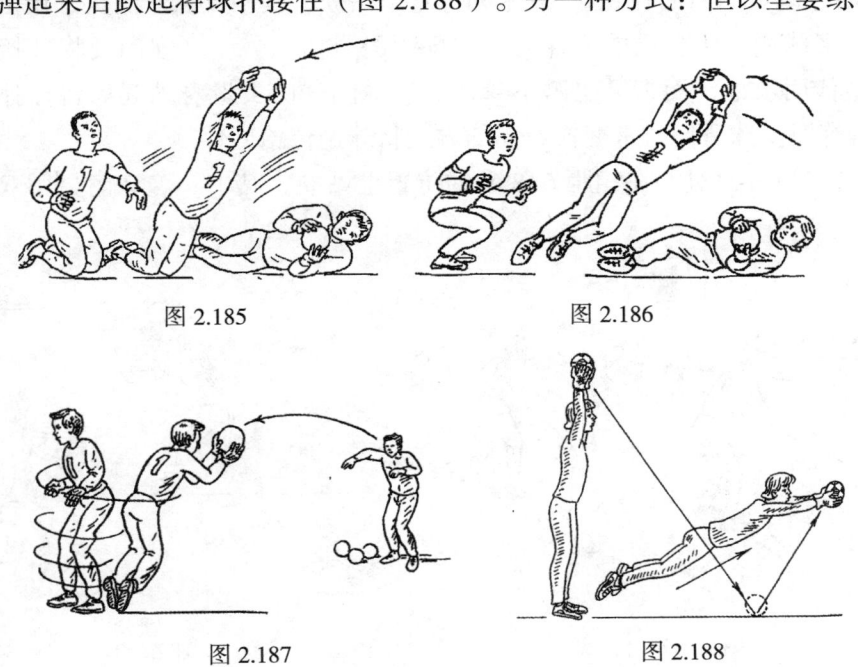

图 2.185　　　　　　　　　图 2.186

图 2.187　　　　　　　　　图 2.188

15. 守门员在跑动中单手将球往前方上空抛出，然后用单脚蹬地，跃起后将球扑接住并抱至胸前。

16. 在离守门员的左右两侧（距离 1.5~2 米的位置）各放置一个实心球。守门员采用基本站位的姿势，将球抛向右侧，使球从实心球边上滚过，然后鱼跃扑出，尽力抓住正在滚动中的球。完成一个方向之后改换另一个方向继续练习。

17. 守门员将球高高举过头顶，用力将球往自己前方的地面扔出之后，在球第二次落地之前，快速完成一个前滚翻的动作，将球抓住并抱至胸前。另一种方式：守门员在将球扔出之后，迅速完成一个转体 180° 的动作，向后滚翻并将球抓住。

18. 守门员面朝墙壁，在距离 1.5~2 米的位置上站立，由一名同伴站在守门员身后，并将球往墙壁上抛扔。守门员的任务是在对球从墙壁上反弹回来的声音做出反应之后，将球接住（图 2.189）。往墙壁上抛扔球的力度应逐渐加大。球员们轮流互换角色进行练习。另一种方式：守门员在离墙壁 5 米距离的位置上站立，一名同伴站在守门员的侧后方，将球高抛掷向墙壁。守门员向前奔跑后，在跃起后的最高点将球扑接住（图 2.190）；要求将球以不同的高度往墙壁上抛掷。

19. 两名守门员在相距 5 米远的位置上面对面站立，由一名守门员将球抛扔给同伴，后者则用单拳或者双拳将球击打开。抛扔球的力度应逐渐加大，球员们轮流互换角色练习。

20. 守门员以俯卧为起始姿势，将持球的双手向前方伸出，在屈身并将球往自己前方的地面上扔出之后，迅速站立起身，尽力在球弹起后第二次落地之前将球扑接住，以此类推。

21. 两名守门员面对面在相距 10 米的位置上站立，其中一名守门员采用上手抛球过肩的方法，将球侧传给自己的同伴之后立即下蹲身体。另一名守门员将球接住后，再将球侧身抛传回给他，而自己也蹲下身体。接球的守门员挺身站起后将球扑接住，以此方法进行练习。球员们时常变换不同的方式将球抛传给同伴。

22. 两名守门员面对面在相距 6~8 米的位置上站立，其中一名守门员用双手持球，

图 2.189　　　　　　　　　　　图 2.190

转身背朝着同伴，两腿分开站立，将球从两腿之间向地面上扔出。这时，其同伴在完成一个前滚翻的动作之后，接住从地面上反弹起的球，并以上手将球高抛回传给同伴。球员们轮流互换角色练习。

23. 两名守门员面对面在相距 10~12 米的位置上站立，其中一名守门员持球完成一个前滚翻动作之后，站起身，踢高球往同伴的侧面。另一名守门员跃起后将球接住并抱至胸前，然后同样在完成一个滚翻动作之后，再踢高球传给同伴。以此类推。

24. 两名守门员面对面在相距 7~8 米的位置上站立。两人在同一时间将球抛传给自己的同伴：一个应抛出高抛球，另一个则抛出低平球，两人都应将球接住。两人按时轮流互换角色练习。

25. 练习由两名球员和一名守门员一起完成。球员们面对面在相距 12 米的位置上站立，守门员站在中间，面朝持球的球员。持球球员扔出高抛球，越过守门员将球传给自己的同伴，而同伴则以头部顶球将球顶向守门员。守门员在完成转体 180°的动作之后，将球接住，然后再将球扔传给站在对面的那名球员。以此类推。

26. 守门员站立在球门中间的位置，在球门立柱的两旁各站立一名球员，其中一名球员手中持球。守门员迎着持球球员先完成一个前滚翻的动作，这时持球球员将球轻轻地踢往守门员的侧面，守门员起身采用基本站位姿势后，尽力以鱼跃扑接方式将球控制住。接到球后，守门员完成转体 180°的动作，将球抛传给另一名球员。以此类推。

27. 守门员用双手持球，两腿分开，背部朝墙站立，将身体往前方倾出，用力将球从两腿之间往地面扔砸，使球从地面弹起后直接飞向墙壁，然后守门员完成转体 180°的动作之后，接住从墙壁上弹回的球，并重新回到起始的姿势。以此类推。

28. 数名球员沿圆圈分布站立，进行一次触球的方式相互传球。守门员站在圆圈中心的位置，竭尽所能使用弓箭步或者劈腿的方法将球截住。另一种方式：守门员尽量以倒地或者鱼跃的方式将球截住。

29. 守门员在球门中间的位置，背朝一名同伴站立，后者站在距离 6 米远的标记处，在给出信号之后，将球从守门员的身旁抛过。守门员快速地完成转体 180°的动作之后，尽力将球控制住，并以手抛地滚球的方式再将球回传给同伴。球员们轮流互换角色练习。另一种方式：但同伴将抛出的球反弹给守门员。

30. 守门员在球门中间的位置站立，在他前方距离 3 米远的地方放置一个实心球。由一名同伴从距离 10~12 米远的地方，以低平球直接射向守门员。守门员跨出几步后，跃过实心球鱼跃将球扑接住。球员们轮流互换角色练习。

31. 守门员在球门内站立，在守门员前方 3 米远的位置用实心球组构成一个 2~2.5 米宽的球门，由一名同伴在离守门员 8~10 米的位置往球门的方向踢出高球。守门员将球接住后，用地滚球将球传给站在球门侧面的另一名同伴。这时，第一名同伴再次往实心球组成的球门踢出低平球，守门员向前方跑出，尽力用倒地或者鱼跃扑出的方法将球控制住。球员们轮流互换角色练习。

32. 由两名守门员面对面在相距 2 米的位置上跪立,每人各持一球。两人以极快的速度相互滚传接球,在将球滚传出时注意不可让球相互碰撞。另一种方式:守门员相互传接胸口高度的球。

33. 由两名守门员面对面在相距 3 米远的位置跪立,其中一名守门员手中持球,分别将球滚向另一名守门员的右侧和左侧。后者倒地将球扑接住,然后再将球回传。球员们轮流互换角色练习。

34. 守门员将球往自己头部上方高高抛起,然后快速再将置于身边的第二个球抛出。守门员在一跃跳起后,尽力在空中将正在下落的球扑接住。

35. 守门员用双手持球,在完成带球往前的滚翻动作之后,向上跃起,两手持球举过头顶,落地后将球抱至胸前。

36. 守门员将球用力往自己前方地面上掷出,在完成一个前滚翻的动作后,跃起将从地面上反弹起的球接住(图 2.191)。另一种方式:但守门员将球往高空抛出,尽量在球落至地面以前跃起将球接住。

37. 守门员采用坐姿在球门中间的位置坐定,由一名同伴站在离他 4~6 米远的地方,将球往守门员的两侧抛射,让守门员能够迅速站立起身,以倒地或者鱼跃的动作将球扑接住。球员们轮流互换角色进行练习。另一种方式:但将球从地面反弹射向球门;守门员采用侧身的姿势躺在球门内、侧身朝着同伴的坐姿,以及俯卧的姿势将球接住。

38. 守门员站在球门门柱的旁边,一名同伴站在距离球门 4~5 米远的位置。守门员根据信号向另一个门柱的方向移动,同伴以低平球往守门员跑位相反的方向将球抛射出。守门员立即改变移动方向,并尽力以鱼跃的方式将球接住。球员们轮流互换角色练习。

39. 守门员站在球门内的位置,其他两名同伴持球站在离球门 4~5 米远的位置,轮流往守门员的方向快速地踢出半高球。守门员将球接住之后,再迅速将球传回。球员们轮流互换角色练习。

图 2.191

40. 守门员在球门门柱旁边站立，一名同伴站在球门对面距离 4~5 米远的位置。守门员根据信号往另一个门柱方向移动，同伴以不同的高度将球向上朝与守门员跑位相反的方向抛射。守门员立即变移动方向，并跃起将球接住。球员们轮流互换角色练习。

41. 守门员在球门中间的位置站立，第一名同伴站在守门员前方距离 2 米远的位置。第二名同伴在距离 6~8 米远的位置将球射往守门员方向。第一名同伴在射门球踢出的一瞬间，往边上避让开，将球漏过。守门员尽力将球截住，或者往边上将球击打开。球员们轮流互换角色练习。

42. 守门员在罚球区域内距罚球区线 1 米处站立，一名同伴站在场地中央，将球往上高高踢出，尽量使球越过守门员并击中球门。守门员不得在同伴踢球之前进行移动。同时，守门员必须在轮流射门之前就恢复基本站位的姿势。守门员的任务是用手掌将球从横杆上托出。球员们轮流互换角色练习。

43. 守门员侧身躺在球门中间的位置，由一名同伴站在对面距离 2~3 米远的位置上，以低平球将球踢往距离守门员头部 1~1.5 米远的地方，守门员用鱼跃的方式将球扑接住。球员们轮流互换角色练习。

44. 守门员在距离球门 2 米远的位置站立，两条腿尽量分开。一名同伴面对守门员，在相距 2~3 米的位置上，用低平球将球往守门员的两腿之间踢出，使守门员在完成转体 180° 动作之后向前扑出，将已经在其背后的球截住。球员们轮流互换角色练习。

45. 守门员用双手持球，面部朝向墙壁站立。在守门员的侧面距离 1.5~2 米远的位置上安放一个实心球。守门员在将球往墙壁上抛出之后，立即鱼跃扑向实心球，然后迅速站立起身，再将从墙壁上反弹回来的球接住。

46. 守门员在距离墙壁 3 米远的位置上（背部朝墙）站立，一名同伴站在守门员对面距离 6 米远的位置上，用手扔球，或者用脚将球朝守门员旁边的墙壁上踢出。当球碰到墙壁之后（根据声音），守门员快速完成转体 180° 的动作并将球接住。球员们轮流互换角色练习。

47. 在球场中线用立柱搭成一个宽度为 3 米的球门，守门员站在这个球门中间的位置。在球门的两侧（距离球门 6~8 米的位置）各站一名球员。其中一名球员往守门员的左下角踢出低平球，守门员用鱼跃倒地的动作将球截住，或者将球击打出去。动作完成之后，站立起身重新以基本站位的姿势站立，转身面朝另一名球员。后者也是朝着守门员的左角将球踢出，但这次是射出高球。球员们在完成 8~10 次射门动作之后，再对守门员的右侧角度进行新的一组射门练习。

第三部分
战术训练

五人制足球的战术，可以理解成是为了达到比赛中拟定的目标，球员们所采取的最为合适的个人以及团队的行为。战术的基本任务是在具体的情况下针对具体的对手，确定进行比赛的手段、方法和形式。现代五人制足球战术是一个由各种因素或动作构成的巨大战术宝库，对它们加以合理地运用，是对比赛的基本因素有着正确判断为前提条件的。这些基本因素包括：对自己球队的潜力和对对方球队能力的正确评估（球队成员的特点、球员的训练程度和技战术的把握程度、球员们的比赛动机等要素），以及进行比赛的具体条件（场地的面积大小和地面情况、场地的灯光、观众的人数以及他们的情绪，等等）。进攻与防守之间经常的对抗，是五人制足球战术发展的主要催化剂。这样的对抗能够产生新的战术思想，也有助于教学—训练过程的进步，并在总体上提高球员们的技术水平。

　　与其他体育运动项目相同，在五人制足球中，战术与技术是紧密交融为一体的，技术是实现球员战术构思的手段。例如，当球员们面临是否需要将球向目标踢出的问题时，必须思考该不该绕过对方球员，或者是否要将球传给同伴。在这样的重要时刻，球员们就需要运用战术思维。他们在实施自己所采取的决策时，就已经在展示技术水平了。在这样的情况下，球员们的技术训练水平越高，他们的战术方法就越是多样化；而如果球员不具备相应的体能和心理训练水平，也就根本无法完成这些动作。毕竟，在所有训练项目的指标都相同的情况下，只有战术训练才是保证比赛获得胜利的决定性的因素。

　　灵活的战术运用是世界强队的特点，也就是在比赛过程中，在变换战术形式的同时，善于使用各种各样的踢法。而对于球队来说，在比赛中表现出自己的风格——"祖传的战术"，同样也很重要。但是，如果一支球队永远以同样的方式迎战任何对手的话，那么，后者就可能很轻松地适应这种单一化的战术。这就是为什么每支球队都必须对战术准备予以最认真的关注，同时又要考虑到，无论教练员为任何一场比赛制订出什么样的战术计划，也只有依靠具体球员的行为与动作才能够得以实现。这是显而易见的，因为如果没有个人战术水平的提高，就不可能有效地实现球队整体的战术行为。这些战术行为使得团队的打法能够获得必不可少的和谐性和严密性。当然，球员们的高水准战术水平是逐步获得提高的。球员们必须从青少年时期就开始认识和理解五人制足球战术的基本知识，在长期训练的过程中，再循序渐进地去掌握这项运动的所有战术技能。只有通过这样的途径，球员们才能够在比赛中很专业地迎战不同水平和不同风格的对手。

　　在根据配图战术方法和比赛性练习进行分析研究时，可使用下列图标：

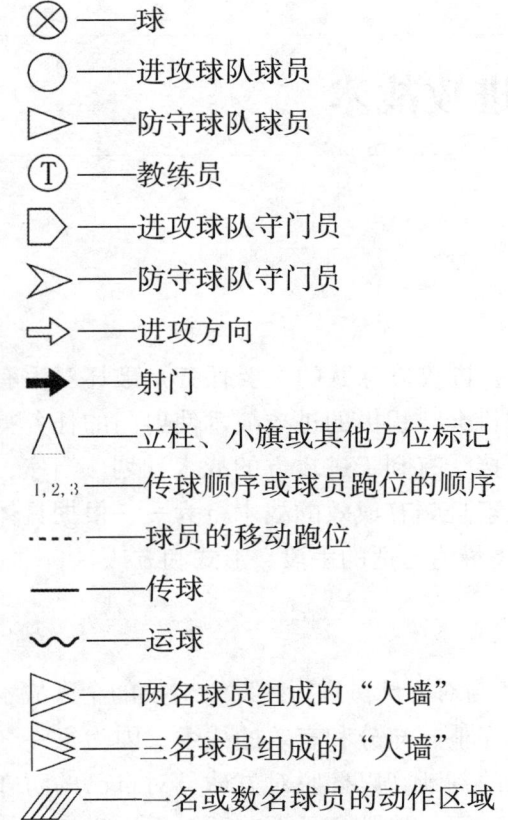

无论是借助于那些必须相互紧密结合的理论课程还是实践课程，建议都要对球员们安排战术训练。具体的技巧和技能都应作为战术训练的实践部分，球员们就是依靠这些技术在球场上发挥个人作用，或者与同伴进行配合的。

球员们的战术方法实践课程教学，与技术动作课程教学一样，都是按照教学顺序，在多次重复的过程中进行的，即熟悉动作，在简化的环境中学会技术动作，在复杂的情况下学会技术动作，最终在赛场上巩固技术动作。因此，这个过程与学习技术动作的过程是不可分割的。在学习的初始阶段，当球员们在逐步掌握基本技术的同时，自然也就形成了基本的战术技能。此后，在战术动作进一步拓展的同时，更为复杂的战术组合动作就会结合进来。对于球员们来说，那些有难度的战术动作，是由先掌握部分动作开始的。一般来说，为了对战术进行巩固和完善，应当采用整体教学的方法。

总体而言，五人制足球的战术包括了球员们在进攻与防守中个人的、集体的和全队的动作。不仅如此，球员们在进攻和防守中的战术动作是有区别的，要将它们分开单独进行研究。

比赛中的进攻战术

在比赛中，控球的球队被认为是进攻方。进攻方球队的主要任务是破坏对手有组织的防守行为，以获得将球射入对方球门的机会。积极的进攻战术使射门的任务得到保障，在比赛中掌握主动权，能够迫使对方接受有利于进攻方的战术计划。当然，进攻方为了获得比赛的胜利，应当运用训练有素且颇有成效的战术行为——根据具体的对手，在不同的比赛场合中，运用进攻行为中最为合适的手段、形式和方法。

□ 个人进攻战术

如果在一支球队中，每一名球员都不具备与对方球员进行一对一对抗的个人战术手段，那么，这支球队在进攻中也就不可能有完整、充分和有效的战术。因为每一名球员首先必须善于在比赛的情况下做出最正确的判断，以摆脱对方球员对自己的防守，为自己，同样也为同伴寻找并创造出比赛的空间，战胜自己面前的对手，为自己的球队带来良好的效果。无论是在无球的情况下，还是在带球时的动作，都可以被视为个人的进攻战术。

◆ 无球时的进攻战术

"摆脱"就是表示球员跑到一个空位的区域，使自己能够甩开对方球员的盯人防守，与对方脱离的意思。完成摆脱动作之后的球员，可以接球，然后再完成射门的动作；或者是将球传给占据着更加有利位置的其他同伴；或者是将对方的防守球员吸引到自己身边，给自己的同伴让出前往球门的通路。必须用对防守球员来说是猝不及防的，当然也是非常迅速的动作去完成摆脱动作，并跑到空位区域。在完成这个战术动作之前，可以做一些欺骗性的跑位，或者做几个假装的消极动作，以迷惑对方的防守球员。而对于展开进攻的方向来说，可以进行向前、向两侧、以及向后的摆脱。必须注意的是，任何一名球员，为了要得到同伴的传球，就必须在同伴准备传球的那一瞬间迅速完成摆脱防守，跑到空位区域。

"引开对手"，这是由一名或者数名球员为了引开对方的防守球员，以及为同伴的个人动作创造空间而往一定区域进行的跑位。通常，善于进行引开对手，就能保证带球的同伴或者是在对方球门附近占据有利位置的球员拥有完成动作的自由。在完成引开动作时，球员的跑位必须要有足够的自信心，以迫使对方球员跟着跑往同一个方向。

与此同时，需要指出的是，在完成跑位动作时必须要把握好速度，以使对方防守球员来得及对该动作做出反应。相反，要是跑位的动作做得过快的话，那这个动作本身就不是引开对手，而是为了摆脱对手进行跑位。

在球场的某些区域制造人数上的优势：当一名进攻球员无法与对方球员进行一对一的较量时，一名其他同伴就应当往该区域跑位，以制造建立人数优势的机会。这样的人数优势能够为战胜对方防守球员创造有利的条件。

多次进行配合完成摆脱动作，并引开防守球员，以建立起人数优势，统称为随机应变。进攻球队的球员越是能够积极地随机应变，他们的进攻手段就越多样、越有效。因此，随机应变是高水平球队必不可少的标志性动作。

【练习示例】

1. 球员们排成两个相对站立的纵队，两队之间相隔距离为8~12米，在每个纵队前方2米远的位置标上"自由区域线"（图3.1）。

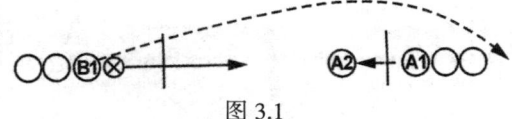

图3.1

由纵队领头的第一名球员B1用脚内侧踢出低平球，将球踢向对面纵队方向，然后跑到对面纵队的队尾。站在对面纵队前方的第一名球员A1在"自由区域线"的后面完成摆脱动作之后，跑到A2位置上，将球接住，然后将球传给对面纵队已经完成摆脱动作的第二名球员，自己则跑向该纵队的队尾。

2. 在场地上画出一个边长为7~9米的三角形的区域。球员A站在三角形的顶角端，主导球员B站在三角形的中间，而球员C则站三角形的底部。主导球员的任务是阻止球员C将球传给球员A，但他不能跑出三角形的区域和转身面向球员A，而球员B有权在完成摆脱动作之后，使球员A从右侧或者左侧（在三角形的区域之外）将球得到（图3.2）。球员们轮流互换角色练习。

3. 球员们分成三人一组练习。三人在操场上站立成一个三角形，三角形的每条边长度为7~9米。球员们轮流按照顺时针的方向进行传球，当第一名球员将球往同伴的方向踢出后，立即朝这名同伴的位置方向奔跑。后者接到传球之后，再次触球时将球传给第三名球员，并跑向他的位置，以此类推。在完成8~10次传球练习之后，球员们再开始逆时针方向的练习。

4. 球员们分成两人一组练习。两名球员沿着场地移动跑位，按照规定的顺序完成直线传球和斜线传球动作，以及向空位区域移动的跑位动作（图3.3）。球员A在完成将球横向传给球员B之后，自己则完成一个摆脱动作跑向A1的位置。球员B接到球之后，用二次触球的脚法将球向A1的位置传出，而自己则向B1的位置移动跑位，以此类推。

5. 在场地上画出一个边长为15米的正方形，安排六名球员进行练习，其中两名为防守球员，其余的球员在完成摆脱移动跑位的同时，互相将球传出。球员允许触碰球的

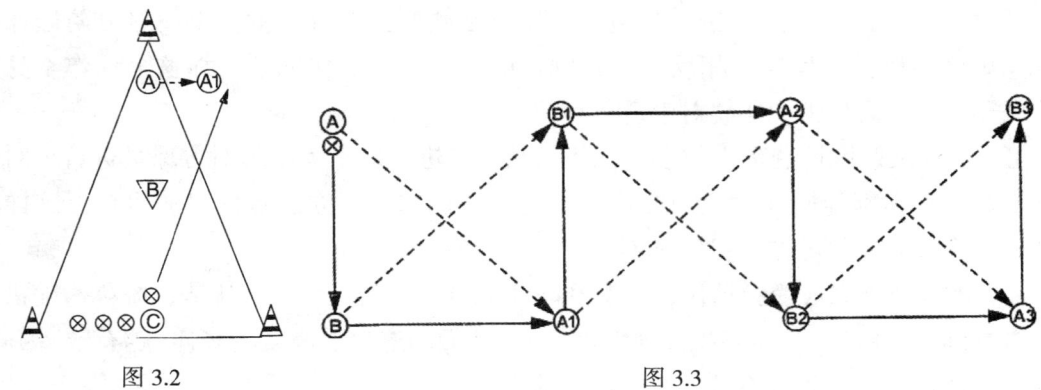

图 3.2　　　　　　　　　　　　图 3.3

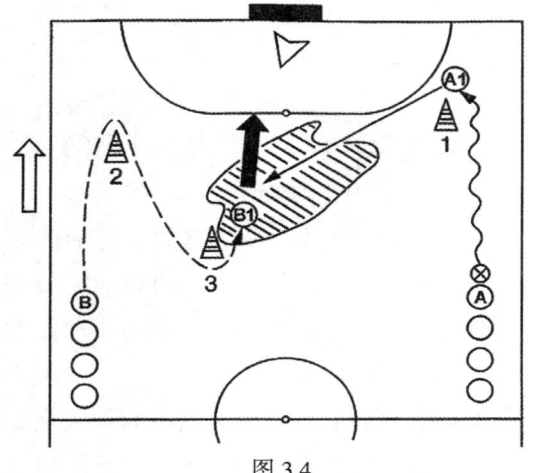

图 3.4

次数只可按照规定的要求完成（1~3 次），如果在传球时出现差错，或者球被踢出了正方形的边线，就由一名防守球员替换入场。

6. 一组球员排成两列纵队（图 3.4），由站在右侧纵队的球员持球。站在该纵队领头的球员 A，带球向前往 1 号立柱的方向奔跑。这时，站在另一个纵队领头的球员 B 快速往前奔跑，先绕过 2 号立柱，然后再绕过 3 号立柱，完成摆脱跑位动作后跑到空位区域去接球员 A 的传球。球员 B 将球接到之后，完成射门动作。进行练习的每名球员在完成任务之后都跑向另一个纵队的队尾，后续球员继续完成类似的练习，以此类推。经过一段时间的练习后，改换由站在左侧的纵队开始练习。

7. 在球场画出三块区域，球员们分成两队参加练习，每个队各为五名球员和一名守门员。每个队的五名球员位置是这样的：防守区域内两名球员，中间区域一名球员，进攻区域两名球员。所有球员都不能离开自己所在的区域。进攻球队的任务是准确地将球传给在中间区域已经完成摆脱移动跑位的同伴。不允许进行横穿区域的传球。这个练习迫使进攻球队的球员积极地移动，在完成摆脱跑位后接球。

8. 在场地上画出一个边长为 10~12 米的正方形区域，由三名进攻球员在区域内相互传接球，而一名防守球员要尽力触到球。进攻球员必须始终进行移动跑位：两名无球的球员应尽力做出摆脱动作，以使控球的球员有两个方案将球传出。进行此练习时，球员可以无限制地触球，也可以限制在 1~3 次。

9. 在场地上画出一个边长为 12~15 米的正方形区域，由两名进攻球员对战两名防守球员，每名球员都各有一名防守球员盯防。无球进攻球员的任务是借助冲刺跑、假动作摆脱盯人防守，然后完成移动跑位去接同伴的传球。防守球员的任务是借助于严密的盯人防守，不让对手完成摆脱移动跑位。当防守球员将球截获之后，再与进攻球员互换角色继续练习。

10. 在场地上画出一个正方形区域，并用立柱搭成两个球门。球员们分成两个队进行练习，每队两名球员。防守的球员采用一对一的盯人防守时，攻防双方的球员都只针对具体的对手。无球球员应当尽力摆脱对方的防守，使同伴有机会将球传出。练习开始前要将规则解释清楚，如练习的时间、出现差错的惩罚措施等。另一种方式：在正方形每条边线的中间位置画出一个球门，这时每队的球员都应当防守两个球门，同时也朝两个球门进攻射门。

11. 在缩小的场地用立柱搭成两个球门，由两支球队进行练习，每支球队各有两名球员，另有一名中立球员，负责为控球的球队提供援助。中立球员（H）的接应，为球队提供轻松将球控制住的机会，能够比较轻松地摆脱对方的防守（图3.5）。练习时可以不限制触球的次数，也可以限制在1~3次的条件下进行。

12. 在1/2的比赛场地上，或者在边长为15米的场地上，以三名进攻球员对两名防守球员的方式练习。面对复杂的场上局面，控球的进攻球员实际上将球传出去的机会只有一次，其同伴不得不一刻不停地使劲要摆脱对方的防守。在游戏的过程中，触到球的防守球员与犯错的进攻球员互换角色练习。练习可以不限制触球的次数，也可以限制为1~3次。

13. 在场地上画出一个边长为15米的正方形区域，由四名进攻球员对抗两名防守球员。进攻球员要不断地通过摆脱移动跑位到空位区的方法，运用横传、直传和斜传的脚法将球控制住。防守球员触到球后转换身份加入进攻球队，其位置由犯错失球的进攻球员顶替。另一种方式：进攻球员的位置在正方形的角落，只允许他们在己方角落的区域内跑位移动，防守球员则可以在整个正方形区域内自由跑动。在这样的情况下，控球的球员原则上有三种将球传出的方案：将球传给站在自己左侧或右侧的同伴，或者传给其斜线位置上的另一名球员（图3.6）。

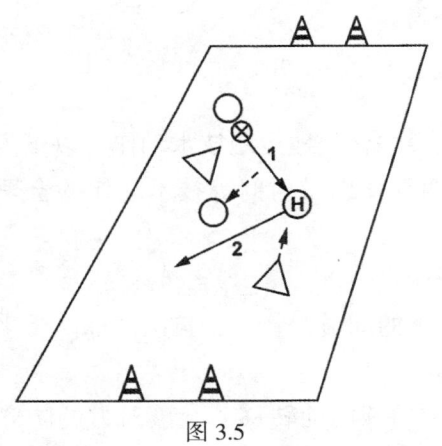

图 3.5

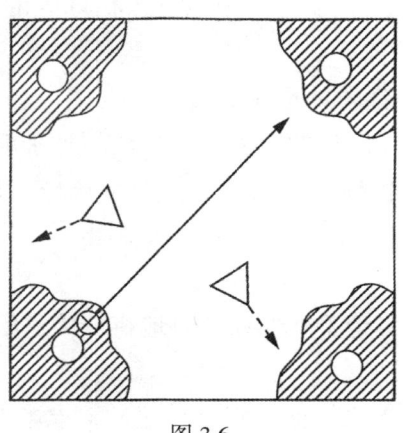

图 3.6

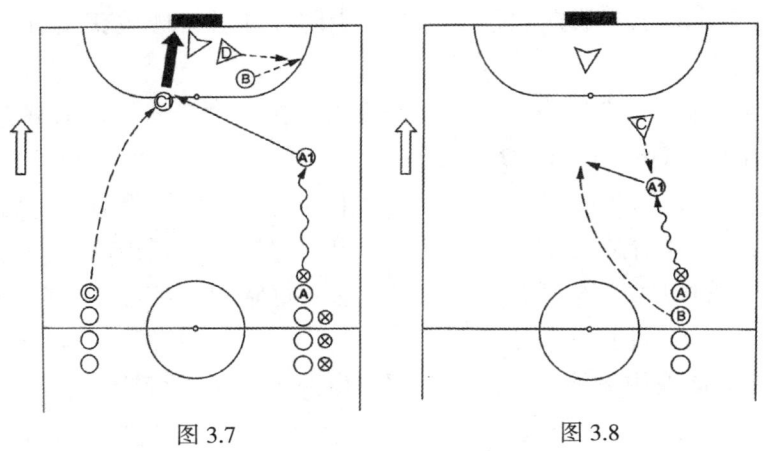

图 3.7　　　　　　　　图 3.8

14. 在场地上画出一个边长为 15~18 米的正方形区域，由四名进攻球员对抗三名防守球员。练习方法与上一个练习相近，但是增加第三名防守球员，以提高进攻球员的动作难度。这是因为，进攻球员跑位到空位的区域要更加快速。当然，对于防守球员来说，动作应当更加迅速，使对方猝不及防。

15. 由两组球员在球场中线的两边排成纵队（图 3.7），在罚球区内有一名进攻球员 B 和一名防守球员 D。球员 A 开始向球门的方向运球。进攻球员 B 为了引开防守球员，由罚球区的中场向侧面跑位移动，以引开球员 D。在左侧纵队领头的球员 C 趁机迅速跑位至该空位区域，他的任务是接应球员 A 的传球。球员 C 接到球员 A 传来的球后，立即进行射门动作。完成之后，球员 B 和球员 D 相应地分别跑回左右两侧自己纵队的队尾，由球员 A 和球员 C 替换他们的角色，继续练习。

16. 球员们各持一球排成一列纵队，站在球场中线右侧的位置（图 3.8），球员 C 站在罚球区线附近。球员 A 向前运球进攻，防守球员 C 朝他正面迎击，以阻止其进入罚球区域。球员 B 突然从球员 A 的左侧冲出，在这片区域内造成人数上的优势，球员 A 将球传给他。如果防守球员 C 对球员 B 的动作做出了反应，并试图阻止他时，球员 A 就有了一个带球进入罚球区的极好机会。

◆ **有球时的进攻战术**

控球球员的个人战术方法不外乎就是在比赛中合理地运用技术动作。以下内容，我们对在各种不同的比赛情况下传球、运球与假动作以及射门等技术动作的合理运用进行分析。

● 传　球

一名善于准确并及时地将球传送给自己同伴的球员，能够给自己的球队带来无法估量的帮助。

这样的传球技术能使进攻球员将球往对方的球门前转移，突破对方的防守，并为同伴创造射门的机会。当然，球员的技术水平是对传球效果产生影响的主要因素。在五人制足球中，可以运用的传球方式多种多样。然而，所有这些传球的方式在将球传给同伴时的力度、距离（短距离、中距离、长距离）、落点（传到同伴的脚下或是传到前方半途中、传到射门的位置、传出平射球的高度）、传球的方向（直传、横穿、斜传），以及传球的弧度（低角度、高弧度）等方面，各不相同。

传球的力度通常取决于能够发挥配合作用的同伴以及对手所占位置之间的距离。总体上来说，同伴之间相隔的距离越远，传球的力度就应当越大。同理，完成摆脱跑位之后的球员跑位的速度越快，将球朝他的方向传出去时使用的力度就必须越大。传球的方式交替、技术动作的可变性、球员善于隐藏自己的真实意图——所有这些都将使对方的防守动作难以施展，也让对方无法去适应进攻球队的打法。

【练习示例】

1. 两人一组，在相距3~4米远的位置上站立，交替进行两次触球的传球练习。另一种方式：但进行一次触球的传球练习。

2. 两人一组，在相距5~6米远距离的位置上站立。两人在向前跑动的过程中，交替进行一次或二次触球的传球练习。

3. 在场地上画出一个直径为6~8米的圆圈。一名球员站在圆圈中央的位置，他的任务是将球传到顺时针跑动的同伴的前方位置。接到球的同伴以两次触球的方式将球再回传给他。依此方法练习，然后再以逆时针的方向进行，球员们轮流互换角色。

4. 数名球员沿着直径为8~10米的圆圈分开站立，互相之间进行传球练习（图3.9）。练习时，不允许将球传给站在自己身边的同伴，传球以一~三次触球的要求进行。另一种方式：用两个球同时进行练习。

5. 四人一组，球员们组成一个正方形，用低平球进行斜传和横传的传球练习。

6. 由四名球员组成一个正方形，第五名球员站在正方形中央的位置（图3.10）。球员们的任务是将球给同伴传出之后，朝着传球方向完成冲刺跑并占据同伴的位置。例如，球员A将球传给球员E之后，立即往他的位置上奔跑。球员E将球传给球员B后，同样立即跑向他的位置，依此方法练习。练习按照顺时针的方向和逆时针的方向交换进行。

7. 球员们分成三人一组练习（图3.11），在场地上向前方移动跑位，然后将球回传给站在中间位置的球员C。练习以两次或者一次触球的方式进行。

8. 球员们站成两个面对面的纵队进行传球练习，两个纵队之间相隔的距离为6~8米。由其中一个纵队的领头球员踢出低平球，将球传给站在另一个纵队的第一名球员，而自己则跑向所在纵队的队尾。得到传球后的球员同样将球再传给对面纵队的第二名球员，然后自己则跑向所在纵队的队尾，依此方法练习。初始阶段，先以两次触球的方法完成传球（用脚掌将球接住，再用脚内侧将球传出），然后以一次触球的方法进行传球。

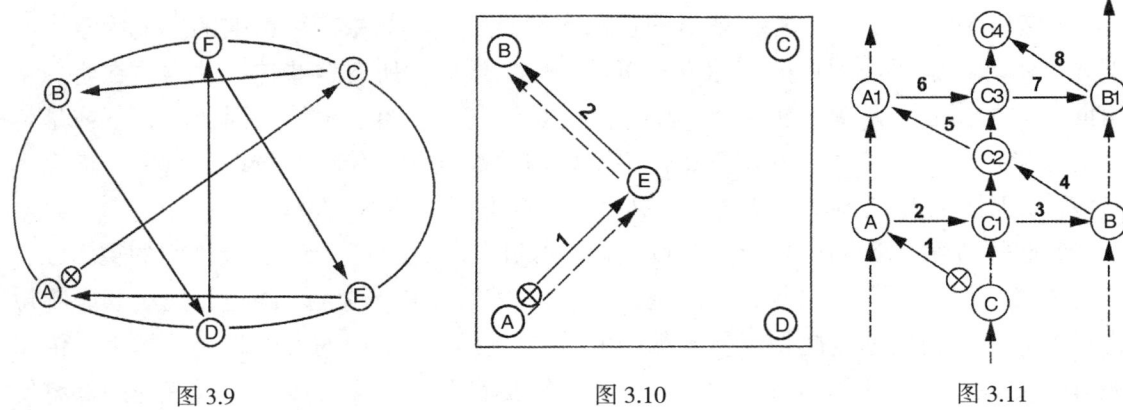

图 3.9　　　　　　图 3.10　　　　　　图 3.11

9. 球员们分成三人一组练习。三名球员成一排站立，相互间隔距离为 8~10 米。球员 A 以低平球将球传给球员 B，后者完成转体 180°的动作后将球传给球员 C，球员 C 接到球后，再次将球回传给球员 B（图 3.12）。球员 A 和球员 C 以两次或者一次触球的方式完成传球，而球员 B 则不受限制。球员 A 和球员 C 轮流与球员 B 互换角色练习。另一种方式：球员 A 和球员 C 将球用高球传给球员 B。

10. 球员们分成两人一组练习。两人面对面分别站在球场的边线上，相互之间的距离为 1.5~2 米。两人在开始往边线相反的方向移动跑位的同时，以一次触球的方式相互之间进行传球。在跑位移动中，一名球员是用背部朝前的方式倒退跑，另一名球员则是面向前正常跑动。到达对面的边线之后，两人不必转身，再以同样的方式返回。根据练习的掌握程度，将传接球的速度逐步加快。

11. 球员们分成三人一组练习。三名球员组成一个三角形，其中一名球员（无球）面向另外两名持球的球员站立。有球的球员轮流将球传给无球的球员，而接球的球员运用双脚以一次触球的方法将球进行回传，将传球的速度逐步加快。球员们轮流与接球的球员互换角色练习。

12. 球员们四一组练习。四人按照正方形分布站立（图 3.13），其中两名球员（A 和 C）各持一球。四人同时开始按正方形（球员 B 和球员 D 站立在相应对角）顺时针的方向传出低平球。球员 B 和球员 D 先用脚掌将球接住，然后以两次触球的方式同样按照正方形相应地将球传给球员 A 和球员 C。根据技术掌握程度，传球练习可以一次触球不停顿地完成，并周期性地变换传球的方向。

13. 在球场上画出一个边长为 8~10 米的正方形，由球员 E 站在正方形中央的位置，其他四名球员（A、B、C、D）分别站在正方形的各条边中间部位的外缘（图 3.14）。球员们互相之间传球，但在传接球时，不得跨越边线进入正方形，所有的传球只能穿过正方形的场地进行。球员 E 沿正方形移动跑位，尽力将球截住，一旦取得成功，将传球截断，便由其替代并站到出错球员的位置上。练习以两次或者一次触球的方法进行。

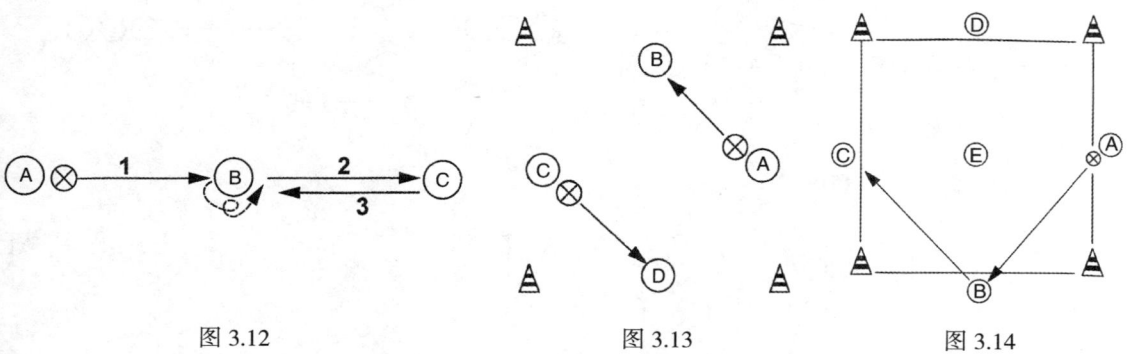

图 3.12　　　　　　图 3.13　　　　　　图 3.14

14. 球员们分成两人一组练习。两名球员各自在球场边线上面对面站立，两人之间相隔的距离为 2~3 米，同时开始朝对面的边线方向跑动。跑动中，其中一名球员是倒退跑，另一名球员则是正常跑动，由正常跑动者将球高抛给同伴，使倒跑者能够在空中再将球回传给自己。传球时交替使用双脚。抵达对面边线之后，球员们不必转身，而是转换任务，继续向返回的方向跑动。

15. 球员们面对面站立，排成两列纵队，两队之间的距离为 10~15 米，由其中一列纵队领头的球员持球。持球球员以低平球将球传给另一列纵队的领头球员之后，自己则紧紧跟在球后奔跑出列，以获得一次触球之后的回传球。在获得短传回球之后，再将球回传给对面纵队的第一名球员，而自己跑向该纵队的队尾。这些动作完成之后，第二名球员继续将球直传给对面的球员，依此练习。

16. 练习方法与上述练习方法基本相同，区别只在于在两个队列的中间增加了球员 C 和 D。由两列纵队的领头球员 A 和 B 同时将球传给站在中间的其中一名球员，并要得到往侧面轻轻踢出的回传球。两名球员在接到回传球之后，以低平球的脚法用力将球踢传给纵队的第二名球员，而自己则奔向纵队的队尾（图 3.15）。球员的任务是须注意掌握完成传球动作时的节奏。另一种方式：用向上高抛的方式完成传球动作。

17. 球员们排成面对面的两列纵队，两队之间相隔的距离为 15~25 米。由其中一列纵队的领头球员 A 以低平球的方式将球传给站在中间位置的球员 B，而自己则为了接到短传球后迅速往传球的方向跑出。球员 A 接到传球之后，再以低平球将球传给另一个纵队的领头球员，而自己则跑向该纵队的队尾（图 3.16）。

18. 球员们四人一组练习。两人结对，在一个 16~20 米 × 8~10 米的长方形的两端站立。由持球的球员 B 用力将球低传给站在长方形另一端的同伴 C，球员 C 用脚掌接球后将球传给球员 D，后者用一个短传形成一个角度将球回传给球员 C。球员 C 朝球的方向跑位，并用力将球传给处在长方形另一端的球员 A，依此进行练习（图 3.17）。另一种方式：由站在长方形另一端位置的球员用高空球完成传球动作。

19. 球员们分别在 6 米标记处后方的位置上排成面对面的两列纵队，由球员 A 持球，防守球员 B 站在中央，球员 D1 和球员 D2 分别站在球场中线距离两侧边线 2~3 米远的

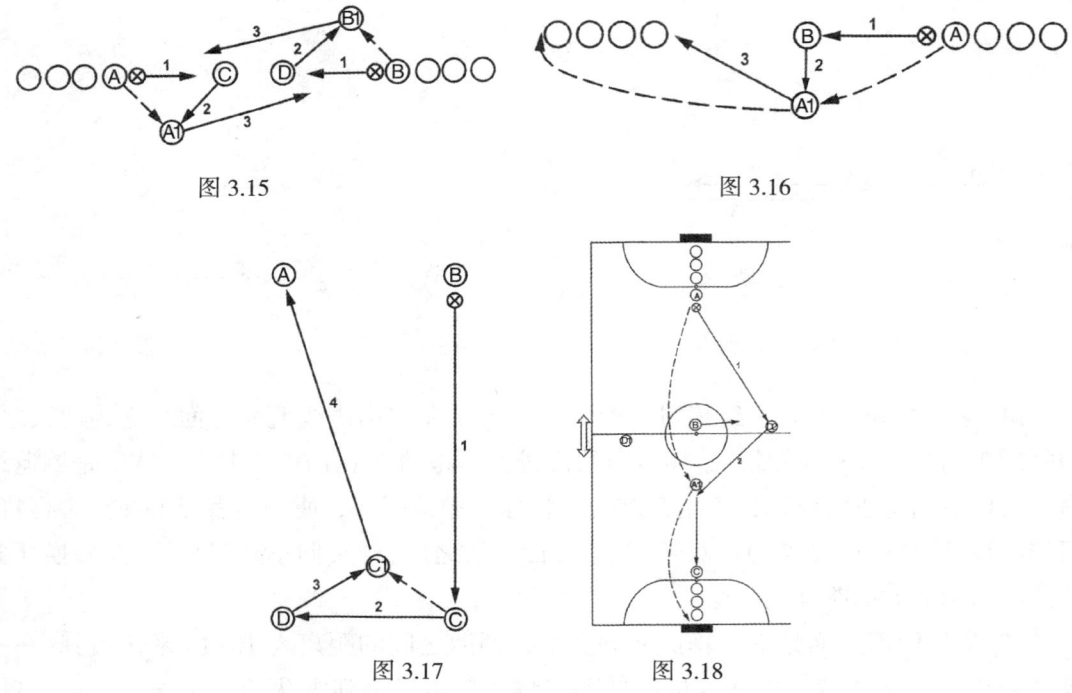

图 3.15　　　　　　　　　　　图 3.16

图 3.17　　　　　　　　　　　图 3.18

地方。球员 A 带球向前跑动，需要完成将球传给球员 D1 或者球员 D2 的任务，后者扮演抢球者的角色。防守球员 B 只能沿中线来回移动跑位，完成干扰传球的任务。球员 A 在接到回传球后，再将球短传给站在对面纵队队首的球员 C，而自己则跑向纵队的队尾（图 3.18）。该练习完成后，从另外一头重新开始进行练习。扮演拼抢球角色的球员 D1 和 D2 可以互换角色，以迷惑防守球员 B。

20. 球员们进行个人传球练习。练习是这样完成的：球员将球向前低踢出 7~10 米远，然后追赶上球，并再次将球踢出，但须使用 90°的角度，然后再次追赶上往前滚动的球，并再一次将球往边上成 90°角踢出。如此往复，使球不停顿地按正方形的方向滚动，但球员可以不断地改变自己的移动跑位的方向。球员在跑动的过程中，应用左脚的内侧进行顺时针方向的传球，而逆时针方向传球时，则用右脚的内侧。另一种方式：但用内脚背和外脚背传球。

21. 球员们分成三人一组练习。三个人站在同一条线上，球员 A 和球员 B 站立在两端，中间的距离为 18~20 米。球员 C 的位置是站在他们之间，先将球低传给球员 A，后者用一次触球的方式将球越过球员 C 高传给球员 B，球员 B 以一次触球的方式将球传给球员 C，球员 C 将球再低传给球员 B，球员 B 将球高传给球员 A，以此类推（图 3.19）。站在两端的球员在经过一段时间的练习之后，轮流与球员 C 互换角色练习。

● 运球与假动作

如果同伴们都遭到对手的严密防守，并且也无法采取有效的摆脱手段的时候，控球的球

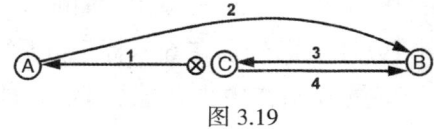

图 3.19

员就只能采取运球的措施。无论是采用带球横向突破、直线或者沿球场的斜线移动跑位的动作，都是为了达到给同伴摆脱跑位，或为自己占据有利的射门位置创造条件的目的。同时，负责控球的球员应当始终考虑到，无球同伴的跑动占位速度比自己要快得多。这就是在无法将球传给占据最好位置的同伴的情况下，应该采取运球动作的原因。如果球员很难将球分传出去，总控制在自己脚下的话，那么，他的这些不当行为将造成同伴们的努力付之东流，同时也使进攻速度延缓。

假动作是个人突破对方防守最为重要的方式，只有掌握了各种假动作的球员，才有能力使自己球队的进攻更为锐利。在五人制足球中，射向对方球门的球常常都是在进攻球员成功使用假动作，战胜防守球员后踢出的。但是，采用假动作不应是目的本身，而是为了达到目的，即为了在进攻区域内造成人数优势，并且突破对方的防守。最适合使用这些个人战术动作的区域，就是球场的对方区域，特别是在他们的罚球区内。要是在自己的半场内过多地使用假动作，则常常会导致失球。

● 射　门

射门是在直接攻破对方球门时所采用的最重要的个人战术动作。五人制足球的所有球员，无一例外，包括守门员都应该学会射门。在世界一流球队中，有许多进球都是在从守门员和防守球员身上、从球门立柱和球门的横樑上弹出之后再补射入门的。实践表明，许多球队得分的概率都很低，原因是什么？主要的原因之一就在于，射门的战术过于单调，最终导致在比赛中无法取得良好的结果。有鉴于此，在向球员们教授这些个人动作的战术基本功时，建议最重要的是应注意以下几个因素：

（1）进攻球员在射门之前必须在瞬时间对守门员的位置做出明确的判断。

（2）选择射门方式时要考虑到比赛中的实际情况（用脚尖、脚内侧、凌空射门等）。

（3）在具体的比赛实际情况下，要根据动作特点，运用最为有效的射门动作（精准射门、大力低射、高吊、射远角等）。

（4）任何情况下，无论是对守门员还是防守球员，都应当采取出其不意的射门动作。

【练习示例】

1.在墙壁上画上几个目标（圆圈、方块图形），在距离墙壁6~8米远的地方放置球，球员们助跑后将球朝墙壁上画出的目标射出。每一名球员在朝目标踢球时，要预先报出所要踢中的目标。另一种方式：在运球当中将球朝目标射出。

2.球员们在球场中间排成一列纵队，在纵队前安置5根各自相隔距离为2米的立柱。每名球员各持一球，轮流向球门的方向运球跑动，蛇形带球绕过立柱，然后在离球门7~8米远的位置完成射门动作。球门有守门员把守。另一种方式：但球员们在边线附近排成纵队。

3.球员们在球场中间排成一列纵队，教练员持球站在距离纵队前方6~8米远的位置上，朝边线的方向跑动几步之后，将球低抛向约10米开外的标记处。站成纵队的球员们依次在跑动中将地滚球射向球门，尽量射中球门的指定部位。教练员应当阶段性地调整自己的位置，在两条边线之间轮流变换。

4. 教练员在距离球门8米远的地方站立，背部朝向有守门员把守的球门。球员们在距离球门12~15米远的位置分组排成一列纵队，每名球员手中各持一球。球员们将球抛传给教练员，教练员在接到球后，将球向右侧（或者向左侧）高高抛出，以使球员能够完成凌空射门的练习。

5. 球员们在场地中间排成一列纵队。由一名球员持球站在角球区，将球用低传的方式抛至10米以外做出标记的地方。排成纵队的球员们轮流向前奔跑，并在跑动中朝球门踢出地滚球。传球的方向先从右侧边线开始，然后再从左侧边线传球。球门前有守门员把守。另一种方式：①传出高弧度球，用凌空球的脚法射门；②传出高弧度球，用头顶攻门。

6. 练习方法基本上与上述方法相同，区别在于站成纵队的球员们每人持带一球，轮流运球向前奔跑，先将球传给站在边线上的球员。后者接球后用低球将球回传，使之能在距球门8~10米远的距离处起脚射门。负责传球的球员应分阶段分别从左侧边线和右侧边线将球传出。

7. 球员们排成一列纵队站在离开球门8~10米远的地方。两名负责发球的球员分别站在球门的两根立柱旁边，轮流将球高抛给从纵队跑出的球员，使他们能够用踢出凌空球的脚法朝球门内射门。抛球时的飞行弧度应逐渐降低。

8. 在距离有守门员把守的球门8~10米的位置处，并排放置6~8个球。球员们在球的后方站成一排，由右侧的球员开始，跑动后用右脚射门。紧接着，稍作停顿之后，由第二名球员继续从右侧进行射门，以此类推。当所有的球员都完成射门动作之后，球员们再从左侧用左脚进行同样动作的射门。另一种方式：站在右侧的球员跑动并用右脚射门之后，立即快速奔跑至左侧，再用左脚进行射门，以此类推。

用这样的方式，不停顿地进行跑位，像一个钟摆（左右来回摆动）一样，将并排摆放的球一一射向球门，然后再由下一名球员进行同样的练习，以此类推。当所有的球员都完成练习之后，计算一下谁踢进的球最多，以及谁在完成一组射门动作时所花的时间最短。

9. 球员们面对球门，在距离18~20米远的位置上排成一列纵队。教练员持球站在一侧，将球往球门的方向低抛出，由纵队领头的球员用冲刺跑追赶球，并向有守门员把守的球门进行射门，然后对第二名球员抛出同样的传球，后者同样追上球后进行射门，以此类推。

10. 球员们在球场的侧面排成一列纵队，每人各持一球，轮流运球向前跑动。在跑进专设的区域之后，球员们要将球成锐角踢出，尽量踢中预设的目标——球门的远角和离开球门立柱1米远的位置上安放的实心球（图3.20）。当所有球员都完成3~4次

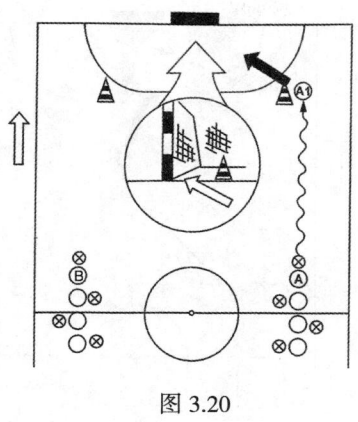
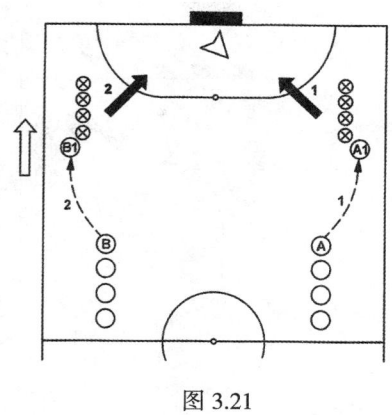

图 3.20　　　　　　　　　图 3.21

练习动作之后，调换到场地的另一个侧进行方法相同的练习。另一种方式：由守门员站立在离球门最近的立柱旁边，而球员们则尽力往球门的远角进行射门。

11. 在球场的两侧离开边线 1~2 米的地方各放一排球，每排 4 个，每个球之间相隔的距离为 1 米。球员们在离球门最远端的球后面，分别排成两列纵队（图 3.21）。由右侧纵队（A）的领头球员率先冲刺跑出，用右脚射门完成一组动作，将置放在右侧的球从最近的球开始按顺序射出。射门动作应当迅速敏捷，并有节奏感。当右侧球员完成一组射门动作之后，另一个纵队（B）的第一名球员立即开始用左脚完成对放置在左侧的另一组足球进行射门的动作，以此进行练习。球员们应定时交换左右两侧的位置练习。

12. 球员们在罚球区线与球门线的交叉点到角球区的地方，横排站列成两行。教练员（T）持球站在球门对面 10 米远距离的位置上，用力将球低抛至 6 米远距离之外的标记处（图 3.22）。右侧队列的第一名球员 A 冲刺跑出之后，背朝球门将球接住，完成一个 180° 转身动作之后，将球射入球门，而后奔向自己队伍的队尾，然后轮到另外一列纵队的第一名球员。另一种方式：①教练员将球高抛至 6 米以外的标记位置，以使球员完成摆脱动作之后用胸部将球接住，然后再完成 180° 转身动作后进行射门，以此进行练习；②由一名防守球员站在罚球区域内，他的任务是在球员完成转身动作之后阻止其射门。初始阶段，防守球员采取消极防守的态度，随着球员们对练习的熟练程度增加，防守的动作也更加积极。

13. 球员们分为两组，面对面，以 10~12 米的距离排成两列横队。站在靠近球门的横队扮演防守球员的角色，距离较远的横队球员为进攻方。教练员（T）持球站在离球门 8~9 米远的位置上，面向进攻球员，将球依次低传给进攻方球员。第一名接球的球员 A，在跑动中用脚掌将球接住，从右侧绕过教练员之后，用最快的速度射门。防守球员 B 应当在球刚刚传给进攻球员的时候，就奔跑到球门线前方，以准备完成守门员的职能，然后迅速跑出迎向进攻射门的球员，尽量用阻挡射门角度的方法增加进攻球员射门动作的难度，迫使进攻球员在决定如何射门和朝哪里射门之前迅速对局势

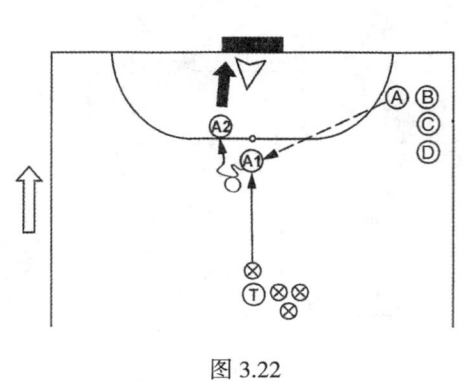
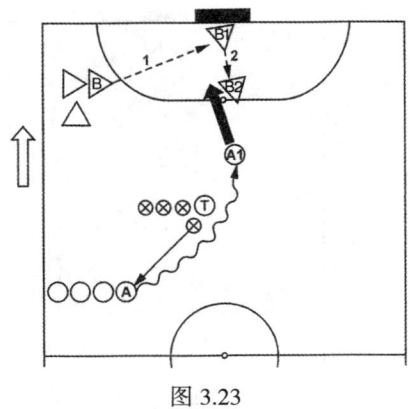

图 3.22　　　　　　　　　　　图 3.23

做出判断（图 3.23）。以此进行练习，两组球员按规定时间互换角色练习。

14. 球员们在球场中间排成一列纵队，由单数球员带球。1 号球员朝球门方向运球，2 号球员紧随其后，尽力干扰其射门。3 号和 4 号球员同样如此，以此进行练习。当纵队所有球员完成动作之后，互换角色继续练习。

15. 球员们在球场中间排成一列纵队，每人各带一球。第一名球员带球往球门方向跑动，然后将球从安置在 10 米远标记处立柱的右侧（左侧）传出，然后再从左侧（右侧）绕过立柱完成射门动作，以此类推。

16. 球员们在球场中线后面排成三个纵队，每个纵队的间隔距离为 5~6 米。教练员（T）持球站在纵队前方不远的位置上，将球按顺序低传给边上纵队中的一名球员（图 3.24）。接到传球的球员（A），应当在运球跑动之后，或者将球传给另一纵队中摆脱跑位后的同伴（B），或者直接完成射门动作。站在中间纵队中的球员扮演防守的角色，他们的任务是试图破坏对方的进攻。两边纵队中的球员按照规定时间与中间纵队的球员互换位置和角色练习。

17. 球员们在离球门 7~8 米远的位置上排成一路纵队，转身面朝球场中央。教练员持球站在纵队对面 3~4 米远的位置上，将球向球员头顶上方高弧度抛出，使球下落在罚球区。球员完成 180° 转身动作后，跑向正在下落的球，并凌空进行射门。教练员接着再将球抛给第二名球员，以此类推。

18. 球员们排成两个纵队，站在球场中线的后面。两队间隔的距离为 6~8 米，每名球员各持一球。两名球员 B 和 C 站在离开球门立柱 2~3 米远的球门线上，守门员站在球门的位置上。由其中一个纵队的第一名球员 A 首先带球跑向球门区，将球用力低传给站在球门立柱旁边的球员 C，自己则继续往前奔跑，以接应传回来的球，并对迎面而来的球进行射门（图 3.25），然后练习由另一个纵队的第一名球员 D 开始，以此类推。为了使球员们能够使用左右两只脚完成射门动作，两个纵队的球员应按照规定的时间互换位置练习。

19. 球员们排成两个纵队，站立在中场线的后方，其中一个为进攻球队，另一个为

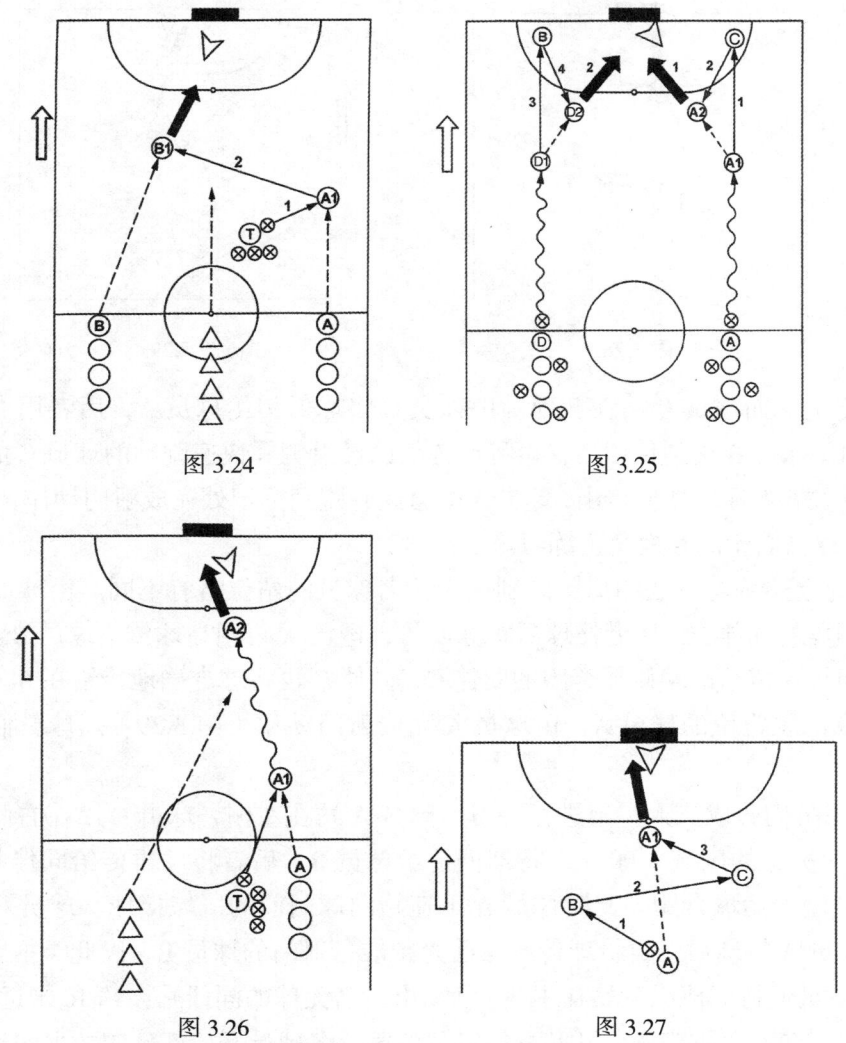

图 3.24　　　　　　　图 3.25

图 3.26　　　　　　　图 3.27

防守球队。进攻球员站在离球门略微靠近的地方，以占据相对优势的位置。教练员（T）带着球站在两个纵队的中间（图 3.26），将球往进攻球员的线路方向依次用低球送出。负责接球的第一名球员（A），出发后先将球控制住，然后进行运球并完成射门动作。在球传出的同时，另一纵队相应的球员也开始启动，并尽力阻扰前者的射门动作。另一种方式：进攻球员与防守球员处在同一条线的位置上，但防守球员采用的是坐姿，并且是背朝球门。球员们在进行传球练习时，教练员通过哨音指挥。

20. 球员们分成三人一组，在离球门 10~12 米远的位置上站成三角阵型。球员 B 和球员 C 站在平行的位置，球员 A 站在他俩身后不远的位置上。球员 A 先将球低传给球员 B，后者以一次触球的方式将球横传给球员 C。这时球员 A 已经从自己两个同伴中间跑过，以迎接球员 C 的传球并进行射门（图 3.27）。球员们轮流互换角色练习。

21. 球员们分成三人一组进行练习。球员 A 站在球场中央，球员 B 站在 10 米远标

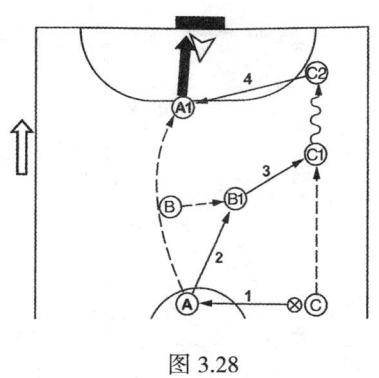
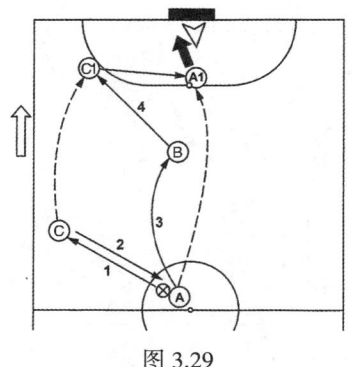

图 3.28　　　　　　　　　　　图 3.29

记的位置上,而球员 C 站在侧面。由球员 C 将球低传给球员 A,后者用力将球直线传给球员 B。球员 B 接到传球后,再将球传往已经沿侧翼快速跑动的球员 C 的行进线路。后者将球往 6 米标记处低传出,球员 A 则急速奔跑到标记处完成射门动作,以此类推(图 3.28)。球员们轮流互换角色练习。

22. 与上述练习方法相似,区别在于三名球员的站位略有不同。由球员 A 将球低传给站在侧翼的同伴 C,后者接球后将球回传,球员 A 再用高球传给球员 B。后者接到传球后立即将球传给沿着侧翼奔跑的同伴 C,同伴 C 再将球准确地传给在 6 米标记处区域已经完成摆脱跑位的球员 A,由球员 A 完成射门动作(图 3.29)。球员们轮流互换角色练习。

23. 球员们分成三人一组进行练习。球员 A 站在左侧,球员 C 站在右侧,球员 B 站在有 10 米标记的区域。球员 A 将球低传给球员 B,后者将球再传给同伴 C。接球后,同伴 C 沿侧翼运球奔跑。此时球员 A 迅速跑向球门前的区域接球。球员 C 将球从侧翼传出,球员 A 接球后,再将球传给向前奔跑准备射门的球员 B,以此类推(图 3.30)。

24. 球员们持球成纵队站在中线后面,由一名无球的同伴站在约 10 米远标记的位置,背朝球门方向,双脚略微分开站立。纵队的第一名球员开始朝球门的方向运球跑动,在靠近同伴 3~4 米远的距离处将球从同伴的双脚之间低位传出。同伴将球漏过之后,完成转身 180°的动作,跟随球冲刺奔跑,然后不加任何调整地完成射门动作之后,自己再跑向纵队队尾。这时,由第一名球员取代他的位置,以此类推。另一种方式:①该名同伴不进行射门,而是用脚掌将球转移给跑在后面的球员,由后者将球接住并完成射门动作;②同伴站在距离球门 6~7 米远的位置,在应当传球的时候,一边迎球跑动,一边假装接球,而实际上放过球,完成转身动作并射门。

25. 由两名球员站在离开球门 12 米远的同一条线上,相互间隔 3~4 米的距离。在听到第一次信号时,以一次触球的脚法相互间传球。听到第二次信号时,由正在持球的球员迅速冲向球门,尽力完成射门动作,而他的同伴则紧随其后,试图阻止其完成射门动作。如果在拼抢中后者控制了球,就自己完成射门。

26. 由三名球员分布在球门前方,以三角阵型进行练习。球员 A 和球员 B 站在离开

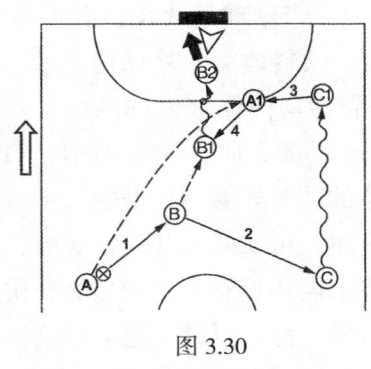
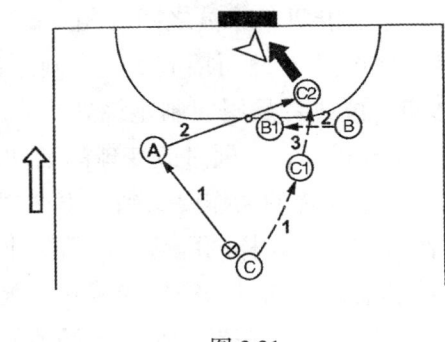

图 3.30　　　　　　　　　　图 3.31

球门 8 米远的同一条线上，球员 C 站在 10 米远的标记处，先将球低传给球员 A，后者同样再将球传给自己的同伴。两名球员如此这般相互传球数次之后，球员 B 迎向球员 A 进行跑位，假装准备接球或者要将球传球球员 A，实际则是放过同伴 C 正在追逐的球，如同是从伏击点冲出来那样，突然进行射门（图 3.31）。球员们轮流互换角色练习。

□ 集体进攻战术

在五人制足球的比赛中，控球球队的大部分任务都不得不依靠相互的配合，也就是由几名球员相互之间的集体战术配合动作来解决。集体战术配合可分为预先训练过的配合与即兴发挥的配合。第一类配合是在教学过程中学习掌握的，而第二类配合则是在比赛的过程中创造的。所有的配合动作都要借助于随机应变的运动和传球来实现，配合的效果取决于球员的身体素质和技术训练水平、创造性思维能力，以及球员们的协调一致性。无论是在比赛的场合，还是在平常训练的拼抢中，球员们必须相互配合。

球员们学习和演练配合动作，建议从不设对手的情况下开始做起。在学习掌握的初级阶段，可以用专门的（立柱、实心球等类似）标志充当对手的角色。当已经完整掌握了配合动作之后，就可以进一步安排训练。例如，在由两名进攻球员对付一名防守球员的练习中，改由三名进攻球员应对一名或者两名防守球员。在初始阶段，防守球员应当是模拟对进攻球员的阻扰，然后逐渐地转入并非全力的一对一的拼抢，而后才是全力以赴。最终，当球员们开始练习已掌握的配合动作时，无论是在比赛练习中，还是比赛的过程中，都应当让他们转入学会并掌握更为复杂的配合动作。

比赛场合中的配合，是指两人一对或三人一组球员之间的相互配合。两人一对的相互配合有一两次触球传接、撞墙式和交叉式等。三人一组的相互配合有一两次触球传接、换位和漏球等。

两个同伴之间的一两次触球传接配合，通常用于寻找进一步展开进攻的方向、缩短至对方球门的距离，以及增加防守球员接近进攻球员进行拦截拼抢的难度。这种配合的实质在于球员在接到传球后，不进行处理或者通过两次触球，就立即将球传给正在摆脱跑位的同伴，以便可以立即赢得时间。

撞墙式配合是指两名球员之间的相互配合。例如，带球球员 A 向同伴 B 靠近（或者是由同伴 B 向球员 A 迎面接应），令对手感到出乎预料地突然将球传给球员 B，而球员 A 则是朝空位或者是用冲刺跑绕到防守球员的背后。同伴 B 发挥的是"墙壁"的作用，用一次触球的脚法，通过改变球的滚动速度和运动的方向，将球再回传给球员 A。在这样的情况下，回传的动作要做到使正在摆脱跑位的球员能够在跑动中毫不减速地将球控制住（图 3.32）。这样的配合，尽管看上去很简单，可实际上却非常有效，常会使对手感到困惑和意外。同时，完成撞墙式的配合，要求同伴具有心领神会的、快速和准确的配合动作。实际上，在五人制足球场地的任何区域，都可以成功地运用这种配合。但是在防守密集的情况下，做这样的配合动作难度极大，要求球员们各自的动作特别协调。

交叉式配合要求两名正在面对面进行跑位的球员之间具有很高的协调性。由其中一名球员运球，与此同时，用离对手较远的那条腿掩护住球，在与同伴相遇的那一瞬间，使他们的对手难以确定球究竟会在谁的脚下。这样的配合可以在球场的任何区域使用。

不过，交叉式配合使用最多的区域是在接近对方罚球区的地方。从图 3.33 上可以看出，由进攻球员 A 横穿过球场，面朝同伴 B 带球跑动，他们在靠近 6 米标记处相遇，在做出一个瞬间停顿动作之后，继续朝着原来的方向跑动。下一步动作的主动权由被防守球员 D 紧紧盯防着的控球球员 A 把握着。如果此时防守球员 C 正在严密地防守着进攻球员 B，并且紧紧地跟随着他，那么，球员 A 就可得到一个进一步完成个人动作的极好机会。如果防守球员 C 决定向带球球员 A 发起进攻的话，那么，后者（在稍做停顿的那一瞬间）就可以将球留给同伴 B，使其获得可以自由发挥的机会。

两名球员相互配合的其他方式也可以成为这种配合的变种。例如，进攻球员 A 被防守球员 C 紧随着往对方的罚球区内运球。此时，被防守球员 D 紧紧盯防的另一名同伴 B 正在向球员 A 跑位，形成一个角度。在两人移位跑动的交汇点上，球员 A 将球留给同伴，自己则无球继续往原先的方向奔跑。球员 B 将球控制住后，摆脱自己的防卫球员，带球冲进对方的罚球区（图 3.34）。

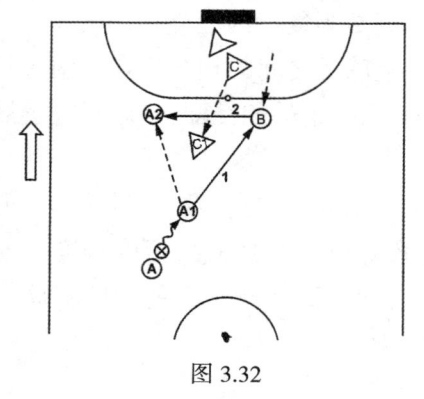

图 3.32

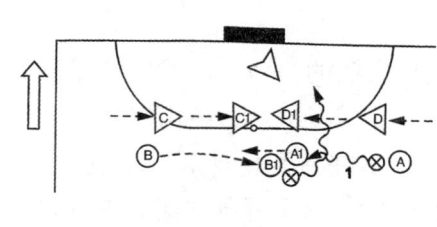

图 3.33

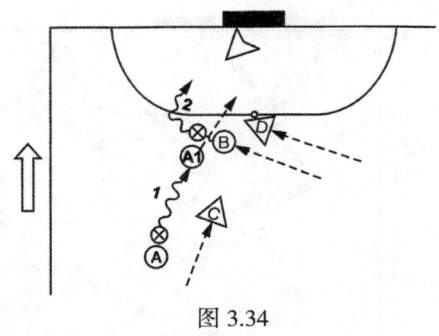
图 3.34

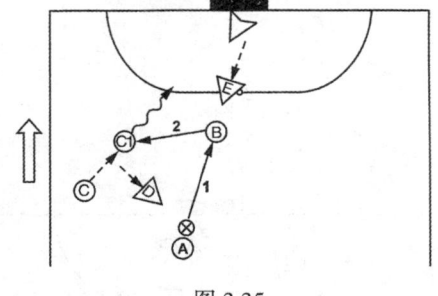
图 3.35

三名球员之间的一两次触球传接配合与两名球员之间的完成方式大致相同，区别在于在三名球员的相互配合下，就可以朝任何方向进行传球。五人制足球中的一两次触球传接，可以起到迅速并出乎对手意料地改变进攻方向的作用，赢得交换或者重新调整位置的时间（图3.35）。它可以通过几种方式来完成：球员不交换自己的位置、交换位置和带有假动作的配合等。

在五人制足球中，换位配合的运用，是依靠球员在同伴引开紧紧盯防自己的对方球员的一瞬间，从自己的位置朝同伴区

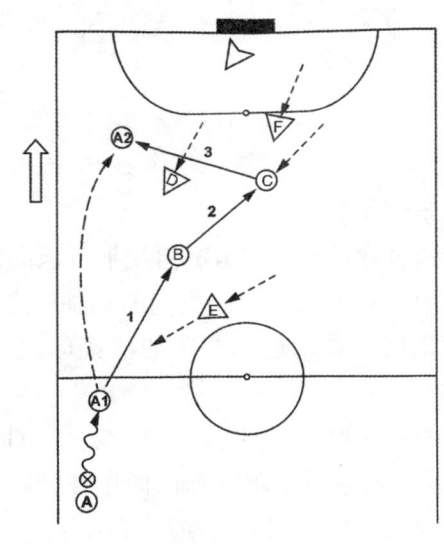
图 3.36

域的互换移位，以达到撕开对方球队防守的目的。这样的配合可以在球场的任何区域运用。通过几个这种配合的完美结合，就可以获得朝对方球门跑位的机会，依靠在球场的任何区域建立人数上的优势，最终战胜对方球员（图3.36）。参与进攻的球员A，将球传给同伴B；同伴B接球后，在当对方球员D试图对自己发起进攻的瞬间，将球传给同伴C；后者迅速将球传给已经沿着边线高速跑位的球员A。这样一来，在这种配合中，球员B与球员A之间就发生了换位，其配合的结果是前者得到了比赛空间，并从自己的半场加入了进攻。

无论是完成边线进攻，还是朝对方球门前区域的大力横传，都可以使用漏球配合动作。如图3.37所示，球员A沿边线带球向前奔跑，对方防守球员D朝他发起进攻；球员A快准狠地将球传给已经往前冲的同伴B，可是对方球员E正死死地盯防着他；此时，球员B做出准备大脚射门的动作，实则很隐蔽地将球漏过；这时，同伴C从右边甩开防守后就得到一个很好的射门机会。图3.38展示的是一个类似的配合，但这个配合是从由中场往对方罚球区的一个有力的传球开始的。

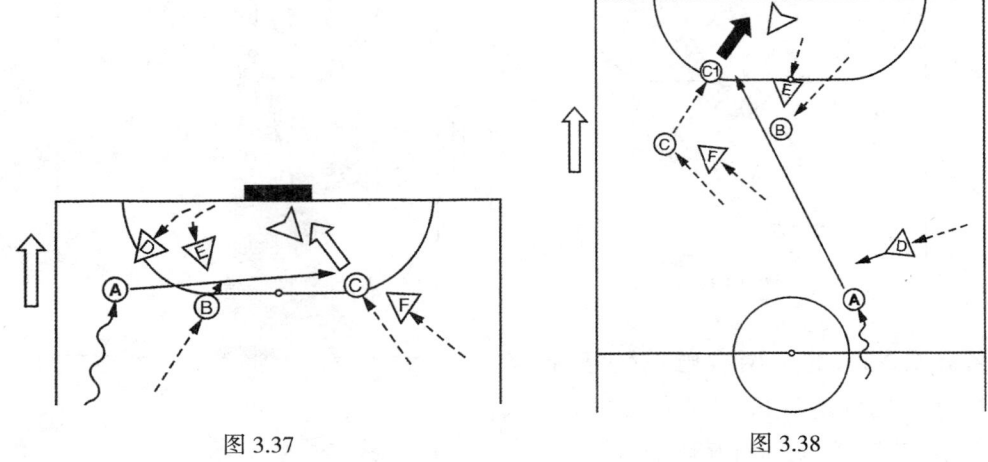

图 3.37　　　　　　　　　　　图 3.38

【练习示例 1】

1. 两名球员（A 和 B）相互平行地向前跑位，并以一次或两次触球的脚法轮流进行斜传（图 3.39）。根据球员们的训练程度，可以采用多种方式完成练习。例如，可以采用 3~5 米或 6~8 米远的距离的传接球训练，以及在慢速跑动或者快速跑动过程中的传接球训练。

2. 两人一组，由球员 A 将球斜传给同伴 B，后者接到传球后，先将球向前方传出 6~8 米远，然后再紧跟在球后面用冲刺跑追赶上球，将球用斜传回给球员 A，球员 A 再完成相同的任务，照此轮换练习。

3. 两人一组，完成带直传和横传的配合动作练习。球员之间相互间隔距离为 6~8 米，与球场边线平行，沿着整个场地进行纵向跑动。先由球员 A 完成向同伴 B 的横传之后，自己则斜插奔跑至球员 B 前方的区域。后者接到传球之后，用两次触球的脚法将球向边线平行的前方踢出，自己则从球员 A 的身后朝另一个方向奔跑。球员 A 追上球后，以边线平行的方向将球回传给同伴，然后斜线用冲刺跑移动到球员 B 前面的区域。后者接到回传球之后，用直传再次将球回传给球员 A，以此类推（图 3.40）。根据配合掌握的熟练程度，可以以一次触球的脚法完成传球。

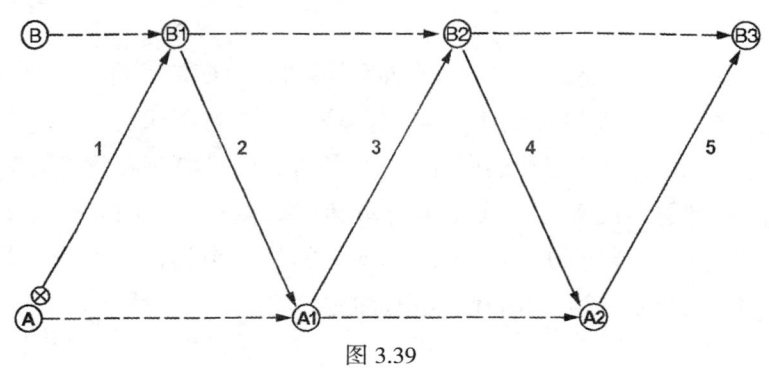

图 3.39

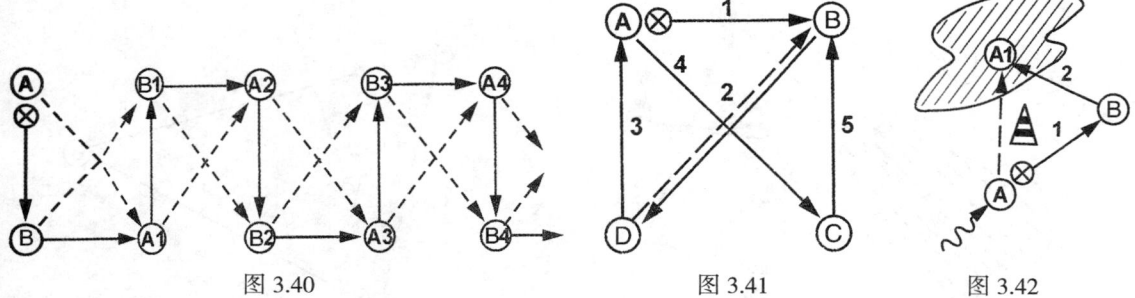

图 3.40　　　　　图 3.41　　　　　图 3.42

4. 由四名球员组成一个边长为 15~18 米的正方形。球员 A 用横传将球低传给同伴 B，后者用斜传将球低传给球员 D，球员 D 再将球回传给球员 A，球员 A 将球斜传给球员 C，球员 C 将球传给球员 B，球员 B 也照样将球斜传给球员 D，以此类推（图 3.41）。初始阶段以两次触球的脚法练习，随着配合的熟练程度，可以用一次触球的脚法进行。

另一种方式：采用斜传高球的方法进行练习。

5. 两人一组，之间相隔距离为 12~15 米，以两次触球的脚法轮流踢出低传球。准备接球的球员首先要迎着球完成一个 2~3 米的冲刺跑，将球传出完成转体 180°的动作之后，再迅速跑回自己的位置，以此进行练习。练习也可以以一次触球的脚法进行，传出高球。

6. 两人一组，球员 A 通过运球，向球员 B 的身边靠近，将球传给球员 B 后，用一个冲刺跑跑向空位（立柱的后方），以一次触球的脚法将球接住（图 3.42）。球员们轮流互换角色练习。

7. 球员们分为两人一组进行练习。在球场上安置两个宽度各为 1.5 米的球门，两名球员之间相隔的距离为 4~4.5 米。由球员 A 将球穿过球门（a）传给球员 B，后者用一次触球的脚法将球穿过球门（b）再回传给已经转移到自由区域的球员 A（图 3.43）。球员们轮流互换角色练习。

8. 球员们分为三人一组进行练习。由球员 A 带球接近防守球员 C，然后将球传给从侧面奔跑过来接应自己的球员 B。球员 A 完成传球之后，立即从防守球员身后进行冲刺跑动，以一次触球的方法去接应回传球（图 3.44）。球员们轮流互换角色练习。

9. 球员们面对面站成相互距离为 15~17 米远的两排（图 3.45），由站在两排的第一名球员（A 和 B）带球向前方奔跑，分别将球传往球员 C1 和球员 C2 的方向，球员 C1 和球员 C2 此时已经往侧面完成跑位并分别站在距离队列 7~8 米的位置。第一名球员以一次触球的脚法接到他们的回传球之后，再将球传给对面队列中已从右面完成摆脱跑位的第二名球员，而自己则分别跑向该队列的队尾，以此类推。

10. 由三名球员 A、B 和 C 进行双重撞墙式配合练习，由防守球员 D 和 E 对他们进行阻挠。球员 A 带球向前方跑动，防守球员 D 上前阻挠。球员 A 将球传给已经完成摆

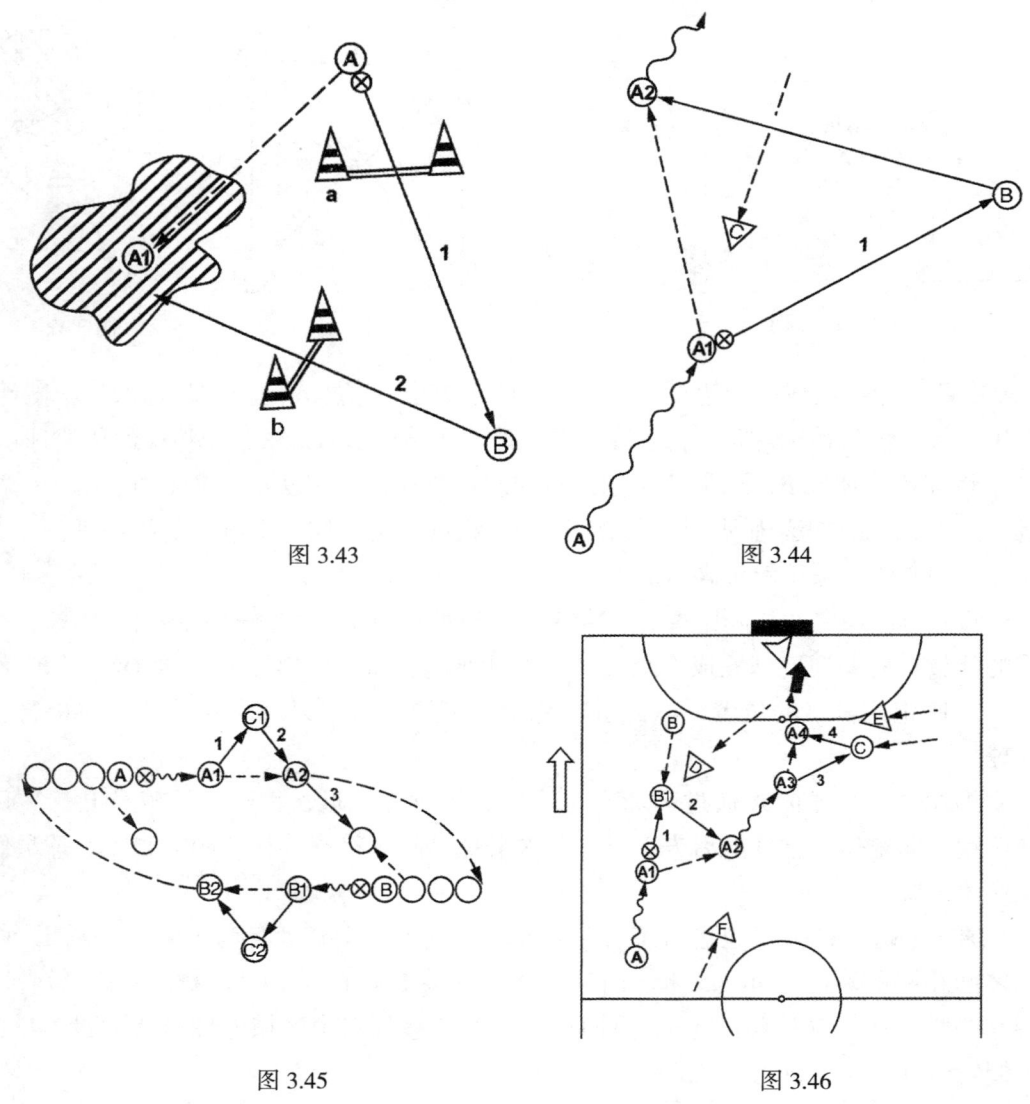

图 3.43　　　　　　　　　图 3.44

图 3.45　　　　　　　　　图 3.46

脱跑位的同伴 B，后者接球后再将球回传。球员 A 接到回传球之后，继续带球向前方奔跑然后再将球传给同伴 C，在以一次触球的脚法接到回传球后，起脚完成射门动作（图 3.46）。球员们轮流互换角色练习。

11. 在限定的场地上用立柱安置两个球门，各设一名守门员把守。由两名进攻球员（A 和 C）对付一名防守球员（C）。其中一名进攻球员从自家球门将球传给充当"墙壁"的另一名同伴。后者再将防守球员引开，追赶上球，以一两次触球的脚法将球用斜角回传给同伴，在扮演完"墙壁"的角色之后，再转身并迅速往对方球门的方向奔跑，以接应同伴的传球（图 3.47）。然后，再从相反的方向完成配合动作。球员们轮流互换角色练习。

12. 球员们分为三人一组进行练习，其中一名球员充当进攻球员，另一名球员充当

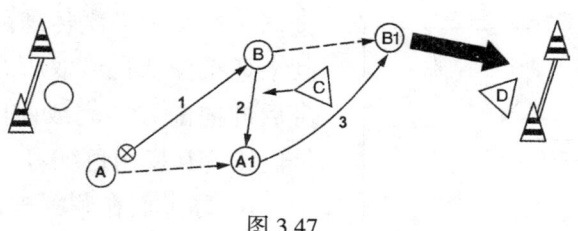

图 3.47

"墙壁",而第三名则为防守球员。由进攻球员带球接近防守球员,其同伴则进行平行跑位。进攻球员在表现出想要与同伴进行撞墙式配合的同时,完成一个假动作之后继续向前方跑动。假动作用下列方式来完成:进攻球员看上去是要以外脚背将球传给同伴,却跨过了球,用支撑腿完成跳跃的动作之后,再以踢球腿的脚内侧对球略作调整,用一个冲刺跑从防守球员的身边跑过。球员们轮流互换角色练习。

13. 由两名进攻球员对抗两名防守球员,练习在球场的半场区域内进行。进攻球员的任务是,寻找能够进行交叉配合并接着进行射门的机会。在完成交叉配合动作时,负责控球的球员或者是将球留给同伴,或者仅仅是做一下假的模拟动作。初始阶段,防守球员的动作消极,以使进攻球员在无对抗的情况下完成任务。防守球员与进攻球员按时轮流互换角色练习。

14. 球员们练习完成漏过球配合。由球员 A 和球员 B 站在有 10 米标记区域的同一条线上,进行相互间的传球。两名传球球员之间的距离为 2~3 米。在其中一次传球的过程中,球员 A 突然让球从双脚间通过,由站在他们附近的另一名同伴 C 紧随球加速奔跑,追上球后带球前往球门进行射门(图 3.48)。球员们轮流互换角色练习。

另一种方式:球员 A 和球员 B 站在 6 米标记处的同一条斜线上,而球员 C 的位置在 10 米标记的地方(图 3.49)。

15. 球员们进行漏球配合练习。由球员 C 和球员 B 面对面相距 3 米远,各自站在罚球区域的前方;球员 A 站在离球门 9~10 米远距离的位置上,将球低传给同伴 C,后者将球横传给同伴 B;球员 B 接球后将球再回传给球员 C,如此重复,球员间相互多次传

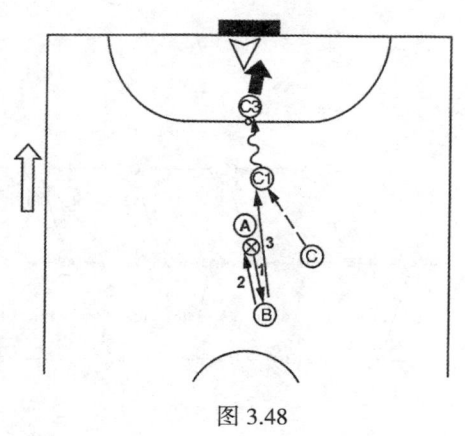

图 3.48

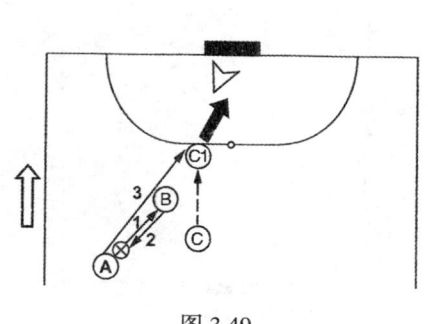

图 3.49

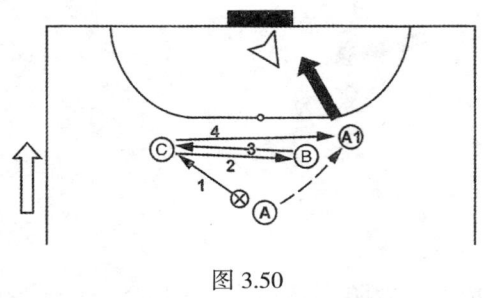

图 3.50

接球。在其中一次传球的过程中,球员 B 突如其来地将球从自己双脚之间漏过,由球员 A 从身后冲向前方并完成射门动作(图 3.50)。球员们轮流互换角色练习。

16. 球员们在侧翼进行漏球配合练习。由球员 A 带球向前奔跑,用力将球传给已经完成摆脱跑位处在边线和中线相交区域的同伴 B。球员 B 假装做出准备接球的动作,而实际上将球漏给正在进行摆脱跑位的球员 B。后者接球后再将球传给已经冲进罚球区内的球员 B,由球员 B 起脚射门(图 3.51)。球员们轮流互换角色练习。

17. 球员们分成三人一组进行练习,成三角形向前方跑动,同时以一两次触球的脚法进行传球。先由球员 A 用低球斜传给球员 B,后者再将球横传给同伴 C。球员 C 接球后再将球向后回传给球员 A,以此类推(图 3.52)。球员们完成规定距离的练习后,再以相反的顺序练习。

另一种方式:由球员 A 将球斜传给球员 B,而后者用一次触球脚法将球回传。然后球员 A 再将球传给同伴 C,后者也同样以一次触球的脚法将球回传,以此类推(图 3.53)。

18. 由三名球员成三角阵形沿场地跑动,球员 A 处在前方的位置,而球员 B 和球员 C 在同一条线上紧跟其后。由球员 B 将球低传至离开球员 A 侧面略微偏出一些的方向,

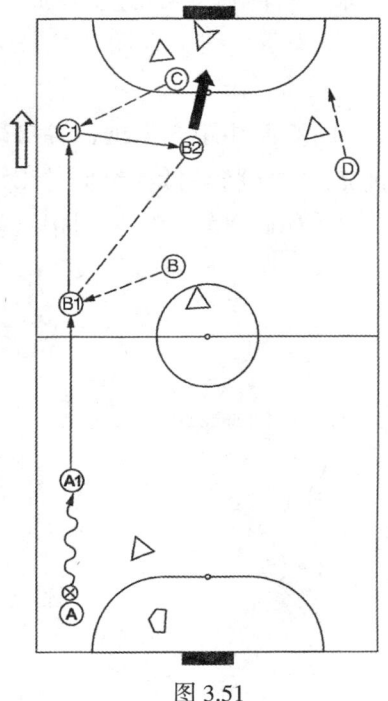

图 3.51

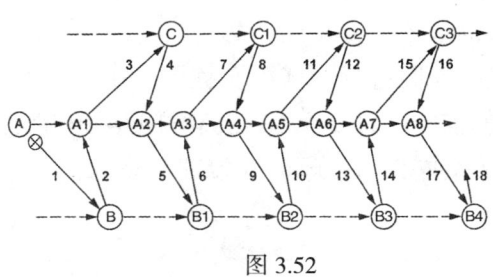

图 3.52

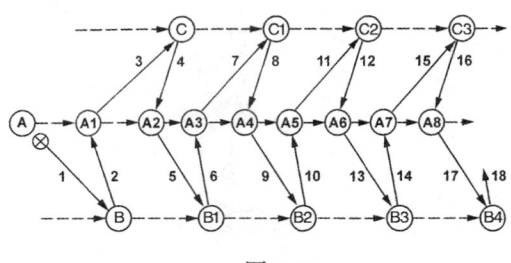

图 3.53

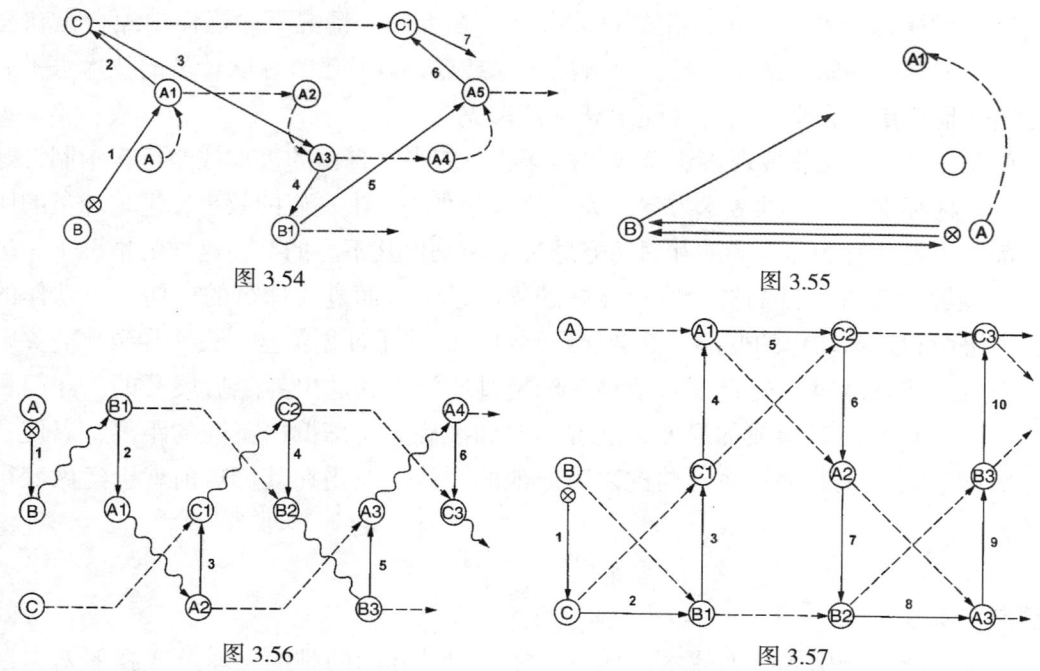

图 3.54　　　　　　　　　图 3.55

图 3.56　　　　　　　　　图 3.57

球员 A 追上球后将球传给同伴 C。接球后，球员 C 也同样将球传至离开球员 A 侧面略微偏出一些的方位，以使球员 A 用冲刺跑追赶上球，以此类推（图 3.54）。

19. 球员们分成三人一组进行练习。球员 A 和球员 B 在相隔距离 6~8 米远的位置上站立，第三名球员站在球员 A 的旁边。球员 A 和 B 以一次触球的脚法互相进行传球，而后由球员 A 往侧面（从第三名球员的身后）进行冲刺跑，并在跑动中将球员 B 的传球接住（图 3.55），然后由第三名球员再站在球员 B 的旁边，并继续练习。球员们轮流互换角色练习。

20. 球员们分为三人一组进行练习，在不断互换位置的过程中，完成带有横传、运球的配合动作。先由球员 A 将球横传给同伴 B，后者带球从左边突破，与前者交换位置，然后再将球横传给球员 A。球员 A 从右边运球跑动，与球员 C 交换位置后再将球横传给他。球员 C 从左边运球跑动，与同伴 B 进行换位，以此类推（图 3.56）。

21. 球员们分为三人一组进行练习，在相互交换位置的同时完成直—横传球的配合。先球员 B 将球低传给同伴 C，后者在跑动中与球员 C 互换位置之后，再将球直传给他。球员 B 从右侧完成换位后，将球横传给同伴 C，球员 C 将球踢往球员 A 的左侧。球员 A 将球往前方踢出后立即与同伴 C 互换位置，由球员 C 再次将球传给球员 A。后者将球横传到同伴 B 的右侧，并在完成横传后与其交换位置（图 3.57），以此类推。

标准情况下的集体配合，在五人制足球中占据着显著的位置。在守门员往对方中场开球时，在踢罚球、任意球和角球时，都要进行配合。这样的一些配合，能够使进攻方的球员们提前占据有利的位置，齐心致力于攻破对方球门。当然，这并不意味着在标准情况下的踢法只有一种公式化的进攻办法。在大部分情况下，这样的配合是在充分考虑到对方球队的防守战术、球员个人的技术特点，以及己方球队球员的技术水平后，并创造性地运用配合动作时，才能给球队带来成功。

总而言之，一支想要取得优良成绩的球队，应当在自己的进攻战略行囊中制订好几套应对各种标准化比赛的战术方案。为了使这些踢法产生良好的效果，进攻球员的所有动作都应当是及时的、准确的和对防守球员来说是出其不意的。在这样的情况下，进攻球员就能够为实现自己的努力取得良好的先决条件。而进攻球员的任何一个动作的迟缓、不协调和技术动作的变形，都会导致制订好的战术计划落空，最终导致比赛失败。

守门员在开球时的配合，通常是在球越过球门线和球出界之后展开的。守门员要善于在瞬间评估当时形成的局面，能够迅速和准确地将球掷出不同的距离，以使自己的球队能够展开锐利的进攻。与此同时，他的同伴们应当在其掷球前就已经做好行动的准备。

【练习示例2】

1. 对方球员采用人盯人战术，尽力增加守门员开球的难度。球员A摆脱对自己的防守球员后，跑向守门员；守门员将球掷出给他，球员A接球后立即将球斜传给向自己跑来的同伴Б，而自己则将面对自己的防守方球员甩开，从侧翼跑向中线。球员B将球传给跑动中的球员A，以使他能够获得冲向对方球门的好机会（图3.58）。

2. 在球员A完成假动作，将紧盯自己的防守方球员甩在身后并朝着守门员跑动时，守门员就将球抛传至球员A的脚下；球员A接球后毫不迟疑地立即将球传给已经突破至左侧空位的球员B（图3.59）。

3. 守门员发现球员A的策略后，踢出一个高远球越过防守方球员的头顶，将球直接传给正在跑动中的球员A（图3.60）。

4. 球员A完成一个朝自己球门方向奔跑的假动作，并以此迷惑盯防自己的防守方球员，在完成一个转身180°动作之后朝边线方向冲刺奔跑。守门员毫不迟疑地用力将球踢出低弧度，长传给正在跑动中的球员A（图3.61）。

5. 朝前方奔跑的球员A做出一个假动作，将紧紧盯防自己的防守方球员甩在身后。守门员立即踢出一记高吊球，将球传至他的脚下，或者是让其用胸部将球停接住。球员A将球控制住之后，立即传给正在冲向球门的同伴B（图3.62）。

6. 球员A和球员B各自在对方的罚球区域站立，两人相隔距离1.5~2米，由两名防守球员对他们盯防。就在守门员准备开球之际，球员A和球员B同时完成一个交叉跑位的动作。球员A往右侧快速奔跑，以将防守球员E引开；而此时他的同伴B，抛开显得无所事事的防守球员F，冲向角球区的空位，守门员高弧度球也正好踢向那个方向。球员B接到传球后，可以自己完成个人突破，也可以将球传给正往前方奔跑的球员B，创造射门机会（图3.63）。

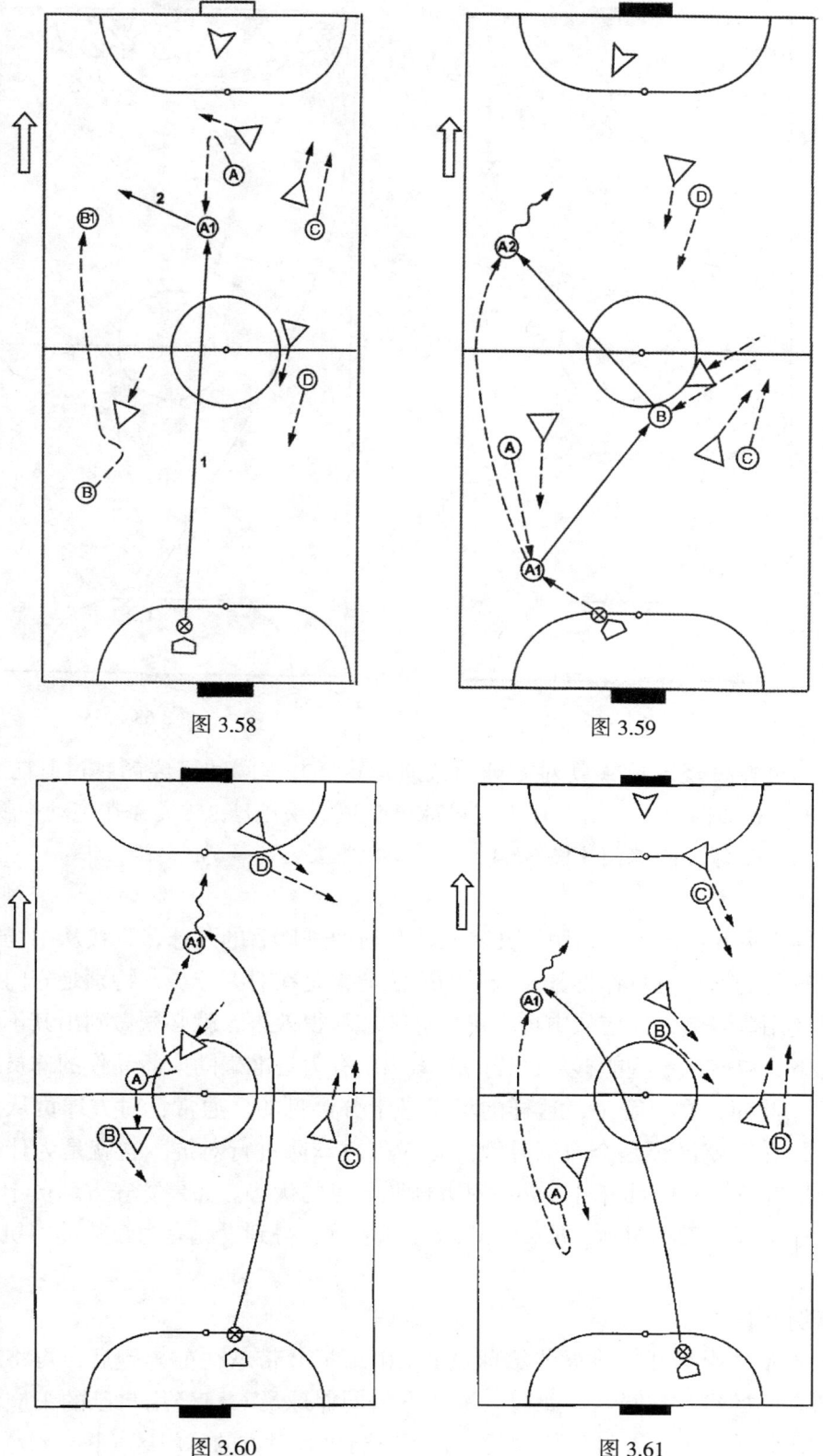

图 3.58　　　　　　图 3.59

图 3.60　　　　　　图 3.61

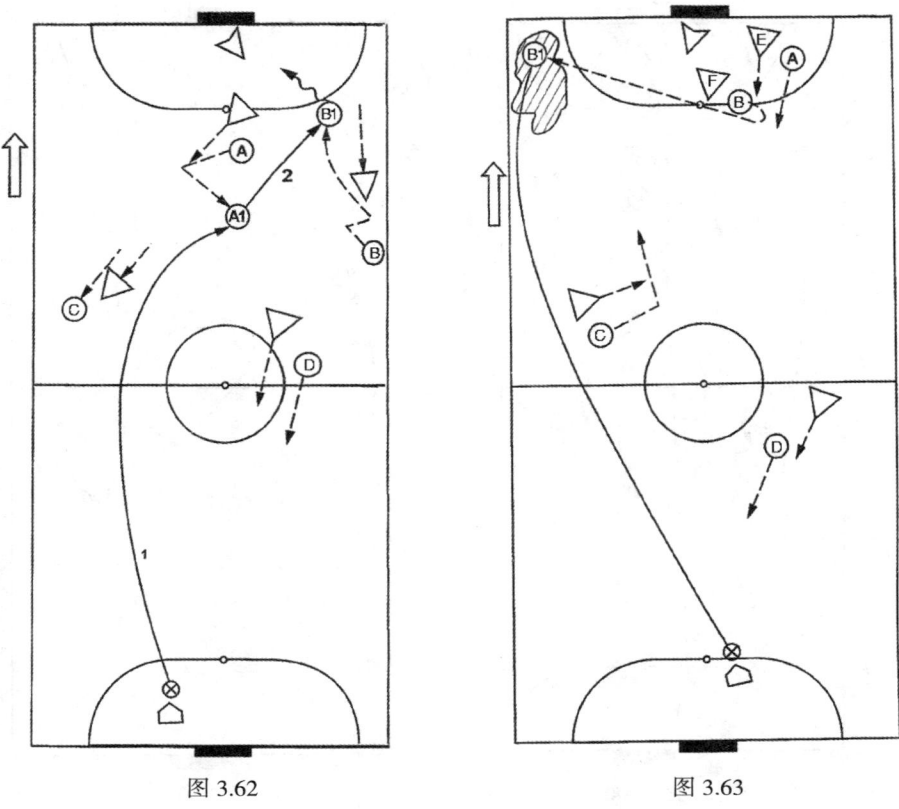

图 3.62　　　　　　　图 3.63

7. 守门员在发现球员 A 朝对方球门快速奔跑，并在瞬间已经超越过盯防自己的防守方球员时，立即传出一个由上往下越过球员头顶的手抛球；球员 A 在跑动中将球接住，调整好之后，带球冲向球门（图 3.64）。

从球场中央开球的配合，用于开赛发球和射门进球后的开球，直接从中场以这样的踢法射入球门的球，也算作得分。这样的踢法通常是在对方球员，特别是守门员疏忽大意的时候使用。当然，要使从中场踢出的球能够取得效果，就必须做到出其不意。在这样的情况下，应该让那些能够从这样的距离踢出有力且准确的射门动作的球员来完成这样的任务。然而，在比赛中，这样的场景是十分罕见的。通常，对方球员从开球的第一脚开始，几乎就已经是全力以赴地准备对进攻球队进行对抗。这就是为什么在从中场开球的情况下，开球具有可以寻找对方球队弱点的优势。如果防守方球员十分松懈，球员的防守位置分工不明确，那么进攻球员马上就能得到发起有力攻势的好机会。

【练习示例 3】

1. 球员 A 从中场开球将球传给球员 B，由球员 B 带球往前奔跑后，再将球斜传给已经跑到右侧的进攻球员 A。此时，进攻方的同伴球员 C 已经用自己的策应动作将防守方的球员引开。球员 A 接到传球后，利用空当攻入对方的球门区（图 3.65）。

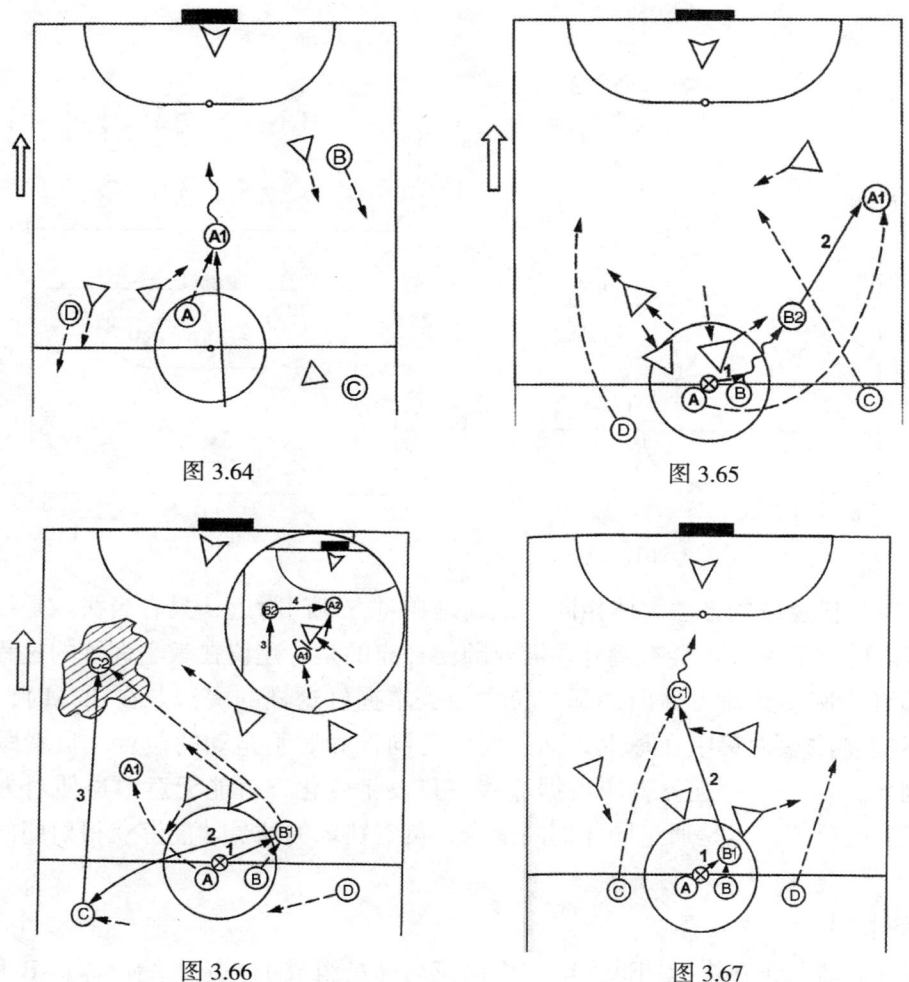

图 3.64　　　　　图 3.65

图 3.66　　　　　图 3.67

2. 由球员 A 开球，将球短传给同伴 B，后者接球后立即将球传给已经摆脱防守跑位到侧翼的球员 C。此时，球员 A 和球员 B 同时快速跑向对方防守的右翼，以造成人数上的优势。球员 C 接球后再将球直传给同伴 B，球员 A 在这一时刻，一边摆脱对自己的盯防，一边朝对方罚球区快速跑动，以获得球员 B 的传球。这个配合要求所有进攻球员的快速和动作上的同步性（图 3.66）。

3. 由球员 A 从中场将球传给球员 B，此时球员 C 开始快速朝向防守方的空位奔跑，而球员 D 与他同时沿着右侧奔跑。由于防守方球员的站位不明确，使得球员 C 能够从容地得到传球，造成轻松地攻入对方球门区域的机会（图 3.67）。

4. 在中场开球的情况下，由于对方球员来不及布置严密的防守阵势，因此给进攻方的进攻行动创造了有利的条件。球员 A 利用场上已形成的局势，将球横传给右侧的同伴 B。与此同时，球员 C 开始启动，朝对方球门前的空位奔跑，在这个空位上必须要能够接到球员 B 的传球（图 3.68）。

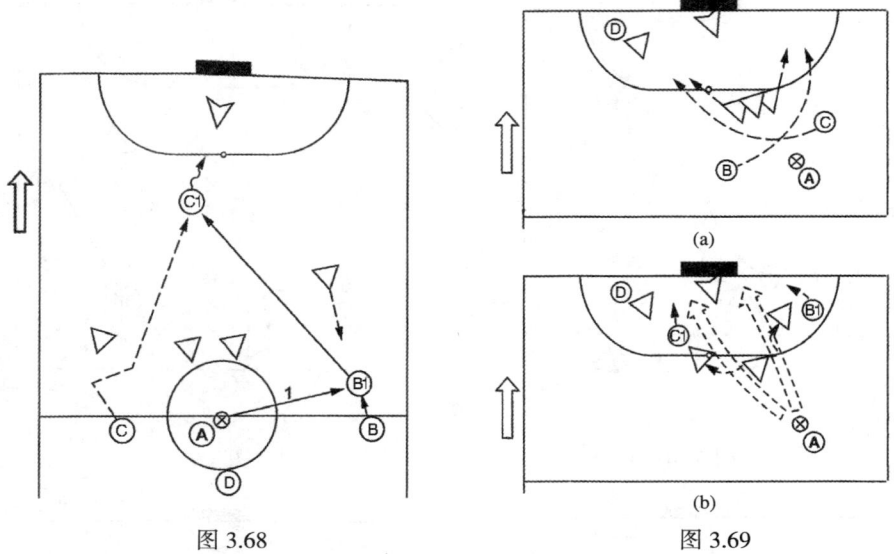

图 3.68　　　　　　　　图 3.69

踢罚球和任意球的方法大体相同，尤其是在对方球门附近，只有当罚球是在直接射向对方球门的情况下，才会有例外。需要顺便补充的是，建议在教学训练的过程中，就要从能够真正威胁到对方球门的那些位置上去掌握好这样的踢法。在罚球时，踢罚球的球员不应将注意力集中在球上，而是要注意同伴和对手跑动的位置。负责踢出罚球球员的同伴，从一开始起，就应占据那些一旦发生变化，就能无意中迫使对方露出自己防守漏洞的位置。正是通过同伴们的配合，负责罚球的球员才能够获得射门的机会。

【练习示例 4】

1. 进攻方球队正在进行罚球。防守方由三名球员组成了一道人墙。球员 B 和球员 C 在踢出罚球前的瞬间，以斜线交叉跑位，将人墙两端的防守球员吸引开 [图 3.69（a）]。此时，在球员 A 的面前就出现了一个能够通过造成的漏洞朝向球门的右角或者左角射门的机会 [图 3.69（b）]。

2. 防守方球队在面对罚球时，由两名防守球员排出一道人墙，进攻球员中的一名球员（球员 C）也排列其中。球员 A 助跑后准备踢出罚球，与此同时，球员 B 突然冲向罚球区域，以将防守方球员的注意力引向自己，而此时球员 C 突然迅速往侧面跑开，

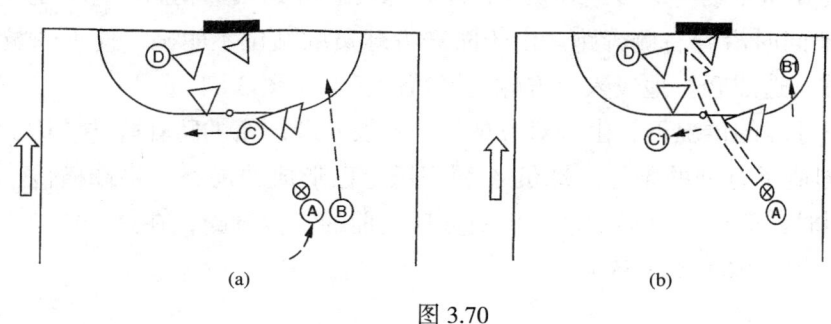

图 3.70

以造成使球员 A 能够通过墙中形成的空隙进行射门的机会（图 3.70）。与此同时，球员 D 也迅速跑位，以阻挡住防守方球队守门员的视线。

3. 进攻球员 A 在对方守门员（E）离开球门准备与同伴组成人墙的那一刹那，从罚球点以一记弧线球，将球越过守门员头顶射向其身后的球门（图 3.71）。

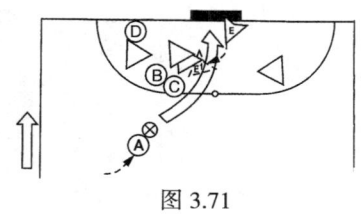

图 3.71

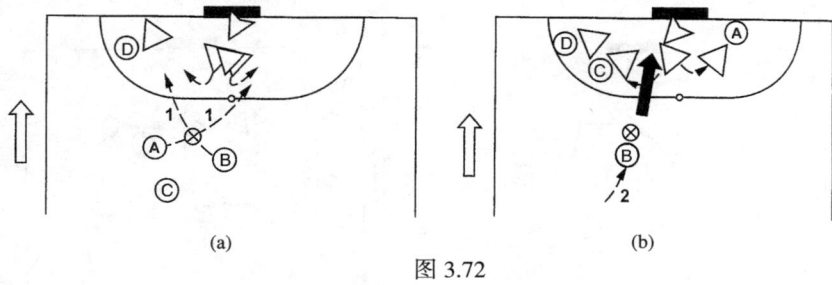

图 3.72

4. 下面展示的是进行一组使对方的防守人墙出现漏洞的配合。在这样的情况下，要由一名能准确并大力射门的罚球球员来完成任务。球员 A、B 和 C 成扇形站立在球的后面，而第四名球员站在对方球门的附近，起到吸引对方注意力的作用 [图 3.72（a）]。由球员 A 第一个朝向球奔跑，假装做射门的动作，但实际上却绕过球往前跑向罚球区内，以将人墙最边上的防守球员吸引开。球员 B 紧随其后，以同样的动作去将另一名站在人墙左端的防守球员吸引开。球员 C 紧跟在球员 B 后，以分秒不差的动作，通过防守球员组成的人墙中出现的缝隙（漏洞）大力起脚射门 [图 3.72（b）]。

5. 球员 A 在从自己的半场进行罚球时发现对方守门员的位置离球门过远，充分利用这个机会，球员 A 以大力的高球越过守门员将球射向球门（图 3.73）。

6. 球员 A 和球员 B 分别站在球的旁边，假装要完成一个相互间的罚球配合动作，使对方的防守球员无法揣测这个罚球将会是个什么样的配合。配合由球员 A 开始进行，他快速朝着球奔跑之后，突然改变方向，朝着罚球区内奔跑。与此同时，球员 C 和球员 D 也同样快速奔跑，并分别做出吸引的动作。球员 C 跑向右侧，将防守球员吸引开，而球员 D 则跑向人墙，在人墙一端的防守球员身旁占据一个位置，球员 B 则将球传给正在冲向罚球区的同伴 A（图 3.74）。

7. 进攻方球队向对方罚球区踢罚球，或者踢出任意球时的配合动作（图 3.75）：在进行罚球时，进攻方球队的球员 B 和球员 C 正对球门，直接在人墙的前方站位。当球员 A 起步跑动准备将球开出时，球员 B 和球员 C 进行斜线的交叉换位，以此迷惑防守球员。此时，假装准

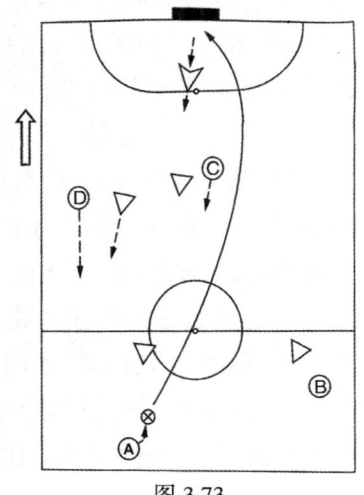

图 3.73

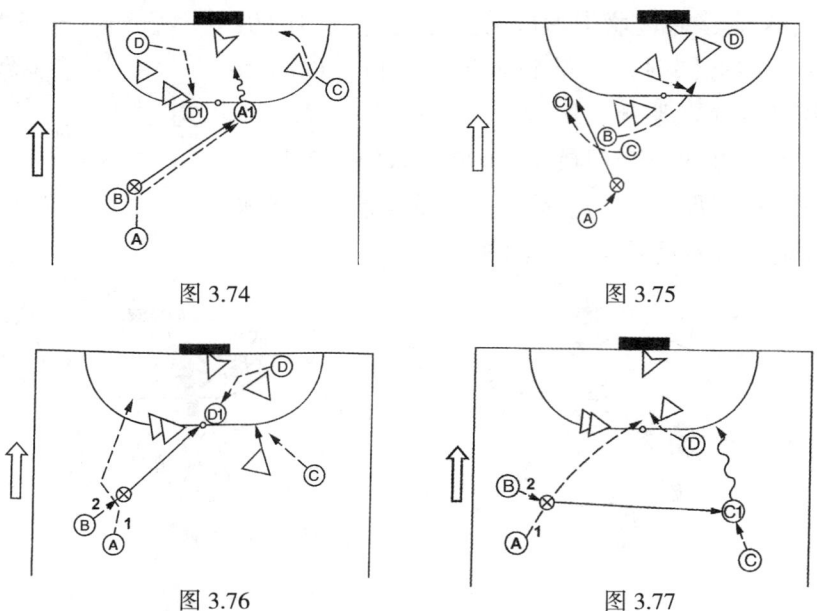

图 3.74　　　　　　　图 3.75

图 3.76　　　　　　　图 3.77

备大力射门的球员 A，将球低传给已经完成摆脱跑到空位的球员 C。

8. 球员 A 站在球旁边，假装准备进行射门。实际动作并非如此，而是突然冲向左侧方向。与此同时，球员 C 迅速奔向罚球区，迫使对方的防守球员将注意力转移到自己身上。几乎在同一时间，球员 B 也冲向球，将球用力低传给已经摆脱跑位的同伴 D，后者此时正处在离开对方球门最近的位置。这种配合动作的另外一种方式，是将球传给正在跑动中的球员 A（图 3.76）。

9. 由进攻方球员进行与上述动作相似的罚球配合，区别在于由球员 A 朝着球的方向，假装做出准备踢球的动作，在将对方球员吸引过来的时候，却从球的一边跑过。与此同时，球员 B 也向球奔跑，并将球传给正在跑动中的同伴 B，使后者获得机会毫无干扰地进入对方罚球区，或者直接起脚射门（图 3.77）。

10. 球员 A 和球员 B 站在球的两侧，假装做出相互间准备完成一个罚球配合的动作，但是球员 B 突然将球低传给摆脱防守的球员 D，球员 A 此刻开始往左侧突破，跑向球员 D；后者将球传给球员 A，由球员 A 起脚完成射门（图 3.78）。

11. 球员 A 和球员 B 站在球两侧，假装做出准备完成一个相互间的罚球配合动作，然后球员 A 跑动几步，做出准备起脚射门的动作，但实际上是突然一个向前、向右的加速奔跑。与此同时，他的同伴 D 冲向罚球区，在对方人墙的一端占据好一个位置；球员 B 迅速将球传给正在跑动中的球员 A，后者立即将球横传给正在摆脱防守的同伴 C，球员 C 接到传球后起脚射门（图 3.79）。

12. 球员 A 做好进行罚球或踢任意球的准备，与此同时，他的几位同伴 B、C、D 见机行事地开始进行配合。由球员 B 冲向罚球区线，在防守球员人墙的边上占据一个位

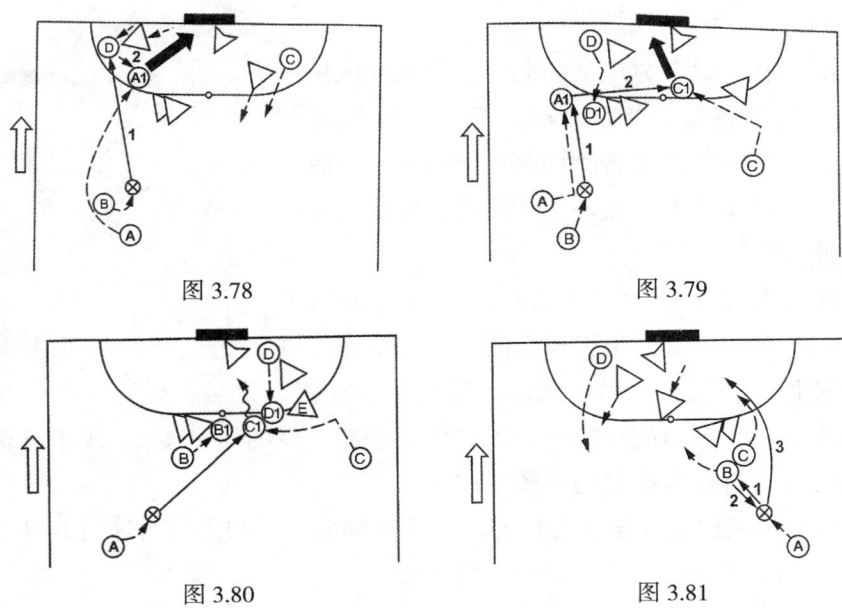

图 3.78　　　　　　　　　　　图 3.79

图 3.80　　　　　　　　　　　图 3.81

置，球员 D 则朝着防守方球员 E 的方向奔跑，假装准备封堵其往人墙方向的跑位，而球员 C 则冲向罚球区，也就是球员 A 将要传球进行射门的那个点（图 3.80）。

13. 球员 A 站在球的前方，他的两名同伴 B 和 C 分别在人墙的前方站好位；球员 A 先用低球将球短传给球员 B，后者将球回传；球

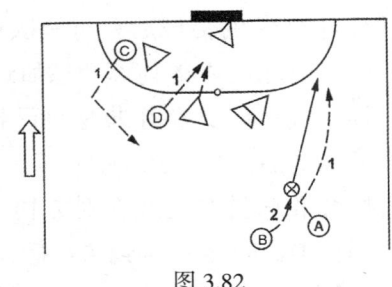

图 3.82

员 D 在这一时刻做出准备要去接应传球的样子，而实际却跑向罚球区的空位，以此吸引防守方球员的注意力；球员 C 几乎与此同时冲到人墙的前方，抢占应由球员 A 传出高球的那个落点（图 3.81）。

14. 球员 A 假装做出准备射门的样子，而实际上却突然向前朝着对方的罚球区内奔跑。此时，同伴 C 和 D 同时完成迷惑对方防守球员的动作，就在球员 A 从球的一侧跑过的同时，同伴 B 立即将球传给正在跑动中的球员 A（图 3.82）。

开角球时的配合，既可以是以同伴伸出的脚作掩护的直接射门、被对方防守球员反弹的回球，也可以是为了使某个同伴获得更加有利的，能够洞穿对方球门的位置而进行的一组传球动作。希望通过这样的配合达到取胜目的的球队，通常都是让最为冷静和战术意识最强的球员来完成踢角球的任务。这样的球员能够在比赛规定的有限时间内，对同伴和对手的位置分布进行评估，并采取最果断的行动。为了充分利用好出其不意的因素、掩饰自己真实目的，这些球员预先都会暴露出要将球传往某个位置的意图，而实际上却是将球传往另外的方向，或者是先做出几个往不同方向的虚假的摆腿动作。

【练习示例5】

1. 球员D在吸引对方球员的同时，往角球区快速奔跑，似乎是准备要去接应传球。然而，球员A却将球大力低传给朝着自己奔跑而来的球员C，由后者起左脚射门（图3.83）。如果角球是从右侧的角球区开出，就使用右脚完成射门。

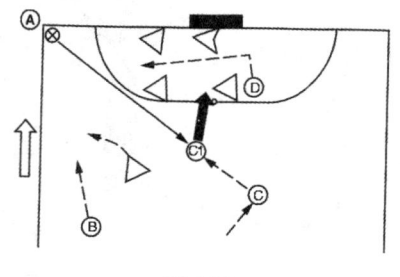

图3.83

2. 在角球开出之前，球员C和球员D先向对方的罚球区内奔跑，以充当吸引对方的角色，防守球员通常会对他们的积极行为做出反应。球员B稍作停顿之后，做出一个假动作，然后再从左侧插入到罚球区内的空位上，该空位正是罚角球的球员（A）踢出高球传给他的落球点，球员B可进行凌空射门（图3.84）。

3. 进攻球员利用防守球员占据的位置比较分散这一缺陷，由球员B冲入罚球区内，接到球员A的直传后起脚进行射门（图3.85）。

4. 球员B在角球踢出之前，在罚球区中央先做一个假动作，而后赶紧改变跑动的方向，接住球员A的传球后，再一次触球将球回传。在两人相互传球之际，球员C跑向左侧，以接应球员A的传球，然后迅速起脚将球射向球门的远角。

另一种方式：球员C并非是自己抬脚射门，而是将球传给已经摆脱了防守跑到罚球区中央的球员D（图3.86）。

5. 球员B和球员C已经在对方罚球区内占据好位置。球员A先将球传给已经向边翼跑位的同伴D，同伴D接到传球后，一次触球用左脚将球斜传给球员B。后者既可以自己进行射门，也可以将球漏过，把射门的机会留给同伴C来完成（图3.87）。

6. 球员B完成一个假动作之后，迎向球员A大力传给他的地平角球奔跑；球员B

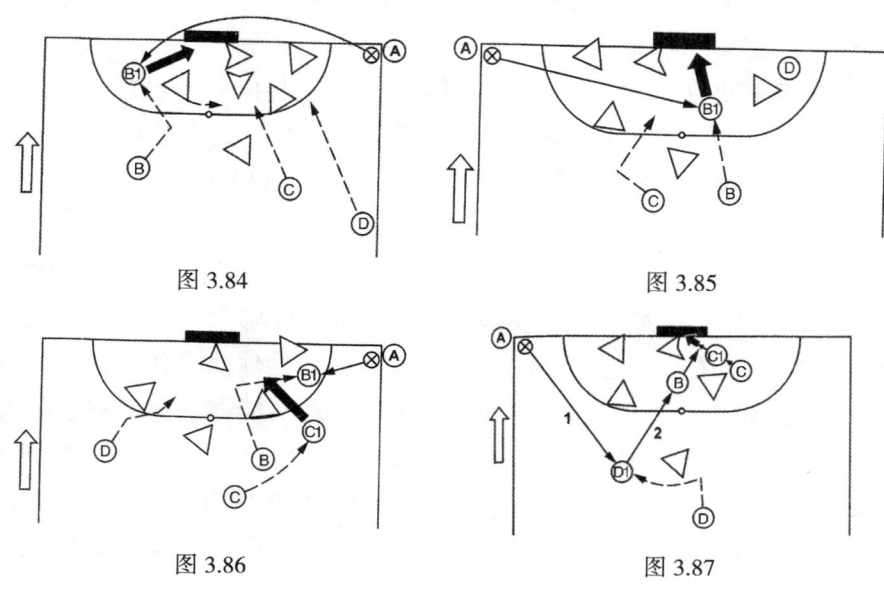

图3.84　　　　　　　图3.85

图3.86　　　　　　　图3.87

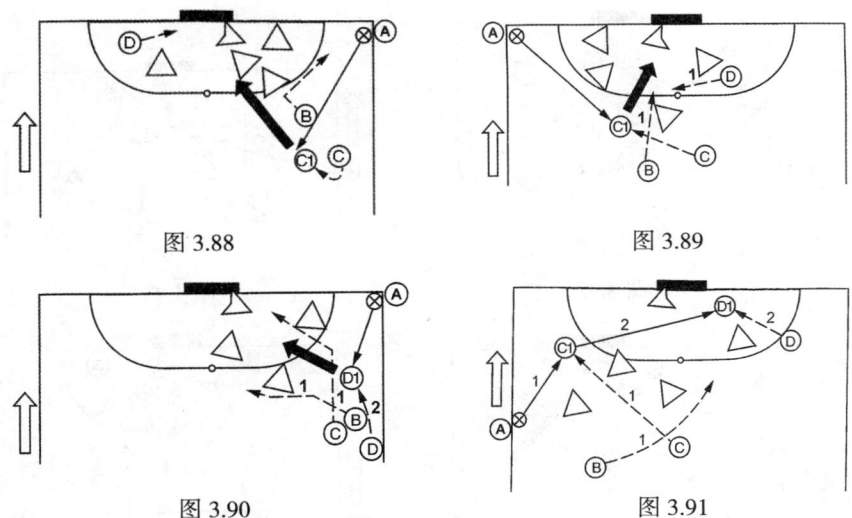

图 3.88　　　　　　　　　图 3.89

图 3.90　　　　　　　　　图 3.91

故意将球漏给擅长大力射门并且已经冲向球门的球员 C；后者接到传球后，在跑动中起脚射门（图 3.88）。

7. 球员 B 和球员 D 完成一个战术动作，以将防守球员的注意力吸引到自己身上。球员 A 利用这个机会将球大力传给同伴 C，由后者在跑动中射门（图 3.89）。

8. 进攻球员 B、C 和 D 在角球开出之际，都集中在球场的右侧。就在球员 A 准备踢出角球的一瞬间，球员 B 和球员 C 做出一个战术动作，以将防守球员的注意力吸引开。此时，球员 D 略作停顿后，迅速跑向射门的有利位置，那里正是球员 A 沿边线踢出角球的点（图 3.90）。

在边线的后面开球时的配合，在很多地方与开角球时的配合动作相类似，特别是在靠近罚球区时进行的配合；区别实际上仅仅在于开球的地点不同而已。

9. 由球员 A 开球，他的同伴 B 和 C 在开球前的一瞬间完成了一个斜线交叉换位。球员 A 将球传给已经跑到空位的同伴 C，后者接到传球后，立即将球传向球门的远方立柱，而此时球员 D 已经以一个令防守自己的球员猝不及防的冲刺跑，奔到球门的立柱旁接应传球（图 3.91）。

10. 球员 A 将球开给已经摆脱防守的球员 B，球员 B 接球后立即将球传给已经跑到罚球区线附近进行策应的同伴 C。此时，由球员 B 和球员 D 向罚球区完成一个交叉加速跑的动作，以给同伴 A 创造一个展开进攻的良好机会（图 3.92）。

11. 在球员 A 从边线准备开球的一瞬间，他的同伴 B 和 C 完成了一个战术策应动作，以迷惑对方。球员 B 稍作停顿之后，出其不意地突然跑到中间的位置，以接应来自球员 A 的传球（图 3.93）。

12. 图 3.94 展示的是进攻球员利用防守球员还来不及建立集中防守的情况。充分利用这一有利的时机，球员 A 将球开给能够大力且准确射门的同伴 B。

13. 球员 A 利用同伴 C 用假动作将防守球员的注意力集中在自己身上的时机，将球

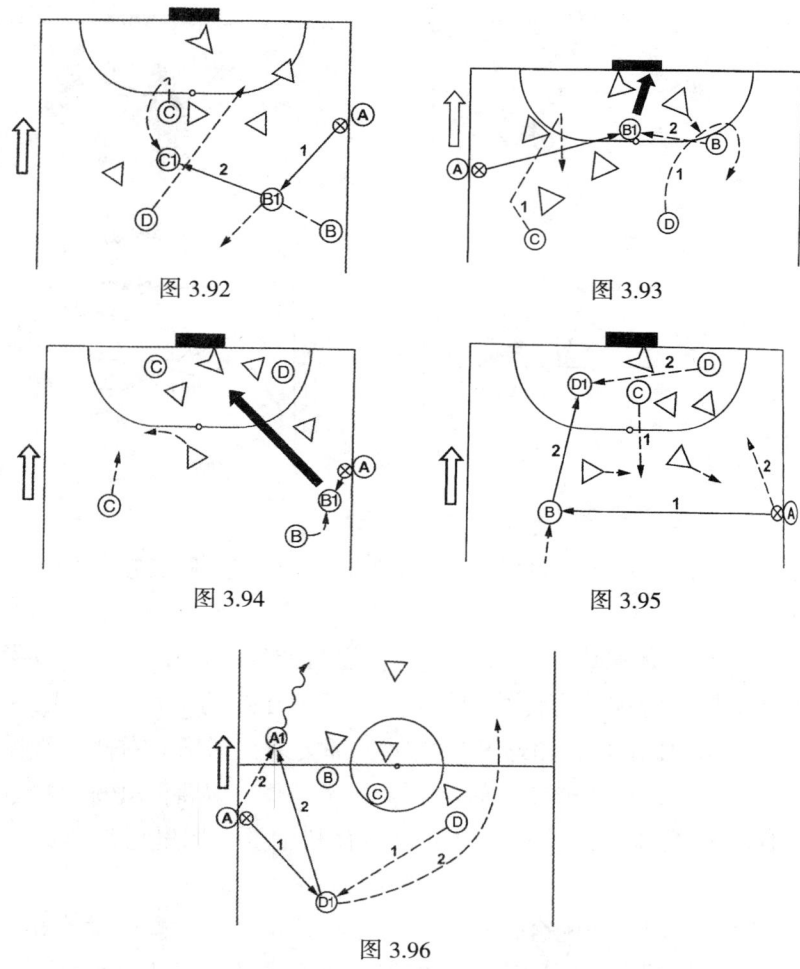

图 3.92　　　　　　　图 3.93

图 3.94　　　　　　　图 3.95

图 3.96

往左侧横传给处在空位的球员 B，由后者立即将球传给已经摆脱防守占据球门近处位置上的球员 D（图 3.95）。

14. 球员 D 正在进行一个从中线向后场的斜线快速奔跑，以使球员 A 有机会将球开出。球员 A 将球开出后立即往前跑向中场。球员 D 在行进中将球立即传给球员 A，自己则沿着右侧加速跑向对方球门区，以给球员 A 制造再一次展开攻势的机会（图 3.96）。

全队进攻战术

在五人制足球中，进攻的成败就在于球队集体为某个同伴创造攻破对方球门的有利条件所实施的全队进攻战术是否奏效。这样的战术行为应当在事前就规划好精确的组织形式、所有球员之间的相互理解，以及个人努力对整体利益的服从。如果无法遵守这些原则，就不可能在进攻中形成一套完全合乎要求的打法。

在任何一种战术体系中，全队展开进攻的战术都可分为两种——快攻和阵地进攻。快攻的实质就在于当成功击退对方球队的一次进攻之后，控球球员利用对方还来不及组织起防守，就急速转入针对对方球门的进攻。无论是依靠长传将球传给处在前方位置的同伴，还是借助于几名已经冲向对方球门的球员之间的快速短传配合，以及能从对方球员脚下断球球员的一些个人动作，都可以实施这样的进攻。这种进攻的突然性和高速度能够击垮对方，不给他们重新组织防守力量的时间。在反击中，往往是当球队在比赛中出乎意料地将对方脚下的球断下时，立即发动快攻最能奏效。当然，不排除在一般情况下的争夺中，也可能有这样的进攻机会。快攻意味着有三个阶段：开始进攻、展开进攻和完成进攻。

第一个阶段是快速地传球，将球传给处在前方位置上无人防守的球员，或者是已经"冲出"对方防守的同伴。当控球球员通过一些个人动作开始发动进攻时，实际上就不存在快速进攻的第二阶段，可以由1~3名球员同时参与向对方球门方向的突破。进攻球员的跑位方向取决于他们所占据的位置、对方防守球员的分布和抢断球的地点。每支球队中最好都能有一名能够在一旦断下对方的球之后可以立即将球传给他的球员，他的同伴应当知道他惯用的场上位置，在第一时间就将球传给他。

第二阶段包括当一名球员（或者是好几名球员）在得到传球之后的带球（或者是互相之间的一些短传配合），迅速冲向对方罚球区的跑位。这样的快速配合动作可以是沿着侧翼推进，偶尔也可以在整个宽广的球场上进行。对于进攻方的球员们来说，重要的是选择通往对方球门的最便捷的路径，因为进攻展开得迟缓会让对方球员重新建立防线，立刻会使进攻的难度加大。

第三阶段便是形成射门的局面和进行射门。

在对方已经及时回防并完全组织好集体防守的情况下，就采用阵地进攻。进攻方球员应当以全体球员都参与的系统进攻战术与对方这种组织好的防守相对抗。与快速进攻的不同之处就在于，为同伴制造有利的空位是通过更多次数的传球来完成的。在这样的情况下，只能依靠进攻球员长时间的控球能力。此时，全队的集体配合主要通过中短距离的传球来完成，并且大多数是横向的传球配合。在这样集体配合过程中，包含着个人的突破防守的意图，通过这样的方式为攻破对方球门创造先决条件。在完整的阵地进攻战术中，应当对进攻球员预先制订好明确的部署。

在现实中，阵地进攻战术分可为两套系统——有中锋的打法和没有中锋的打法。第一种情况下，中锋就是向前突进的球员，在控球方的球队中，他的所有动作都起到举足轻重的作用。这样的球员，其通常的位置部署在前往对方球门的区域，而其他同伴的位置，或者是背对着他，或者是面对着他，以使他在这样的位置上能够接到同伴从球场纵深传给自己的球。其他的球员则应尽力通过积极的、具有针对性的策应动作来支持正随机应变地实施进攻的中锋，利用任何机会让中锋能够得到传球。在这样的情况下，进攻球队可以运用各种不同的球员部署阵型，如3+1、1+3、1+2+1等（图3.97）。

任何一名球员原则上都可以充当中锋的角色，但通常总是偏向于由不仅能够迅速调整球路，找准对方球门，并且善于和同伴相互策应配合，能够战胜自己对面的防守

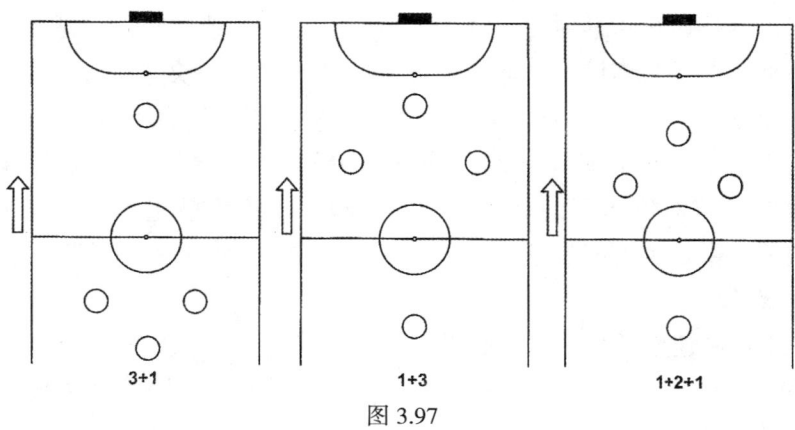

图 3.97

球员并准确地进行射门的球员来担当。能够抢断球、将球传给中锋、为了进一步与中锋相互配合去跑空位（在中锋附近或者他的周边），这些就是作为中锋的同伴们应当承担的基本职能。在接近对方球门的区域内，中锋应当能够积极地调动和吸引防守球员的注意力，同时为同伴创造射门的机会。当防守球员在中路进行密集的防守时，中锋就应当在边翼寻找位置，在以这种方式吸引住对方防守球员的同时，也就为自己的同伴空出了球门前的区域。如果对方防守球员没有紧跟上来对他进行盯防，那他就有机会接应传球，然后再完成摆脱，与守门员一对一形成"单刀会"，或者是朝向球门远立柱踢出有威胁的传球。在个别的情况下，是由中锋与执行这种职能的其他两名球员之间进行的配合打法。当控球方的守门员离开球门冲到前面充当"调度员"参与进攻的情况下，就可以采用这种方式（图3.98）。

如果球队中缺少特点鲜明并且技术突出的中锋球员时，那就应当通过对球员站位进行布局的战术，来部署自己的进攻行动，如1+3、2+2等（图3.99）这样的一些方案。这些方案都是以运用不同的配合，与球员个性化动作相结合为基础的，其目的就是要在对方球门附近的区域为某个进攻球员完成射门制造空位区。这样的进攻动作都是能够为从不同的距离朝对方的球门进行有效射门创造机会。

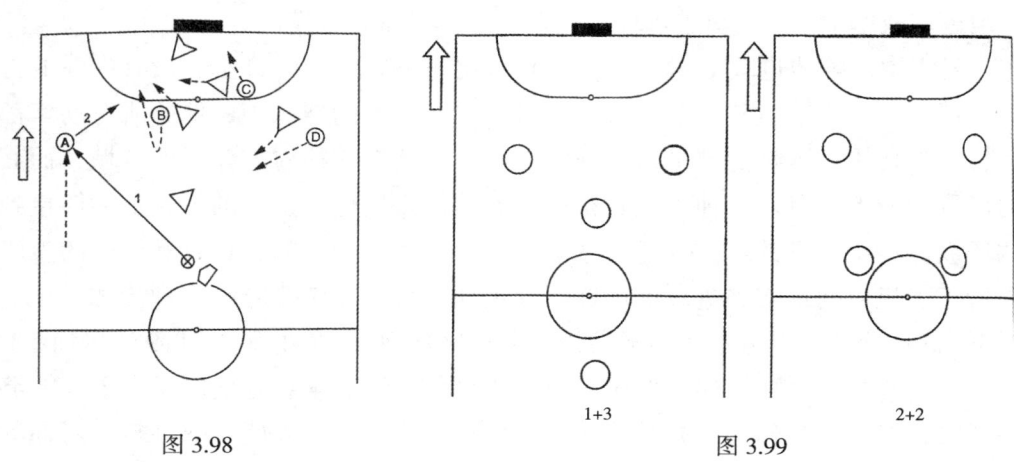

图 3.98　　　　　　　　　图 3.99

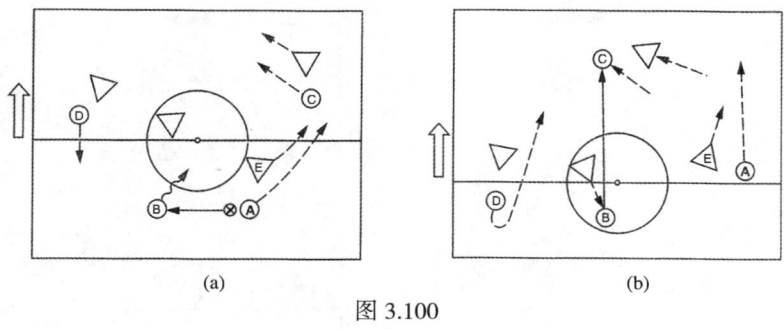

图 3.100

让我们来研究一下制订进攻行动球队的一些适用于不同球员位置的阵型。

◆ **1+3 阵型**

无论是在对方的防守半场，还是在场地的 3/4 处，都可以采用这种阵型。进攻球员依靠不停地跑位，能够有机会在不改变已采取的球员部署阵型的情况下交换位置。一旦传给中锋的球被对方球员抢断，通常会有三名球员仍然在进行防守。总体而言，这样的阵型要比其他阵型，如 2+2 阵型等有着更多的进攻机会，同时也能够保证防守的高度可靠性。

1. 球员 A 将球传给同伴 B，因此也就将自己的区域空出。球员 B 在接球之后带球朝中间挺进，此时他的其他几位同伴也开始见机行事：球员 C 进行斜线跑位，占据了中锋的位置。球员 A 跑位到了同伴 C 的位置上，而球员 D 做出动作，表现出准备要去占据球员 B 原先的位置［图 3.100（a）］。通过此时已经形成的一条空道，球员 B 将球传给中锋 C。与此同时，球员 D 甩开对方的防守，突然改变跑位方向，朝着与对方球门相反的方向奔跑，而球员 A 则沿着左侧做加速跑。这样一来，球员 D 和球员 A，就使自己与中锋 C 之间形成了相互的配合［图 3.100（b）］。

如果防守球员 E 没有去盯防球员 A，而是企图封堵住中间区域的话（图 3.101），球员 B 就将球迅速传给已经摆脱防守正沿着边侧跑动的同伴 A。在这种情况下，球员 A 有机会起脚射门，或者是将球传给同伴 C 和 D，由他们两人合力完成对这个传球的接应。但是，如果进攻球员的上述进攻方案都难以获得成功的话，球员 A 就将球回传给同伴 B，后者照样迅速地将球传给摆脱了防守、奔跑到前方位置的球员 D，由他带球往前进攻，接下来或者是自己起脚射门，或者是将球踢向球门的远立柱，也就是球员 C 正在包抄跑位的地方（图 3.102）。在进行上述配合时，任何球员都不可忘记对控球同伴的掩护。例如，防守球员在对他进行严密的盯人防守时，处在边翼位置上的进攻球员应当在其接近的同时对其进行掩护；如果防守球员对控球球员的盯人防守还存在一段距离时，那么，时刻准备好接应的球员对他的保护就可以离得稍微远一些。

2. 进攻方球队正在努力运用下一个阵型——1+3 阵型。处在左侧的球员 A 正在完成一个假装的冲刺动作，将对自己进行防守的球员吸引开，以此空出中间区域。他突然改变了跑位方向，转而跑向已空出的区域，得到一个短暂的机会将球传给中锋 C。与此

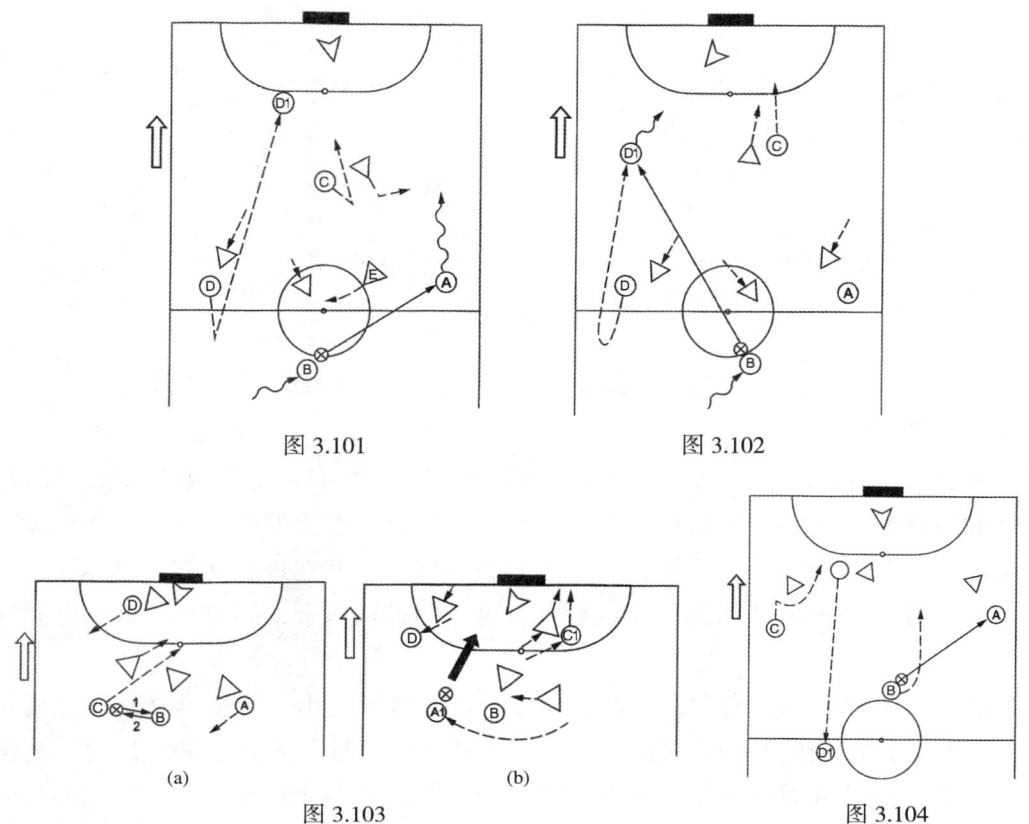

图 3.101　　　　图 3.102

图 3.103　　　　图 3.104

同时，球员 B 在一旁进行助攻，从中锋的右侧跑向对方球门，而球员 D 则将自己防御的区域封锁住。

3. 若进攻方球队采用的是 1+3 阵型，为了使己方得球的同伴能够展开动作，为中锋空出了对方球门前方的区域，球员 B 和球员 C，先是将球在两人之间进行相互短传。球员 C 在接到同伴的回传后，故意向对方显露出想要继续进行这种对他们不具危险的短传意愿，以使他们放松警惕 [图 3.103（a）]；而自己，突然将球留给已经跑向左侧的同伴 A 后，往对方的罚球区内奔跑，以将对方的防守球员吸引过来 [图 3.103（b）]。球员 A 此时获得机会，或者立即起脚射门，或者利用此时已经带着身后的防守球员转移到了边翼的中锋对自己的策应，沿着空出的通道向前方跑动几步之后再起脚射门，而封堵住自己防守区域的重任就落到了球员 B 的身上。

4. 当中锋因被对方严密看守住而无法给他传球时，球队在进攻中也采用这个方案。在这样的情况下，已经处在左侧，正在沿着场边跑动的球员 A 能够接到球员 B 的传球，可以迅速跑位占据射门的有利位置。他们的同伴 C，与此同时也做出同样的策应，使球员 A 有机会将球传给两人中的一个，由其完成射门。在这样的情况下，中锋（D1）应快速回到自己的防守区域进行封堵（图 3.104）。

5. 进攻球员在力求制造对方防守中的漏洞，并使中锋得球的同时，还要进行面对面的换位移动。由球员B控制球，与此同时球员A和球员C进行面对面的移动换位。球员A直接从控球球员B的前方跑过，而球员C作面对面的跑位，跑到前者的位置[图3.105（a）]。在这种情况下，可以采用下列继续进攻的方案。当球员A在同伴B的前方跑过时，将球托起，并带球沿左侧奔跑，考虑到出其不意的因素，此时他正处在一个十分有利的位置[图3.105（b）]；或者是由球员A在从球员B的身旁跑过时，将球留给后者，此时球员B就可利用因球员A的跑位出现的缝隙，将球迅速传给中锋。

6. 控球方球队对抗依靠于个人防守能力的防守方。球员B将球传给处在边翼的同伴A；与此同时，中锋C快速冲向球员A，占据他身边的位置，似乎是准备要接应传球，并将防守方球员吸引过来；充分利用这个配合掩护的时机，球员A带球向前奔跑，与沿着右侧往前方跑位的同伴D形成进攻中的人数优势（图3.106）。

7. 球员A将球短传给跑位至中场附近的同伴B，而自己则冲向左侧；球员B立即将球长传给已经处在前方准备面策应的中锋D；球员C摆脱自己的防守后沿右侧跑位进行助攻，球员B则留下来担任护卫同伴的角色（图3.107）。

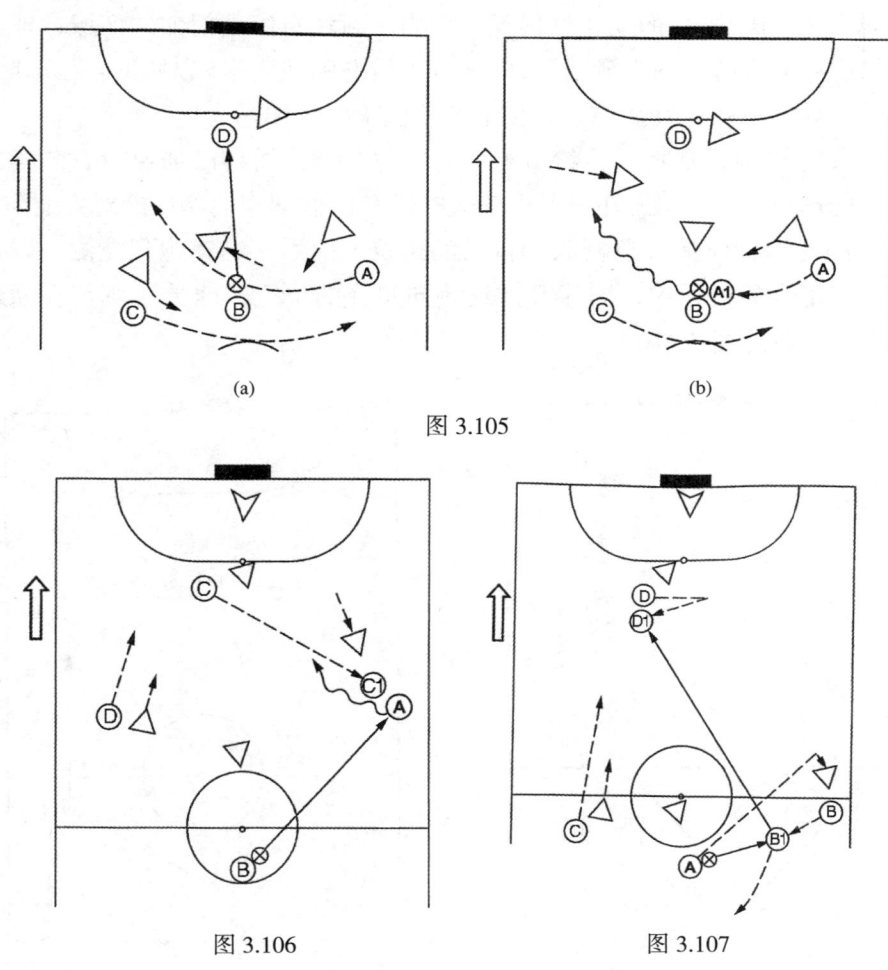

图3.105

图3.106　　　　　　　图3.107

8. 球员 A 将球往右侧传给同伴 B，而自己完成假动作后也迅速跑向右侧；球员 B 立即将球传给处在左侧位置上的球员 D，自己则迅速通过中间区域向前方奔跑。此时，球员 D 将球传给已在前方作策应的中锋 C，而自己则退回中间为同伴担任保护（图 3.108）。

◆ **1+2+1 阵型**

当球队在进攻中力求采取积极主动的进攻战术，又不希望在防守中冒险的时候，就应当派出两名边锋上前援助中锋。两名边锋应当在球被对方截断的情况下立即回撤，以协助自己的防守球员。原则上，1+2+1 阵型是 1+3 阵型的变形配置。

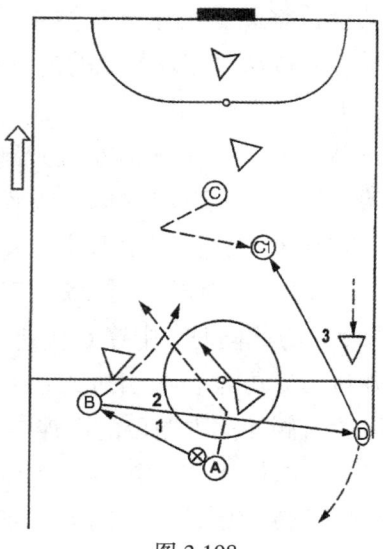

图 3.108

1. 处在左侧的球员 A 被防守球员紧紧盯防住，就将球传给同伴 B。这时，右边锋球员 C 朝着对方罚球区域内做出一个斜线的加速奔跑，而中锋 D 在完成一个假动作后转而跑向右侧；防守球员 E 对球员 C 和球员 D 的动作做出反应，力求封堵自家球门前的区域；球员 B 立即将球斜传给已经无人防守的中锋球员 D；球员 A 沿左侧加速跑，以协助自己球队的进攻；球员 B 则作为防守队员留在后方担任护卫的角色（图 3.109）。

2. 处在右侧的球员 D 将球传给自家的防守球员 A，而自己加速沿右侧奔跑，同时将看守自己的球员 F，以及另外一名正在被中锋 C 的假动作迷惑住的对方的防守球员 E 吸引到自己的身上；球员 C 急剧改变自己的跑位方向后，迅速跑到左侧，以接应球员 A 的传球；在配合的过程中，同伴 B 加速跑向中锋的位置；球员 A 则留在原地承担保护自己同伴的角色（图 3.110）。

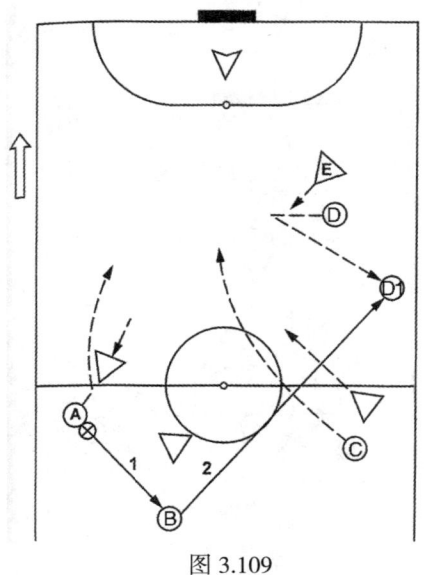

图 3.109

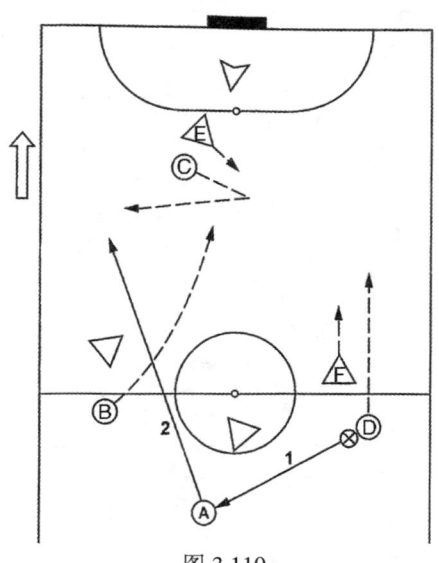

图 3.110

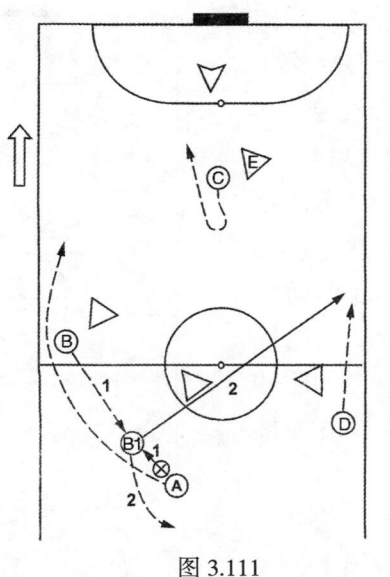 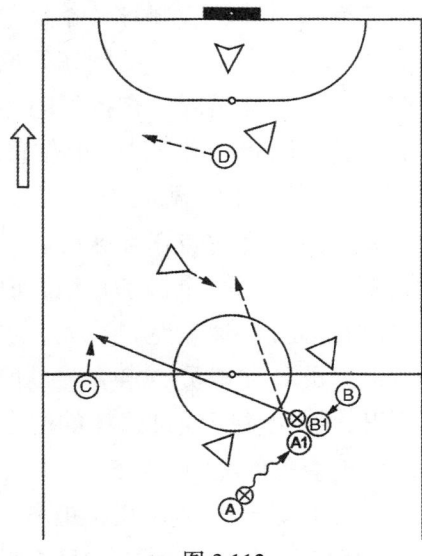

图 3.111　　　　　　　　图 3.112

3. 左边锋球员 B 突然跑向同伴 A 的身边，后者将球短传给他；球员 B 接球后立即将球斜传给正在沿着右侧往前奔跑的同伴 D；此时，球员 A 在完成摆脱后沿着左侧往前方奔跑，而中锋 C 做出一个假动作后，使防守球员 E 高度紧张；球员 B 在将球传出后跑回防守的位置上（图 3.111）。

4. 球员 A 正在往朝自己靠拢的同伴 B 的方向斜线带球跑动，并将球留给后者。球员 B 接球后立即将球传给处在左侧位置上的球员 C；与此同时球员 A 迅速跑到中锋 D 的位置上，而后者往左侧跑位，这样一来，球员 C 接到传球后就有能获得好几种继续进攻的方案；球员 B 在将球传出后，就跑回到同伴 A 的位置上（图 3.112）。

◆ 2+2 阵型

在现代五人制足球中，进攻球队基本上是在自己的球队中拥有两名经验丰富的、奔跑速度足够快，并且有能力发挥调度作用的球员的情况下，采用 2+2 阵型。在对方球员都紧缩在自家球门的附近，而进攻方拥有善于远距离和中距离射门的球员情况下，采用这样的战术配置也可能是十分奏效的。当采用这样的阵型时，处在后排位置上负责控球的球员没有人能够保护，守门员的站位就必须稍稍向前推进，以充当保护的角色。同时应当指出，在采用这种阵型的框架内进行配合，会造成进攻球队球员之间的配合动作有时会显得不够灵活，因为球队的防守线和前锋线之间存在的距离过长，增加了相互之间进行有效配合的难度。

1. 如图 3.113 所示，控球方的球队运用的就是 2+2 阵型。球员 A 在接到同伴 B 的传球之后，勇敢地带球晃过盯防自己的防守球员，以造成进攻中对防守球员的人数优势。与此同时，球员 C 和球员 D 则不时地向前奔跑进行策应，为球员 A 制造传球的机会。

2. 为了构建一个能够完成精确射门的进攻点，进攻方球员尽量利用对方紧缩在自己球门附近的局面，由球员 A 将球传给已经摆脱防守后跑到球门前方边翼的球员 D，自己则在完成一个假动作绕过盯防自己的防守方球员后，在接到同伴 D 的回传后起脚射门，由球员 B 回防取代其防守的位置（图 3.114）。

3. 球员 A 和球员 B 明显地进行相互之间的换位跑动，尽量拉开盯防自己的防守方球员。球员 A 在接到同伴 B 的回传后，突然用一个假动作甩开盯防自己的防守方球员，带球往前方快速奔跑，造成进攻中人数上的优势（3×2）；球员 C 和球员 D 各自将的盯防自己的防守方球员吸引开进行策应，通过这样的配合，为球员 A 接近对方的球门创造条件（图 3.115）。

4. 由球员 A 和球员 B 站在互相距离很近的位置上，以充当调度的角色，尽量将对方的两名防守球员 E 和 F 拉近在一起。球员 A 将球传给同伴 B，而自己则朝着防守球员 E 的方向奔跑，似乎是准备接应同伴的传球，与此同时，也将防守球员 E 向前方跑动的线路封堵住。防守球员 E 则紧随在球员 A 的身后，以为带球奔跑的球员 B 让出空位区，使后者可以穿过这个空位区冲向对方的球门区（图 3.116）。

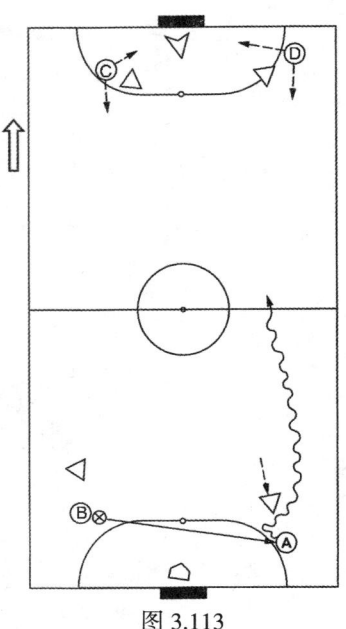

图 3.113

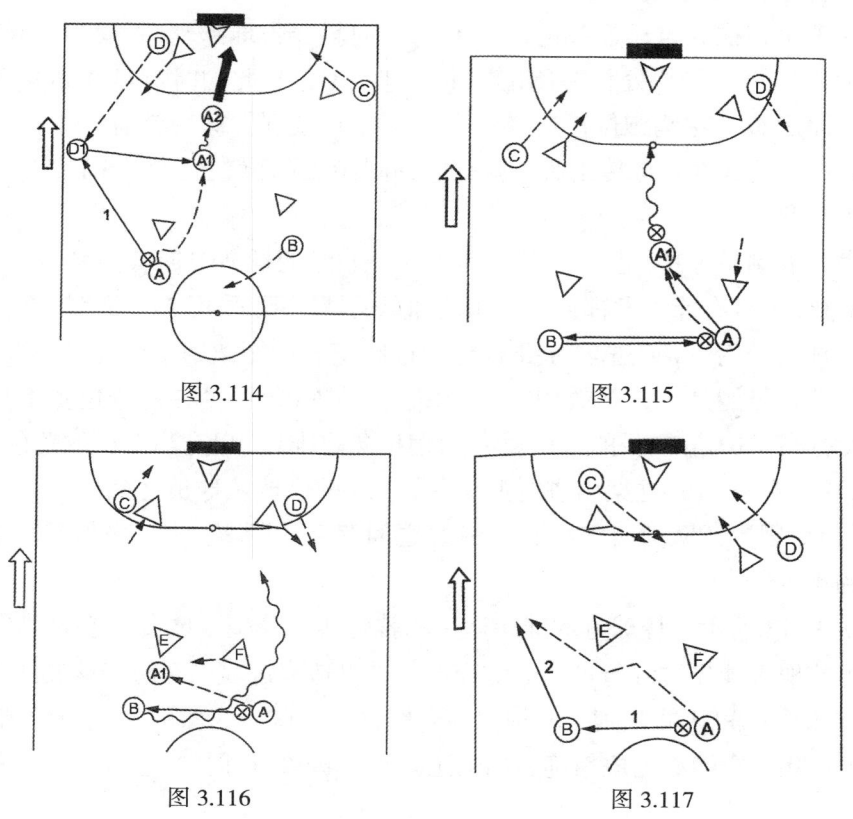

图 3.114　　　　　图 3.115

图 3.116　　　　　图 3.117

5. 球员 A 和球员 B 开始时像在上一个练习中那样，站在相互离得很近的位置上，充当调度员的角色；稍后发现，防守球员 E 和 F 采用的是区域防守战术，并且在球员 A 做策应时动作时并没有紧随其后进行防守；此时，球员 A 跑向左侧边翼，以在那里制造对对方球员的人数优势；球员 C 和球员 D 在将防守方球员引开的同时进行策应（图 3.117）。

6. 如图 3.118 所示，进攻方球队在守门员掷球的一刻，运用的是 2+2 阵型。防守方球员对控球方的所有球员都采取了严密盯防战术，以阻止守门员有机会将球抛传给进攻方的任何球员；在这样的情况下，进攻方就在前后排球员之间交换位置；当守门员双手将球拿起时，前排的两名球员 D 和 C 就迅速跑向自己的球门（往防守区域），以将盯防自己的防守球员吸引开；而后排的两名球员 A 和 B 在稍作停顿后，立即补位到前排球员原来的位置上，由其中的一名球员接应守门员高抛传出的球。

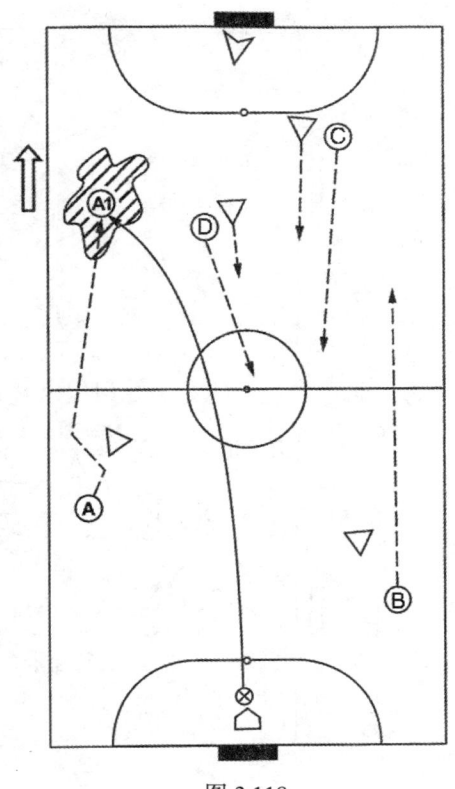

图 3.118

7. 进攻方的两名球员 D 和球员 C，在对方的防守下突如其来地进行了斜线交叉换位。球员 A 发现后，立即将球传给进攻球员 C，使其与完成摆脱后跑向中场位置的后排球员 B 之间能够获得一个相互配合的良好机会（图 3.119）。

8. 进攻方的球员在通向对方罚球区域的位置上进行相互间的配合，此时进攻方球员 D 跑向后场的方向，似乎准备要去接应后排球员 A 的传球，却突然在对方球员 E 和球员 A 中间的位置上停留下来，要对球员 E 进行封堵。与此同时，球员 D 已经将盯防自己的防守球员吸引过来；在进行这个策应配合的时候，球员 A 趁机将球传给已经完成摆脱跑位的同伴 B，自己则加速往对方罚球区域的空位区奔跑，以在那里获得同伴随之而来的快速传球（图 3.120）。

◆ 1+3 阵型

该阵型通常是在对方球队比分领先，而离比赛结束所剩时间不多的情况下，被控球的球队当作最后的一种挽救方式加以使用。在这样的情况下，守门员在防守中担负着重要的作用，他必须向前跑位，随时做好在失球的情况下保护同伴的准备。

球员 A 利用守门员的策应，绕过盯防自己的防守方球员，力求在进攻中造成人数上的优势（4：3）。三名前锋球员 B、C 和 D，应当做好随时准备接应传球（图 3.121）。

球员 A 将球传给已经从左侧完成摆脱跑位的本方守门员。球员 A 在传球后，做出

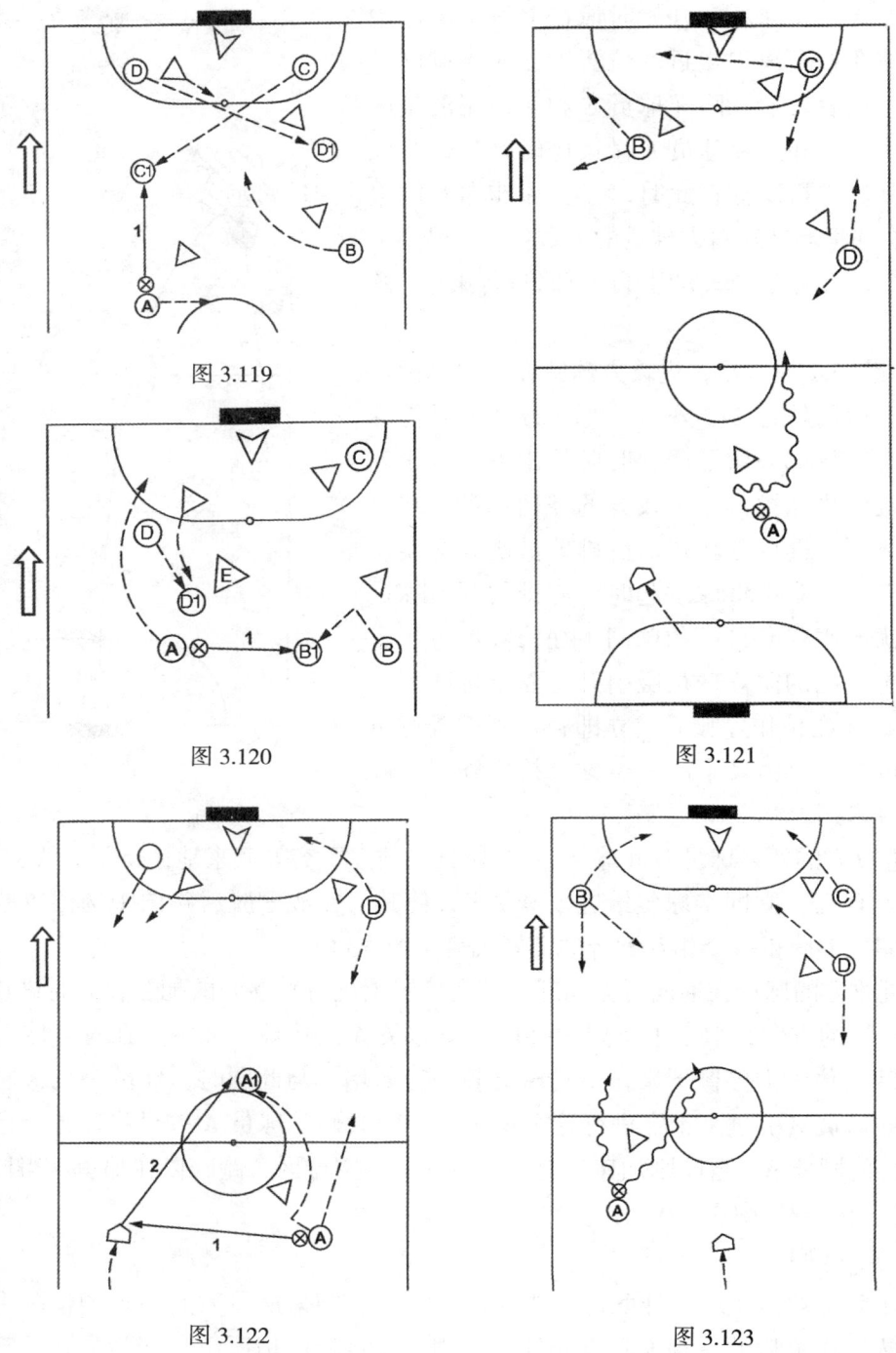

图 3.119

图 3.120

图 3.121

图 3.122

图 3.123

一个假动作进行策应，在甩开盯防自己的防守方球员，接住守门员的传球后，带球向前快速跑位，以造成进攻中的人数优势（4∶3）（图 3.122）。

图 3.123 展示的是前锋球员在边翼上的配置方式。当球员 A 成功地带球绕过盯防自己的防守方球员之后，每一个同伴（B、C 和 D），此时都应当做好接应传球的准备。

☐ 4-0 战术

4-0 战术是一种在本队缺乏强力中锋的情况下采用的一战术，4 名球员并无固定的位置，他们利用不断地跑位、牵制、摆脱、防守，打乱对方的防守体系，造成瞬间的空档及防线形成一字形，缺少了防守纵深，从而创造出突破和射门的机会。

☐ 5-0 战术

5-0 战术是一种特殊的五人制足球战术，绝大多数是在场上本方比分落后的情况下利用规则而使用，一般在下半场临近比赛结束前 10 分钟内采用。运用 5-0 战术时，多数情况下由组织能力和进攻能力较强的球员将守门员替换下场，攻到前场参与进攻，但要特别注意换人的时机。界外球和角球是运用 5-0 战术时最常见的两种进攻方式。运用 5-0 战术时的比赛阵型有 0+1+2+2 阵型和 0+2+1+2 阵型两种，其中 0+1+2+2 阵型使用次数最多；防守 5-0 战术时的比赛阵型有 1+1+2+1 阵型和 1+2+2 阵型两种，其中以 1+2+2 阵型居多。区域防守是应对 5-0 战术时最常见的全防防守战术，以弥补人数上的劣势。防守 5-0 战术时，封堵球技术运用最多，抢球和断球技术运用相对较少。五人制足球比赛中运用 5-0 战术可以形成更多的射门机会。

比赛中的防守战术

在五人制足球比赛中，防守战术是指防守球队用来化解对方进攻而组织的一系列战术行为。球队在防守时，应当建立起自己的打法，最大限度地增加进攻球员之间相互配合的难度，以瓦解进攻球员对球门前区域的渗透，不给对方射门的机会。同时，防守球员应当努力从对方脚下抢断球，并为自己的球队组织好进攻创造条件。这就是为什么需要以最为认真的态度去对待比赛中的防守战术。在那些高度重视战术训练的球队中，最被注重的就是球员之间的协调一致，所有球员都应具备对各司其职的把握和严格的比赛纪律。球队所选择的合理防守战术，能够在面对强于自己的对手时成为有效的武器。比赛中的防守战术，与进攻时一样，由个人战术、集体战术和全队战术组成。

□ 个人防守战术

防守中的成功打法，在很大的程度上主要取决于防守球队的球员是否善于与对方，无论是无球球员，还是持球球员进行个人之间一对一的较量。在任何情况下，最为重要的是防守球员要善于在比赛中选择最佳位置将对方的球员盯防住。因此，合理地选择好位置是成功抵御对方进攻球员战术的基础。

对于防守球员对付对方无球球员的战术，首先需要提醒的是，为了培养年轻球员认真对待这项有时并不明显却非常重要的职能，五人制足球队的教练员必须经常强调此战术的重要意义，并且要经常提醒，对于无球球员的盯防是一项比盯防持球球员更加困难、更为复杂的任务。其中的原因就在于，一方面，防守球员在对付无球球员的同时，必须将由自己负责防守的球员牢牢地封锁住，不让他有任何接应传球的机会；另一方面，防守球员还应当能够预先就注意到传给被防守球员或者传给其他球员的球，并将其抢断。因此，防守球员若要将对方无球的球员封锁住，就应当占据被防守的对方球员与己方的球门（身体略微侧对或者用背部朝向球门）之间的位置上，或者在预测的传球线路一侧的后方。在这样的情况下，防守球员与被防守球员之间的距离不可以一直保持不变，而是应当根据场上的局势不时地加以调整。因为，随着球不断地接近球门，或者是对方被防守球员朝着球门的跑动，距离总是在不断地缩短；或者是与此相反，随着球和对方球员离开球门不断远去使距离拉大。这个距离，常常也取决于防守球员本人与被防守球员在速度上的素质差异。

于是，防守球员在应对对方无球球员的战术中，实际上承担着两个任务：首先，要阻止对手得到同伴的传球，也就是对其实施封堵；其次，将传给对方无球球员的传球进行抢断。球员应善于在球场上明确地判断方向定位，懂得很好地去策应和完善脚下技术，这些技术有助于防守球员成功地将由自己负责盯防的对方球员防守住。

防守球员对付对方带球球员的战术包括抢断球、阻挠传球、带球、假动作和射门等。这些个人的技术动作以机动、灵活的防守为基础，要求防守球员必须将对方球员时刻处在自己的盯防控制下。

通常，防守球员在对方球员传接球或被控制的时候，采取一对一的对抗。在对方球员准备接应传球的情况下，迫使对方球员将主要注意力集中在准备接应传球上，剩余小部分注意力放在战术方法上。有经验的防守球员会尽量从中得益，审时度势，采用不同的方式将球抢断。在防守球员由于某种原因无法抢断对方球员球的情况下，他就必须竭尽全力阻挠对方球员带球快速向前方奔跑。此时，如果进攻球员最终接应到了传球，并开始带球向前方奔跑时，防守球员应当与其保持平行，尽力将其往球场边线方向挤压。处在这样的位置上，对方球员的空间就将变得十分有限，并在各个方向上在接受同伴的援助时都会受到制约。防守球员要以这样的手段尽力消除对方带球球员的威胁。

当对方球员在防守方的半场内进行斜线或与球门平行的运球时，防守球员的任务就不仅仅是通过动作去干扰对方运球，而是要尽力迫使进攻球员将球回传给处在消极被动位置上的同伴。

当然，对于防守球队而言，最为危险的情况是发生在进攻球队的球员积极争取获得射门的机会，包括在罚球区不同距离射门的时候。此时，占据背对着球门或者侧身对着球门位置的防守球员，应当通过自己的跑位来阻止对方射门。这样的跑位动作，实际上是在对持球的对方球员施加压力。防守球员将所有的注意力都集中于对方持球球员的脚上，尽量不让其起脚。抓住对方持球球员起脚的时刻，防守球员应迅速靠近他，并将自己的脚放在预想的球的线路上。如果防守球员没有成功阻止对方球员的射门动作，通常原因在于盯人防守的球员没有占据合适的位置，离对方的球员距离过远。在这种情况下，缺少对进攻球员施以压力，就意味着给进攻球员以更多有效攻门的机会。

下面就让我们来分析研究一些防守球员对对方持球球员盯防的实例。

如图 3.124 所示，防守球员 A 站在距离进攻球员 B 非常远的位置上。显而易见，处在这样一个不利的位置上，防守球员是无法对进攻球员施加压力的，而进攻球员却能够或者起脚射门，或者是带球往前方奔跑。

如图 3.125 所示，防守球员 A 占据了一个很有利的位置，能够对进攻球员 B 造成压力，而进攻球员却没有能够轻松地靠近球门的实际机会，因为防守球员 A 占据的位置阻止了这个动作。在这种情况下，进攻球员 B 只能将球往侧翼传开，或者向后传给其他同伴（进攻球员 A、C 或者是 D）。

因此，在比赛中，个人动作在防守中取得成功的必要条件，就是必须时刻给对方的

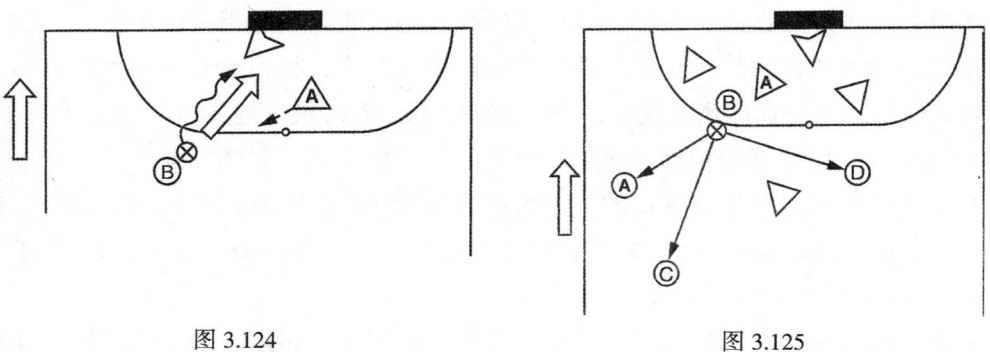

图 3.124　　　　　　　　　　图 3.125

持球球员施加压力。

　　青少年五人制足球运动员在进行个人的战术方法教学时，应当将实践教学与进行基本技术动作教学过程的计划紧密结合在一起。进行个人战术动作教学的次序：在对必须掌握的动作进行解释和示范之后，让球员们花些时间在轻松的情况下（以放慢的速度练习，在没有对抗情况下进行等）完成动作；然后，对抗的幅度不断增加；最终，使所学习的动作通过比赛性练习和教学游戏得到巩固。

【练习示例】

　　1. 球员们分为两人一组练习。在一条长度为 10~12 米线的两端安置两根立柱，球员们在其中一根立柱旁边站立（面对面），由其中一名球员以蛇形线路朝另一端的立柱方向运球，其他同伴则背部朝前往后倒退跑，尽量保持与运球者之间的距离（不超过 1.5 米），并始终处于进攻球员与身后的立柱之间。跑完这段距离之后，球员们相互交换角色，开始朝另一个方向继续跑动。

　　2. 数名球员各持一球在场地的中线后面排成一路纵队。由一名无球的球员站在 6 米之外的标记处，充当防守球员。球员们依次带球朝防守球员的方向奔跑，尽量绕过防守球员的防守，完成射门的动作。防守球员应当选择通过不同的位置，尽量阻止进攻球员的动作。进行一段时间之后，球员们与防守球员互换角色继续练习。

　　3. 在球门中间的位置上，用实心球搭成一个宽度为 2 米的小型球门。球员们分成两人一组，站在中线后面。每组各持一球，依次朝球门的方向进行跑动。防守球员站在球门与中线之间，尽力阻止进攻球员往前方跑动，并尽力将他们相互之间的传球抢断。为此，防守球员必须经常保持一个有利的位置，不让控球球员将球传给摆脱跑位的另一名同伴。控球球员的任务则是战胜防守球员，并以低平球朝小球门进行射门，接到同伴的传球后直接进行射门也是准许的。接着，进攻球员与防守球员互换角色继续练习。

　　4. 由一组球员排成一列纵队，站在 10 米标记处的位置上。由一名负责发球的球员带着几个球站在侧翼的位置上，一名负责防守的球员站在罚球区中间的位置上。负责发球的球员应当发出这样的球：要让纵队的第一名球员在向前跑动并接到发球之后，能够进行调整，然后再完成射门。防守球员的任务是及时朝前方跑位并抢占有利的位置，使进攻球员无法起脚射门，然后发球球员再将球发给纵队的第二名球员，以此方法进行练习。球员们轮流与发球球员和防守球员互换角色进行练习。练习顺序可从左侧边翼和右侧边翼分别传发球。

5. 球员们分成两人一组进行练习。练习在 8 米 × 8 米的正方形的场地内进行。由其中一名球员借助运球和假动作，尽可能时间长地控制球，另外一名球员尽力将球截住。如果带球球员越出了正方形场地的边线，他就与同伴互相交换角色。承担尽力完成截球任务的球员应当尽量抢占有利的位置，以使自己能够从球落点的方向去靠近自己的同伴。利用控球球员的错误，他应当坚决地展开进攻，并使用五人制足球中允许的动作将球抢断。必须考虑的因素是，对于球员们来说，一对一的对抗是一项容易疲劳的练习，因此，进行这个练习时一定要有休息的间隙。

6. 球员们分成两人一组进行练习。在场地上画出一个 10 米 × 10 米的正方形，在正方形场地的两端各安置一个宽度为 1 米的球门。球员们努力朝对方的球门进行射门，并且守住己方的球门不让对方进球。防守球员的任务是保持在对方球员和球之间占据有利的位置。

7. 练习由三名球员一起完成，在一个 15 米 × 15 米的正方形场地内进行。由两名球员相互之间进行传接球，第三名球员要尽力触碰到球，或者将球截断。负责将球截断球员的任务是在盯防对方持球球员的同时，还将完成对打算接球的另外一名同伴的防守。为此，他必须同时面对两名对手，以及对球，都保持监控的能力。

8. 练习由四名球员同时完成，在一个 20 米 × 20 米的正方形场地内进行。由两名球员进行控球，尽可能长时间地将球控制在自己的脚下，另外两名球员则要保持对对手的监控。此时，负责盯防无球球员的防守球员，要尽量不让其跑到空位上去接球。当这两名球员得球并将球控制住之后，他们就与对手互换角色继续练习。

9. 练习在一个 20 米 × 20 米的正方形场地内进行，由两名球员与另外两名带球的球员进行对抗。防守球员尽量进行个人盯防，每名球员各负责盯防一名具体的进攻球员。

另外一种方式：由第五名球员加入练习，帮助负责进攻的一方，进攻方可以随时将球传给他。防守方的战略就在于，在对一名带球的进攻球员进行盯防的同时，还必须将另外一名进攻球员接传球的线路截断。

10. 由四名分布在球场中线后方的进攻球员负责组织进攻，防守方有一名守门员和四名防守球员。进攻球员运用过人和传球技术向球门的方向推进。防守球员（每名防守球员各人负责看住对方的一名进攻球员），尽力将球从他们的脚下抢断掉。如果进攻球员成功完成了射门动作，他们就重新开始；如果防守球员成功地将球截断下，双方球员就互换角色继续练习。

□ 集体防守战术

集体防守战术的目的，就在于通过采用及时地找准对方的进攻球员、对自己的同伴进行掩护、在进行防守的过程中交换盯防对象、利用人数的优势将对方的传球抢断，以及在人数不占优势的情况下，通过防守球员的相互配合等一系列战术和手段，来对抗进攻球队的配合性战术打法。

找准进攻球员。球队一旦将球丢失，就变成了防守方，而球队的球员则必须开始采取明确的防守动作，以确保自己球门的安全。例如，一名球员在失球后，就必须马上投入与对方控球球员的拼抢中。为此，他应当立即往后撤，并尽量与进攻球员保持处在同一条线路上，或者是占据后者附近的位置，以阻止进攻球员往球门的跑位。

防守球队的其他球员应当以积极的姿态去应对进攻球队的其他球员。防守球员的任务就是找准自己的对手，不让他们有机会绕到自己的身后，并在球门前的区域内占据有利位置。如果防守球员不能及时地找准负责进攻的球员，就会严重地威胁到已方球门的安全。

如图 3.126 所示，球员 E 在绕过对方球员 B 之后，突然成功地将传给后者同伴 A 的球截下。在这样的情况下，防守球员来不及进行重新组织和迅速地找准进攻球员，因为此时球员 D 已经无力对球员 F 冲往球门的路线进行封堵，造成后者能够迅速接到由断球同伴 E 传来的球。究其原因，这是由于防守球员的位置过于分散，从而导致他们中的每一名球员都处在十分被动的状态。

以上已经提及，在需要找准对方的进攻球员时，同时能够将球和进攻球队的所有球员都置于自己视野中的技能，在足球比赛中发挥着非常重要的作用。而那些来不及跟上进攻球员的快速跑位，只能够对球移动方向进行观察的防守球员，经常只能充当一名被动的观察员的角色，给对手占据有利的位置创造良好的机会。有经验的防守球员经常是将目光投在肩后，以便根据球场上瞬息万变情况进行判断并采取行动。

保护同伴，这是由一名或者好几名球员为了帮助同伴，去盯防对方球员而实施的一种战术行为。在组织防守时，保护者的存在能够发挥重要的作用。例如，如果防守球员在与对方持球球员一对一的对抗中，若无法占据有利的地位，负责保护的球员就要及时干预，以消除已发生的危险情况。除此以外，负责进行保护的球员对正在接近对方进攻球员的同伴，还有着心理上的支持。通常，负责保护的球员应当占据比正在与对方进行一对一对抗的同伴离自家球门更近一些的位置上。如果负责保护的球员与正在与对方球员进行一对一争斗的同伴处在同一条线路上，或者直接就处在前者的身后，可能导致自家球门附近的局面恶化。必须牢记：当两名防守球员都处在一条线路上（横向或者纵向线路）时，一般来说，无论是对于进攻球员的有效攻势，还是良好的保护战术，都难以取得有效的效果。

如图 3.127 所示，防守球员 A 和 B 实际上都处在正面横向的同一条线路上。这样的

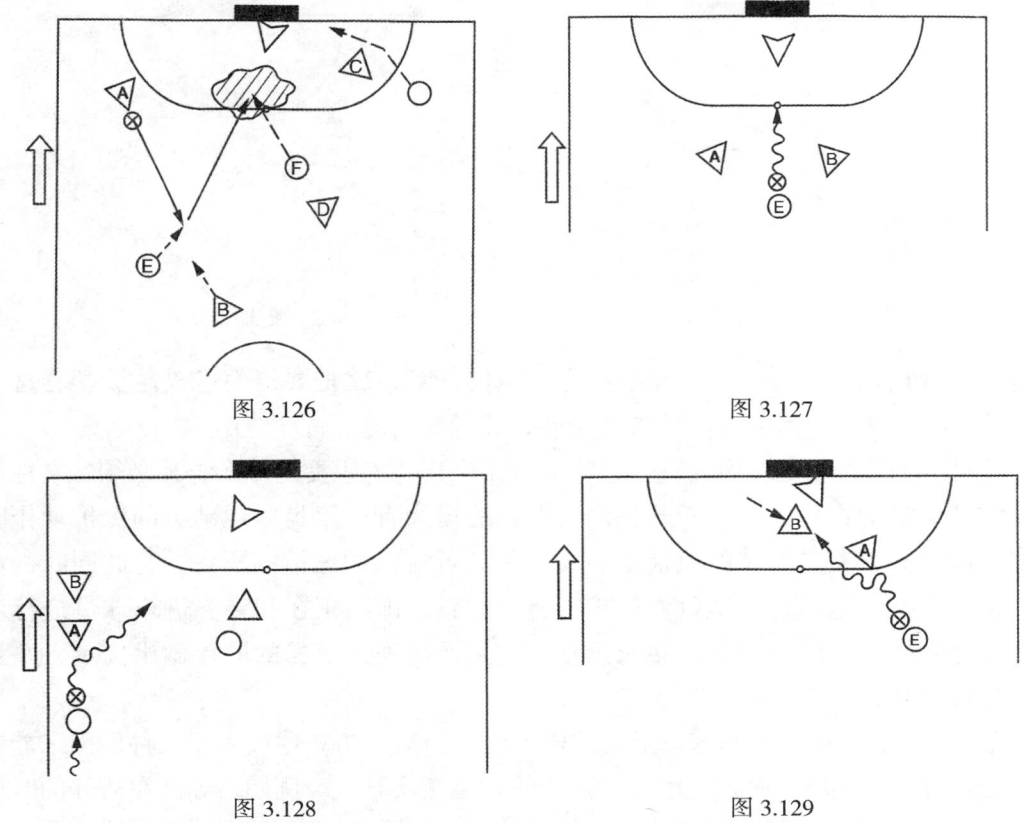

图 3.126　　　　　　　　　图 3.127

图 3.128　　　　　　　　　图 3.129

情形对于进攻球员 E 十分有利，他可以轻松地突破，直逼向防守球员的球门。

如图 3.128 所示，防守球员 A 和 B 两人都处在沿边翼往纵深的同一条线路上。这时，负责进行保护的球员 B，朝着正在与带球进攻球员进行一对一对抗防守的同伴迅速跟进。进攻球员就获得一个很好机会，在甩掉对自己的防守后，可以直接冲向球门。

再看图 3.129，负责进行保护的球员 B 占据了一个正确的位置。他站在靠近自家球门前，占据了正在一对一对抗防守对方进攻球员的同伴 A 身后的位置。球员 A 在一对一对抗中无法将对方球员 E 防守住的情况下，负责进行保护的球员 B 就可以及时顶上前去，将通往球门方向的线路封堵住。在图 3.130 上是相同的场景。进攻球员 E 正在沿球场边线带球向着前方突破。负责保护的球员位置应当是在后面，离自己的同伴略微侧面一些的位置上。这种情况使得对方球员在完成摆脱后只能沿着边翼继续向前推进。然而，负责保护的球员已经准备好在那里迎接他。如果进攻球员 E 还是决定要战胜防守自己的球员 A，然后试图从中间的位置上进行突破，那么负责保护的球员 B，就能够做好准备再次对这个危险的动作加以封堵。

下面再来研究分析另一个场景。如图 3.131 所示，进攻球员 E 正面对着防守球员 A，他不得不带球沿正面，也就是球场的横向移动向前。防守球员 A 将对方紧紧盯防住。负责进行保护的球员 B 的位置处在自己同伴的身后稍稍侧面一些的位置上，正在严密

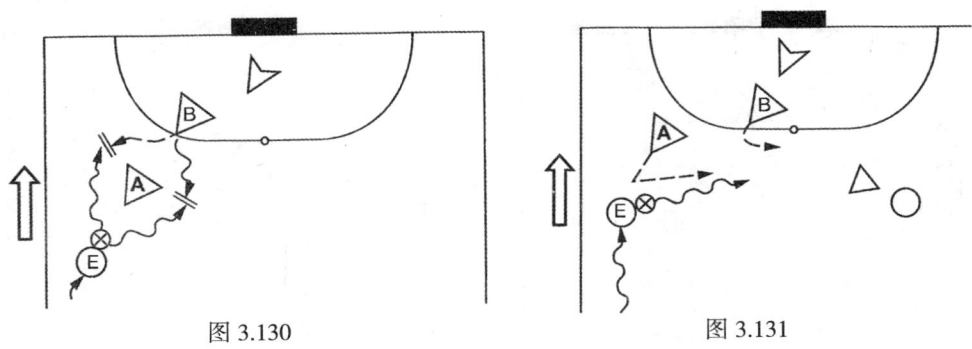

图 3.130　　　　　　　　　　　　　图 3.131

地监视着进攻球员的每一个动作。防守球员的任务，就是要迫使进攻球员朝着这个方向移动，阻止其带球跑向球门的方向突破，或者是向前方将球传出。

因此，在五人制足球中，每一名球员，无论其基本职责是什么，都必须经常性地承担起保护球员的责任。有鉴于此，建议在训练提高青少年足球运动员的保护动作时，全体队员都应当参与，其中包括学会履行一名负责保护球员的职责。与此同时，首先必须予以注意的是，要占据负责保护的有利位置，即与正在和对方进攻球员进行对抗的同伴之间间距，以及形成的相应角度，必须及时地向自己的同伴做出提示，并且对自己的同伴提供心理支持。

交换盯防是一种交换防守球员的战术手段。当某个防守球员由于某种原因未能看住被自己盯防的对方球员时，使用最为频繁的就是交换盯人。例如，球队在防守的时候，对整个球场上的每一名对方球员都要盯防住，然而进攻球队中的一名球员（带球或者无球）很有可能成功地摆脱盯防，在这样的情况下，靠近他的球员就要立即对这名进攻球员进行交换盯防。而将人漏防掉的同伴自己也应当及时地交换，去防守剩下的那个无人盯防的对方球员。

如图 3.132 所示，防守球员 E 未能盯住被看守的对方球员 A，使后者颇具威胁地沿着边翼向前推进。此时，防守球员 F 离开了被自己看守的对方球员 B，与同伴 E 进行交换盯防。同伴 E 则不得不立即进行交换盯防，将对方球员 B 防守住，而球员 G 则应当承担起对同伴 E 进行保护的职责。

在进攻球员进行交叉跑位时，也可以进行交换盯防。这样的机会，是在进攻球员相互处在同一条线路上的时候。防守球员也可以进行盯防的交换（图 3.133）。

集体抢断对方的球，这是一项防守球员之间进行相互配合的战术，要求球员们掌握协调一致和互相策应的配合，当然，还必须掌握良好的抢断球技术。在五人制足球中，集体抢断球最为有效的运用是在进攻球员交叉换位时，或者是在守门员边线开球的情况下。在按照区域性防守的原则实施防守战术的情况下，也可以运用集体抢断球的配合。例如，在进攻球员采用交叉跑位配合的情况下，当两名同伴靠近的那一瞬间，负责盯防对方无球球员的那名防守球员突然主动地进行交换，去盯防控球的进攻球员（图 3.134）。同时，负责盯防该名进攻球员的另一名防守球员，也要

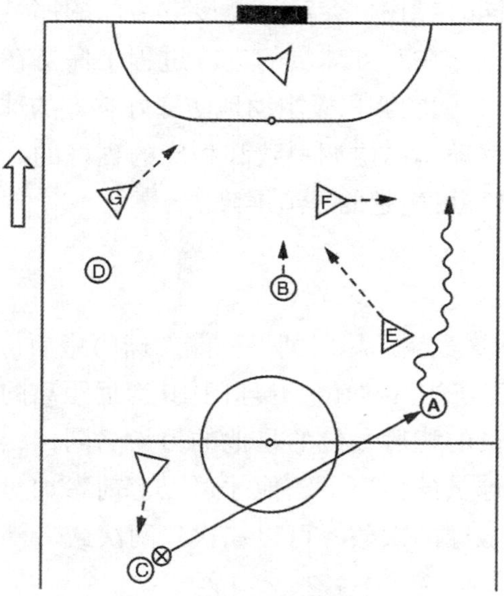

图 3.132

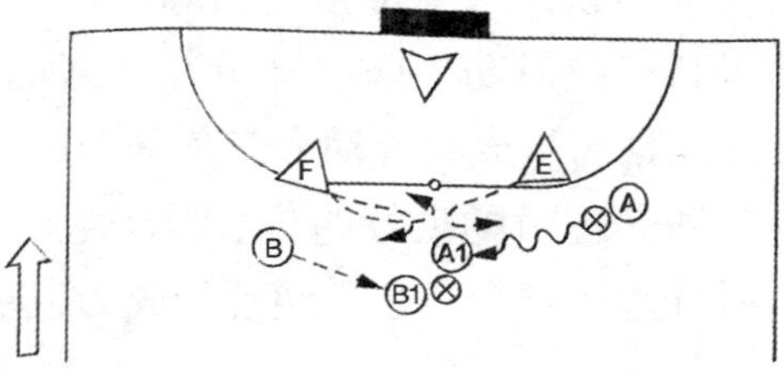

图 3.133

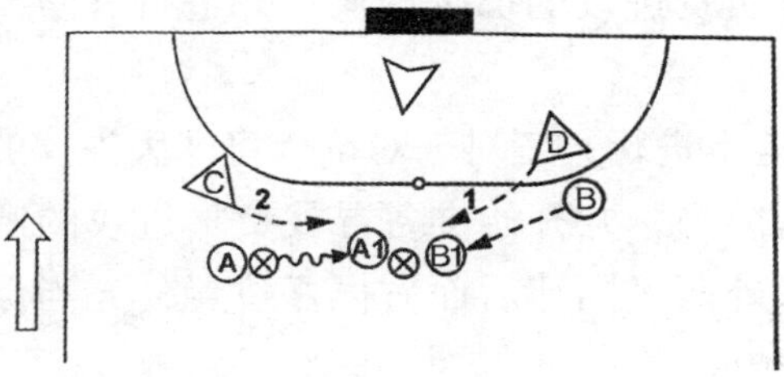

图 3.134

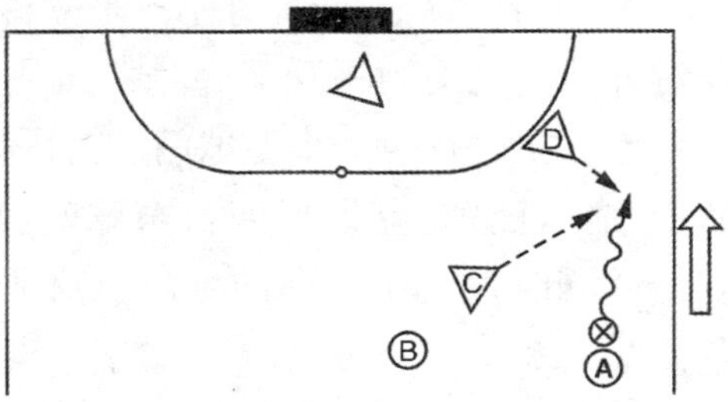

图 3.135

毫不犹豫地挺身上前去进行一对一的对抗防守。当球队采用区域防守的战术时，在有带球进攻的对方球员所在区域内，处在最近位置的其他同伴（或者是两名同伴）就应开始协调一致地对负责防守该区域的那名防守方球员进行帮助，将对方进攻球员的球抢断（图 3.135）。

以少防多的战术在五人制足球比赛中常见于当球员被罚下的场合。在这种情况下，三名防守球员要对付四名进攻球员。这时，防守球员最为合理的位置分布是所谓的流动大三角（图 3.136）。在这种队形下，距离带球的进攻球员最近的那名防守球员要竭尽全力对其进行封堵，不让他有机会射门或者占据射门的有利位置。防守球员在对其施加压力的同时，要尽量迫使进攻球员将球传给他的其他同伴。这时，剩下的其他两名防守球员就要尽量在其他几名对方球员之间占据有

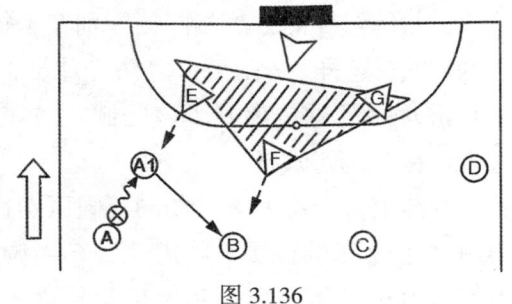

图 3.136

177

利的位置，以此来增加接应传球的难度，并同时寻找机会对将要接应传球的那名进攻球员进行交换盯防。防守球员在严密地站位，并在对方球员的进攻过程中保持在罚球区域线的顶部组成的流动大三角阵型的情况下，就能够积极主动地防守好本方的球门。每一名防守球员的良好跑位、整个大三角阵型动作的协调一致和相应的良好的心理素质，所有这些合在一起，经常会成为进攻球员不可逾越的一道屏障。

【练习示例】

1. 由两名进攻球员一边相互传球，一边从这一端的球门朝另一端的球门跑动，他们的任务是朝有守门员把守的球门射门。一名防守球员站在离开球门10米远距离的标记处，尽量阻止他们冲向球门。在这名防守球员的背后站位的是他的另一名同伴，充当保护的角色。在进攻球员突破了第一名防守球员的情况下，他才可以上前参加对抗。守门员只限制在球门线上活动。练习不限制触球的次数，可以三次、两次或者一次触球方法进行。

2. 练习在有限制的场地上进行，设置两个小型的球门，分成三对三一组对抗。将球丢失掉的一方球队，面临的任务是立即找准负责进攻的那名球员，并进行盯防，尽力破坏对方球员之间的相互配合。

3. 练习在设有两个小型球门的有限制场地上进行，三对三对抗。将球丢失掉的一方球队面临的任务是立即撤回自家球门前进行防守，并开始准备寻找负责进攻的对方球员。与此同时，其中一名防守球员必须在另外两名同伴后面占据好位置，充当保护的角色。

4. 在只设有一个球门的有限制场地上，由三名进攻球员与另外三名防守球员对抗，只有进攻球员才能进行射门。如果防守球员将球抢断，他们就将球踢向对面场地，以使进攻方从那里重新开始进攻。防守球员的任务是时刻占据自家球门与被盯防球员之间的位置，对对方球员实施紧逼的人盯人。防守球员截断并将球控制后，就与进攻球员互换角色练习。

5. 以练习4同样的方式进行，但是防守球员的战术任务是在一对一对抗时将球丢失的情况下，该球员同伴中的另外一名球员立即对原本盯防对方持球球员的球员进行交换盯防，而在一对一中丢球的球员，应当立即去盯防那名无人看守的对方球员。

6. 与练习5的方法相同，区别在于每一名防守球员只能在具体负责的区域内履行自己的职责。这样一来，每一名防守球员，只能盯防处在他负责防守的区域内的对方球员。一旦进攻方的球员离开了该区域，防守球员就要立即进行交换盯防，去看守另外一名进入该区域的进攻球员。

7. 与上一个练习方法相同，但区别在于增加了第四名进攻球员和第四名防守球员。第一名进攻球员直接参与进攻，充当调度员。第二名进攻球员则要在防守球员的身后占据有利的位置，以充当保护的角色。他的任务是，当一名防守球员在看守对方球员遭到失败时，立即投入拼抢。

8. 练习在20米×20米的正方形场地内进行，由三名进攻球员对抗两名防守球员。进攻方的任务是依靠传球，尽可能久地将球控制住。防守方的任务是要将对方脚下的球抢断。防守球员应当以下列方式行动：在进攻方带球的那名球员竭力想要掩护另外一名同伴的情况下，防守方的另外同伴应当尽力将第三名进攻球员严密盯防住，与此同时，还要用目光关注正在进行一对一拼抢的另一名同伴。在这种情况下，负责控球的那名球员就很难找到将球传出的机会。练习可以不限制触球的次数，三次、两次或者一次触球都可以。

9. 由三名进攻球员在20米×20米的正方形场地上与两名负责防守的球员进行对抗。在场地的一端设置一个小型的球门，由进攻球员首先发起攻势。当防守球员成功地将球截断球时，他们就将球踢往场地的对面，然后再由进攻球员重新开始对防守球员的球门进行下一轮的进攻。负责防守的球员要完成的战术任务是在对方球员进攻的时候，他们必须针对进攻球员的分布情况，注意正确选择好自己的防守位置。为此，防守球员要成梯形分布防守，以使两名球员之间能够互相保护自己的同伴。

10. 由四名场上球员负责进攻，对付三名守护球门的防守球员。一名守门员站在球门内。防守球员的任务是不让对方球员有机会渗入罚球区内起脚射门，为此就要采用保护和交换盯防的战术。如果将球成功抢断，防守方就将球踢到场地中央，由进攻方从那里重新开始练习。

☐ 全队防守战术

当一支球队能够获得全体队员都参与防守的机会的时候，那么，组织完善的全队战术就能够在任何一场比赛中都取得良好的结果。在五人制足球中，全队防守战术是借助于一定的战术打法体系来制定的：个人打法、区域打法和配合打法。每一种打法都包含三种防守战术的方式，其中的区别只在于防守球员对抗进攻球员时所处的球场区域的大小，以及防守球员防守的主动性表现的程度。这三种方式就是集中防守、分散防守和一对一盯人防守。

集中防守是防守球员在离本方球门最近处的主动性行为。这些主动性的行为或者动作基本上都是在球场1/4的区域内，或者略微大一点的区域内进行的。在这样的区域内，防守球队的主要力量都用于防守对方主要的那名进攻球员，阻断任何将球传给他的机会，以及阻挠对方球员之间的配合。

分散防守，是在通往本方球门远一些的区域内对对方进攻球员展开主动性防御的开始，也就是防守球队对已经处在球场的3/4或者1/2位置上的对方球员展开拼抢，迫使其仓促做动作，无法完成已经计划好的配合动作，并尽力将球抢断。当然，在这样的情况下，最积极主动的防守对象永远是对方的控球球员。

一对一盯人防守，是对对方所有的进攻球员，无论其处在什么样的位置和是否脚下持球，都展开的盯防。一对一盯人防守的实质，就在于从球落入对方球队脚下的瞬间起，每一名防守球员就要立即转入对具体的对手实施严密的盯防，封杀其接应传球或者将球传给其他同伴的机会。球队借助一对一的盯人防守，能够活跃自己的打法，突然间加快自己的节奏，逼迫对方忙中出错。借助于一对一的盯人防守，主要的目的是能给球队带来缩小比赛得分的差距，或者扳回比分的机会。对付体力和技术上准备不足，以及后备球员不够充足的球队，这种积极主动的防守战术方式特别有效。诚然，这种积极主动的防守方式也不可能是十全十美的。采用一对一盯人防守的球员本身也要耗费巨大的体能和承受心理上的负担。除此以外，在使用一对一盯人防守的球队中，个别球员之间配合动作的不一致，经常会导致防守失败，并造成本方球门前的危险局面。

以下，就让我们来研究分析上述各种盯防对手的防守体系，因为它们各有不同的使用原则。

◆ **个人防守体系**

个人防守体系指的是防守球队中的每一名球员都要针对对方球队的某一个具体的球员进行盯防。处在这种防守战术安排下，进攻球队的球员要完成摆脱接球、进行相互之间的传球或者射门，都非常困难。因为他们中的每一名球员都处在防守球队球员的严密盯防之下。在五人制足球比赛中，通常采用两种方式来找准进攻球员。第一种方式是教练员事先就指派好由哪一名球员去盯住对方哪一名球员，一般是以一名最善于随机应变的球员负责盯防对方速度最快的那名球员。第二种方式是由防守球员自己在比赛过程中选择离自己最近的那名对方球员进行盯防。当然，后一种方式可以在球队所有球员的训练水平都相差无几的情况下使用。两支球队的个人能力与对方基本相近的情况下，就可以使用个人防守的方式。

个人防守战术体系既可以事先就对防守球员针对对方某个球员进行交换盯防做出具体的规定，也可以在事先并不做出具体的规定。在做出规定的情况下，要求防守方的每一名球员都要掌握高度的随机应变能力和相互配合的协调性，以及能够对比赛中正在发生的局势做出正确判断的能力。在五人制足球的个人防守体系中，可以由防守方球队在各种不同的赛场区域内使用：球场的3/4和1/2区域，或者是整个比赛场内。在这方面，各种战术方案的选择，要根据本方球队球员技术和对方球队球员的训练水平，以及在比赛中出现的状况来决定（或者是球队已经输球，出现了必须将球控制住的情况，或者在是对方已有一名球员被罚下，或者出现了必须打乱对方球队的习惯战术，踢出自己的打法的情况等）。总体而言，采用个人防守战术，能够使球队有机会针对对方进攻球员一直施加压力。与此同时，也应当考虑到对方控球球员相对容易战胜防守球员所造成的威胁。不能忽视防守球员互相之间进行掩护的难度，特别是在分散防守和一对一盯人防守的情况下。在这样的情况下，防守球队在截断球并将球控制住以后，在组织快速突破时，会有一定的难度。

下面研究分析个人防守的几种类型。

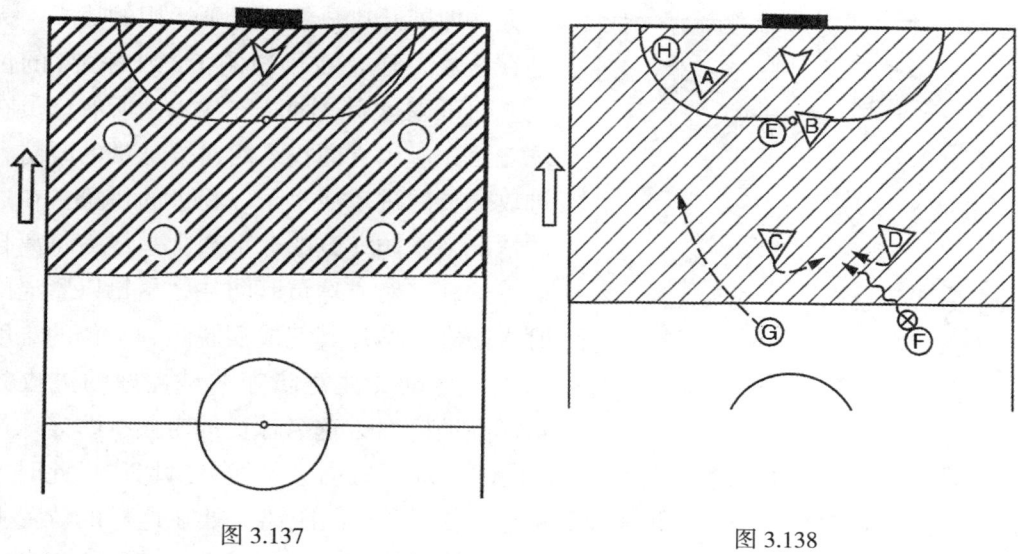

图 3.137　　　　　　　　　图 3.138

　　这种情况下的防守类型是这样的：防守方球队的球员在将球丢失后，迅速退防回到自己的半场，在球场的大约 1/4 的位置上占据好自己的位置（图 3.137），就在这个位置上防守进攻方的球员。此时，每一名防守球员也开始对事先指定好的进攻方球员进行严密盯防。

　　如图 3.138 所示，防守方球队运用的就是集中的个人防守。由球员 B 对进攻方球队的中锋球员 E 进行积极地盯防，后者一直在罚球区域内来回跑动，尽力想要接应同伴的传球。防守方球队的其他球员，则针对在球门区内跑动的每一名对方球员都具体地加以严密盯防。与此同时，他们还必须随时准备好策应保护自己的同伴 B，因为球员 B 负责盯防的是对方最具威胁的中锋球员。进攻方球员竭尽全力想要依靠个人技术动作或者配合打法突破防守，寻找在中距离和近距离射门的机会，但是在集中防守的情况下，要做到这些并非易事，因为这种防守战术能够使防守方球队的球员在与个人能力强悍的对方球员进行拼抢的过程中相互援助，而在靠近自家球门前有限的区域内，防守球员的站位密度又给进攻方球员组织有配合的进攻以及从危险区域的射门增加了难度。不过，也应当考虑到这种防守战术的不足之处。应当看到，处在球场稍微纵深一点位置上的进攻方球员 G，他完成动作的自由度相对来说最大，也最具实际意义，处在这个位置上能够得到从远距离射门的机会。

　　分散的个人防守常用于针对拥有擅长中远距离射门球员的球队。为了不给对方球员射门的机会，并遏制住对方展开进攻时进行的配合，防守方球员通常在 3/4 或者 1/2 球场的位置上就要开始主动地盯防进攻方的球员。一旦在对方半场区域内的进攻受到挫折，或者在中场区域将球丢失后，球队就立即转为防守，所有的球员就应当尽快地找准具体的对方球员，或者是对离自己最近的对方进攻球员进行防守（图 3.139）。

　　个人一对一盯防战术是在将球丢之后，必须马上将对方球员的传球抢断，并阻止

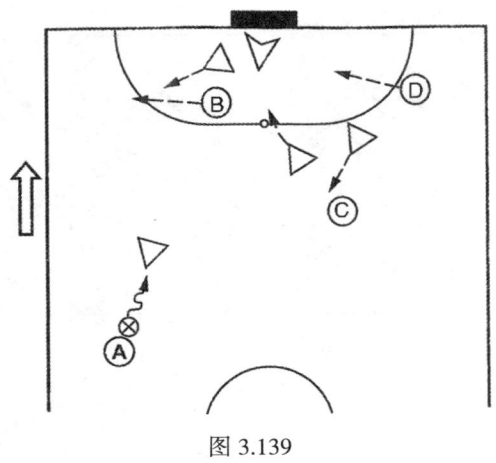

图 3.139

对方立即展开攻势的情况下运用的战术。无论是在全场，还是在场地的 1/2 或者 3/4 的位置上，都可以运用这种防守战术。所有球员在失球之后，应当立即投入对对方球员的盯防，对进攻球员的进攻战术予以积极的拼抢。在这样的情况下，防守方的球员通常是尽力将离自己最近的那名对方球员盯防住，尽量以紧逼的人盯人防守，增加其完成摆脱跑到空位的难度。当然，特别要注意防守的是控球的进攻方球员。在防守对方这名球员的时候，防守球员应当时刻尽量抢占有利的位置，要能够将通向本方球门方向去的线路封堵住。此时，离被自己盯防的对方球员之间，要保持不超过 1~1.5 米远的距离。处在这样的位置上，防守球员就可以要么将对方球员朝向球门方向的跑位封堵住，要么将其逼往离自己最近的那名同伴的方向。在这样的情况下，就为集体抢断球创造了条件。如果球员成功地将对方的进攻球员阻止住，他就应该积极地展开反攻，尽力将球控制住。此时，负责盯防对方无球球员的球员和靠近持球进攻球员的防守球员，都应积极地参与到反攻当中，在必要的情况下，要对已经摆脱对方防守的那名球员进行掩护。在比赛当中，以个人的一对一紧逼盯防去对付一支心理上不够稳定的、球员的随机应变能力较差，或者是技术训练水准也不高的球队会特别奏效。这样的防守战术经常被用在对方球员从边线开球，或者是守门员开球的时候。因此，个人的一对一盯防会增加对方球员临场判断的难度，迫使对方接受另一种战术的打法，为组织快速向对方球门突破创造良好的先决条件。应当指出的是，这种方式的防守战术，其缺陷就在于，防守球员在盯防对方球员过程中犯错的危险性，以及他们之间互助的难度。当然，这就会使对方球员能够迅速地突破，使防守方球队的球门反遭威胁。

◆ **区域防守体系**

区域防守体系的实质，就在于球场上本方的一半场地被相对地分成几个区域，每个区域都有具体的球员负责防守。负责防守本区域的球员，必须对出现在本区域内的任何一名对方球员都加以盯防。这时，主要的注意力应当集中在球上，而不是具体的哪一名球员。同时，防守球员还必须根据球和同伴跑动的位置不断地变换自己在区域内的位置。因此，在运用区域防守战术的情况下，每一名防守球员都要在本球队的球员跑位战术中各司其职，并对战术中的某个具体的区域承担责任。这种防守战术可以在球场 1/4 或 3/4 区域内加以运用。这种防守战术的有利之处在于，队友之间能有很好的机会相互帮助，以及在抢断球时采取协调一致的行动，有机会将对方球员从不同的距离进行的射门封堵住，并在将球抢断的情况下为组织起快速朝对方球门的突破创造不错的先决条件。球队在运用区域防守的时候，可以采用不同的球员分布阵式。选择哪种阵式，通常是

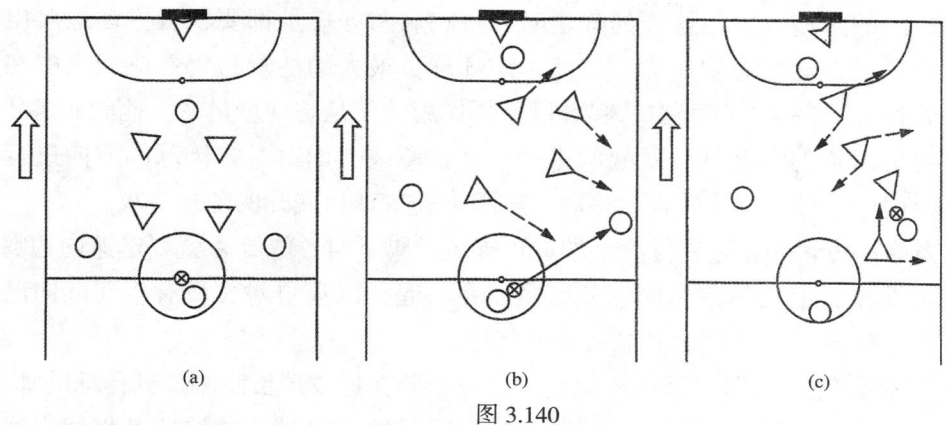

图 3.140

由实施防守战术的球场区域和防守球员在那一刻所承担的任务所决定的。

区域集中防守的目的是为了遏制住对方进攻球员从中、近距离处进行射门，解除对方中锋在球门前最近位置上积极活动所造成的危险，以及造成对方进攻球员相互配合的难度。为了完成这些任务，防守球员一旦在对方的半场区域，或者是本方的半场区域内，或者在中场附近将球丢失之后，就必须立即以一定的方式在本方的半场区域内，在事先计划好的区域集结，并在具体分工好的区域内针对对方的进攻球员采取防守。防守球员在采用这种防守方式时，通常都分布在球场的1/4区域，或者略微扩大一点的球场区域内。此时运用的通常是2+2、1+2+1，或者1+3阵型。

下面就让我们来研究分析一个集中防守的几种阵型。

球员们在本方半场的区域内按照2+2的阵型布位，以应对对方的阵地进攻战术。然而，当球一旦传到边侧的位置，防守球员就在该区域造成了人数上的优势（2×1），把进攻球员想要将球传球给自己同伴的所有机会都封堵住了。在图3.140上显示的是防守球员的起始位置［图3.140（a）］，进攻球员将球传到右侧边翼时的移位［图3.140（b）］和最后占据的位置［图3.140（c）］。当后排防守球员中的一名球员向前跑位，去协助正在进行一对一盯防的同伴时，就将2+2的站位阵型变成了1+1+1的防守阵型。在这种局势下，进攻方就很难采取积极有效的动作。但是，如果进攻球员最终成功避开了防守球员施加的压力，那么，防守球员就必须立即进行重新布防。

另外一种区域集中防守的方式：防守球员在对方的半场上将球丢失后，并没有进行积极的拼抢，而是退回到本方的半场，按照预先的约定，在自己的区域内布成一个菱形的阵型进行防守（图3.141）。

运用这种阵型的目的是为了占据有利的位置，以迫使进攻方进行横向传球。在这种情况下，防守球员的分布站位阵型看上去就像一个1+2+1的阵型，而在一定的情况下则可以

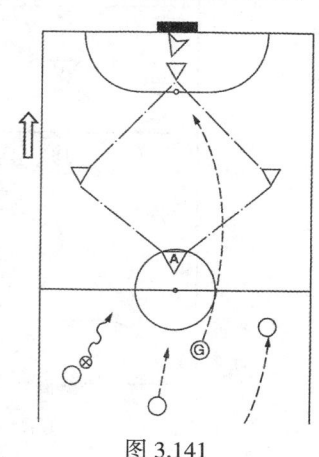

图 3.141

变化为 3+1 的阵型。采用这样的阵型时，每一名防守球员都要积极主动地对出现在自己区域内的对方球员施加压力。当然，防守球员最大的注意力仍然应当集中在带球进攻球员的身上。在这个阵型中，起着最重要作用的就是防守球员 A。他的职责还包括要化解由对方最近的那名球员发起的进攻，并在锋线上面对对方传球的方向进行不停顿的移动跑位。通过用这样的跑位移动，来阻挠进攻球员展开的阵地进攻。

而当球被传到处在边翼位置上的进攻球员的脚下时，球员 A 就要迅速向边翼靠拢，与处在边翼位置上的另一名同伴几乎紧靠在一起，以逼迫对方没有空间能向已经冲在前方的己方前锋球员 G 踢出具有威胁的传球。

处在边翼位置上的防守球员，他们的任务是要在进攻球员刚刚接到传球的那一瞬间，就主动上前对其施加压力，尽量将其挤出自己的防守区域，并迫使其将球再回传给自己的同伴。

在这个阵式中，负责保护的那名防守球员发挥着非常重要的作用。他既要控制本方球门前的区域，盯防住对方的进攻球员 G（或者渗入该区域的对方其他球员），而且还要对每一名正在防守的其他队友施加援手。

如图 3.142（a）所示，失球的球队在本方的半场上采用 1+2+1 的阵型部署。在这个阵型中，每一名防守球队的球员都各有其职，球员 A 负责盯防进攻球员 H 的一举一动，同时对他施加压力，以迫使其放弃持球，并将球横传给边翼的另一名同伴 E。然而，球员 E 却受到防守球员 B 的严密防守，球员 A 未作停顿地沿正面朝向边翼跑动，向同伴 B 靠拢。这样一来，他就把进攻球员 E 将球传给中锋 G 的机会阻止住了。在这样的情形下，防守球员 D 往对方球员 G 的方向沉下去，对防守球员 C 进行协防，以阻止进攻球员 E 最终还是能够将球传给球员 G 的情况发生[图 3.142（b）]。然而，在这样的情形下，

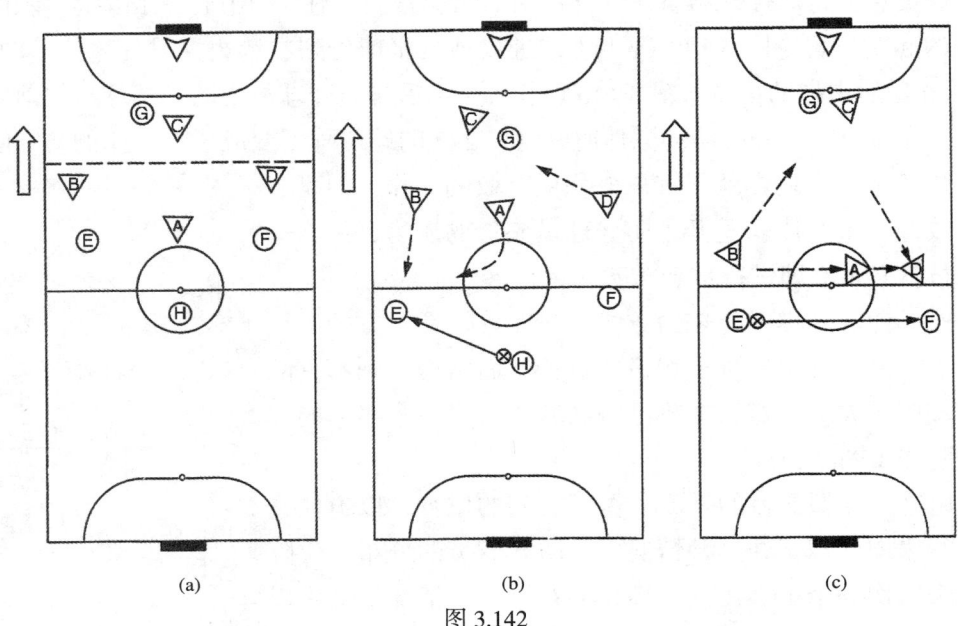

图 3.142

他没有能如愿以偿，因为进攻球员 E 将球转而横传给了自己的另一名同伴 F；与此同时，为了对进攻球员 F 施加压力，防守球员 D 立即快速进行盯防，而球员 A 则立即朝边翼的方向跑动，用自己的移动来压缩对方将球传给中锋的空间；与此同时，边翼的防守球员 B，也做出与自己的同伴 D 相同的移位跑动［图3.142（c）］。

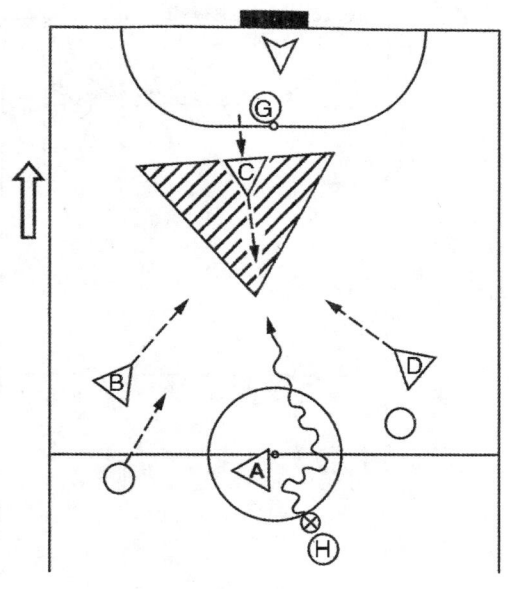

图 3.143

利用这样的防守阵型，防守球员给进攻球员组成了一座移动式的、难以穿越的菱形"堡垒"。其中尤为重要的是，在防守的过程中，A、B 和 D 三名球员下沉的位置不可过低。也就是说，不要紧挨着自己的罚球区，因为在这种情况下会给对方进攻球员造成很好的中距离射门机会。

总体而言，这样的防守阵型要取得良好的防守效果，必不可少的前提条件是防守球员高度的献身精神、每一名球员动作的协调一致，以及时刻准备向陷入困境的同伴施以援手的意愿。例如，球员 A 在进行一对一紧密盯防的时候，被对方进攻球员 H 成功地运用假动作完成过人之后，在球员 A 的身后获得空位，并迅速冲向罚球区，通过自己的动作给防守方造成了最危险的局面（3.143）。为了尽力防止险情的继续发展，球员 C 就应当挺身向前，应对带球的对方球员。此时，防守球员 B 和 D 应当立即向下、向中间下沉，以与负责防卫的球员 C 形成一个三角形，以化解对方球员的突破。

这种防守阵型不仅可以最大限度地缩小对方的进攻战术面，还能够为组织起快速向对方球门反击创造先决条件。球员 A、B 和 D 必须时刻为进行这样的战术反攻做好准备。

区域分散防守战术通常用于以下情况。当防守球员在对方的半场完成了一次进攻，或者是将球丢失之后，随着对方进攻球员的向前推进迅速向后退防，与此同时要对进攻球员之间的配合与跑位进行阻扰，以增加对方组织快速突破的难度。在这样的情况下，防守球员的主要任务之一，就是不让对方进攻球员有机会将球传给正在快速进行反击的其他同伴，延缓对方球员在远离本方球门区域内停留的时间，以使所有防守球队的球员都能够迅速撤回到本方的半场内，并来得及主动地参与本方球队的防守战术。在图 3.144 上，由于球员 A 无法一对一地将进攻球员 E 盯防住，造成对方断球后快速带球往前方奔跑。为了达到化解进攻球员朝球门方向快速突破的目的，球员 B 和 C 必须毫不迟缓地迅速后撤，同时紧紧盯住奔跑突破的对方球员。而球员 D 此时的任务是直接在本方罚球区的前方进行策应。

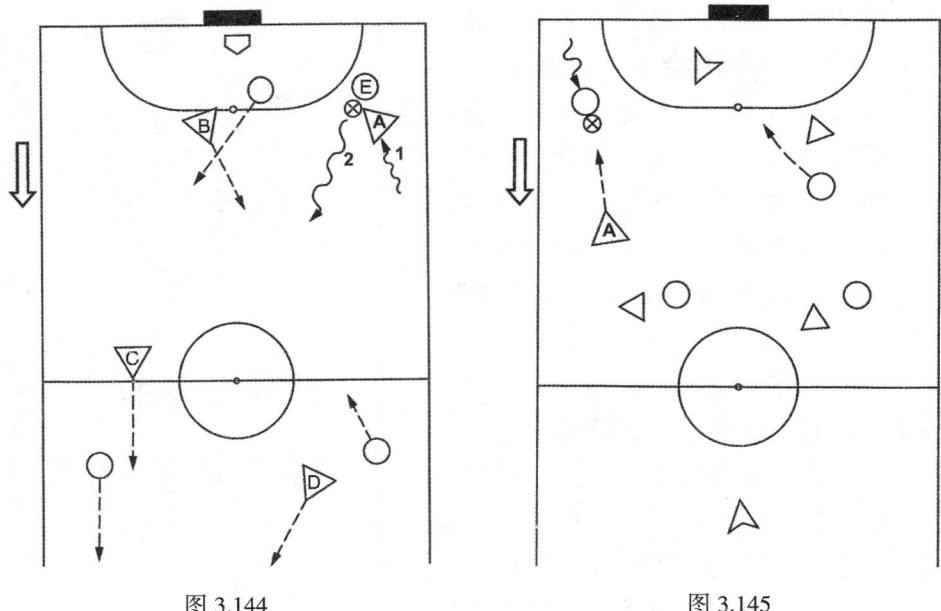

图 3.144　　　　　　　　图 3.145

区域内人盯人，这是区域防守的一种变化阵型，就是在对方球队的半场内，防守球员在具体区域内组织积极的防守。通常是由一名防守球员 A，首先向持球的进攻球员发起进攻，他的其他三名同伴则在自己的区域内对对方其他球员施加压力。这样的防守方式实际上看起来与 2+2+1 的防守阵型相似，在这样的阵型中，防守球队的守门员经常充当后卫的角色（图 3.145）。

◆ **综合防守阵型**

综合防守战术就是球队将个人防守和区域防守两种战术结合使用。最为常见的综合战术阵型是由一名或者两名球员的个人防守技术去对付对方球队中最厉害的球员，而其他同伴则在自己的区域内负责防守对方球队的其他几名球员。这时，根据场上具体情况的变化，防守方的球员对对方球员的防守，可以从个人的盯人防守转为区域盯防战术，也可以反过来。这种防守方式的主要优点，就是将针对对方领头球员的紧逼防守与进攻方球队的主攻方向形成人数上的优势相结合。因此，这种防守方式无疑是最为有效的。

要想对综合防守阵型进行挑战，这就要求进攻球队必须具有高超的技战术水平、拥有数名有能力发挥球队潜在能力的高水平的球员。

下面就让我们来研究一些综合防守的方式。

如图 3.146 所示，两名防守球员正在对两名进攻

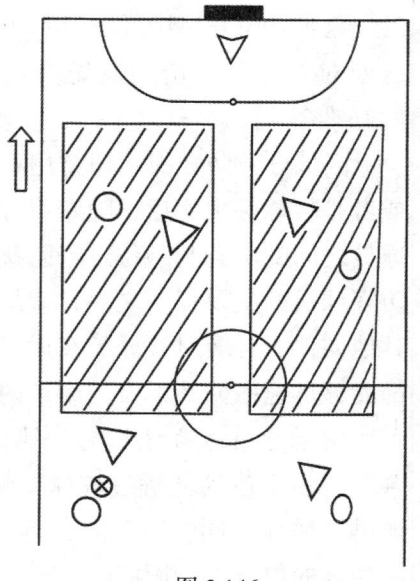

图 3.146

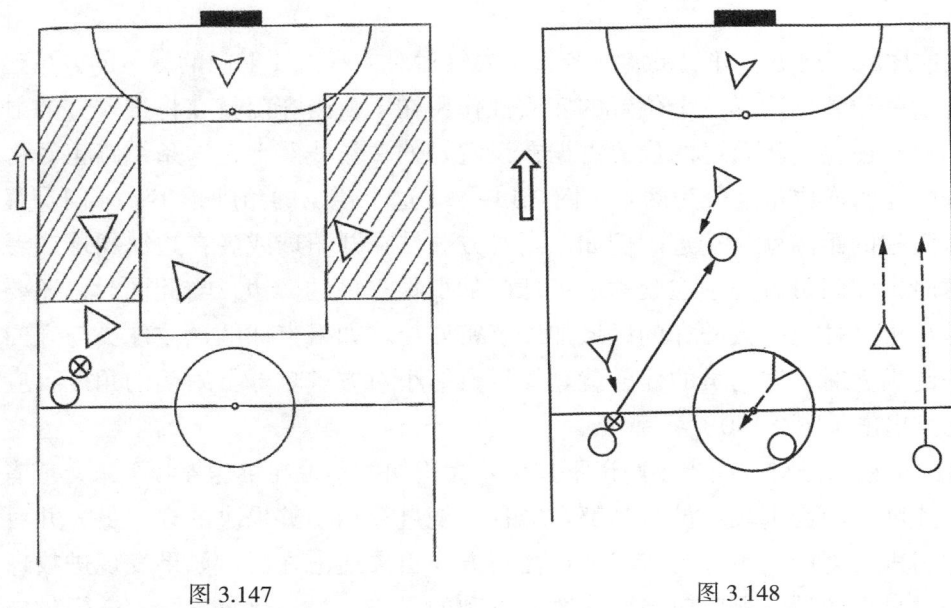

图 3.147　　　　　　　　　　图 3.148

球员进行严密的盯防,而其他两名同伴则在各自的区域内进行活动,在对自己的同伴提供保护的同时,还要完成紧盯进攻球队其他几名球员的移动跑位。

如图 3.147 所示,一名防守球员正在独自盯防带球进行的对方球员,而在离开球较远的对方,其他球员正在防卫着各自相应的区域。如图 3.148 所示,正在比赛中的防守球员在中线附近的区域没有对进攻球员紧密盯防,而是给进攻方留下了一点空间。然而,一旦进攻球员试图向防守球员的罚球区内突破,防守球队就立即由区域防守转变为对进攻球员的紧逼盯防。

□ 守门员的战术

守门员的战术可理解为守门员为了达到保证球门安全的目的,而采取的合理的策略。一名守门员高超的战术水平,能够起到提高并巩固球队战斗力的作用,有助于球队在比赛中取得胜利。守门员表演的舞台,是在球门前拼抢最为激烈的区域,攻守双方在那里的争夺达到了极限。作为一名守门员,他不仅要运用作为守门员的专业技术动作,还必须掌握场上球员的技战术动作。对于现代五人制足球的守门员,在赛场上,他必须丝毫不逊色于其他场上球员,与此同时,还必须直接通过球门成功地发挥作用,这就是五人制足球的特点。在训练培养守门员时,必须要考虑到下列情况。

现代五人制足球守门员的基本战术动作归纳为:球门内的选位、出击、开球、指挥同伴们在球门前的防守战术和参与同伴们的进攻。

◆ 球门内的选位

实际上,守门员在比赛中一直都处于不停地移动过程中。随着场地情形变化,守门员必须朝着对方球员进攻的方向移位,因为从那个方向随之而来的就是对方球员的射门。

在这样的情况下，守门员的任务就是要针对对方竭力要射门的球员的方位选择一个最为合适的位置。这样一个位置的实质性作用在于，当守门员在将进攻方的射门化解掉的同时，还应当将自己的位置占据在设定好的一条线路上，这条线路正好将来球与球门的门柱所形成角度分为两半（图 3.149）。这个锐角的角度越小，守门员移动到相应的球门柱的距离就越接近。例如，当对方球员在开角球或者在边翼罚球或者在开出任意球时，守门员就必须在紧贴最近球门的那根立柱的旁边，与此同时，还要对球门远处的那根立柱前无人防守的区域加以严密监控。如果带球的进攻球员与守门员形成一对一的局面时，守门员的任务就是要尽量缩小对方进攻球员射门的角度，应当迎着进攻球员出击（图 3.150）。

守门员在出击时，应当了解以下规则：无论如何不可在半途停顿下来，或者是放慢出击的速度，因为进攻球员时刻都在准备着绕过行动不够果决的守门员，并对无人防守的空门进行射门。不过，守门员在往前方冲出去迎击之后，如果发现进攻球员根本无法绕过自己的话，那就应当设法改变不利的局势。为了化解危险，守门员应当刻不容缓地飞身扑向球，利用自己的身体将对方射门的线路封锁住。

然而，必须注意的是，一名善于选好防守位置的守门员在面对对方球员的进攻时，通常很少在对方进行射门时采用飞身倒地和扑球的动作。出现这种情况时，如果选择好合理的防守位置，守门员就能够更加轻松地将对方球员射门的球用双手接住，或者是用脚将球踢开。当然，为了学会在球门区内很好地选择防守的位置，必须进行系统的训练。与此同时，这项战术动作需要守门员注意力集中、专心致志和自我控制的能力。

◆ 出 击

出击的方法在五人制足球中守门员的使用十分频繁，其原因在于，球场上的局势变化迫使他们不得不离开球门，并在罚球区域的界限内以及界限外进行拼抢。在第一种情况下，守门员要么是将对方往罚球区内的传球截住（抢断）了，要么是独自与带球进攻的那名球员进行一对一的拼抢。而在另外一种情况下，守门员就与场上的其他球员一样，要运用场上球员的技战术，竭尽全力去配合处在罚球区以外的其他同伴。当然，只有当守门员坚信自己能够去消除可能出现的危险时，才可以离开球门。不过，当自己的一名同伴正在与对方控球球员进行一对一的拼抢时，或者是正在与对方的进

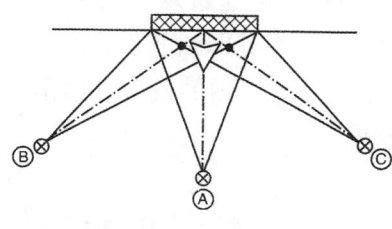

图 3.149

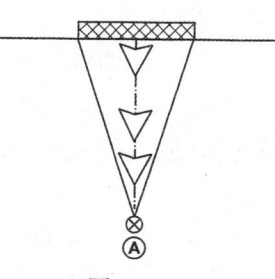

图 3.150

攻球员争夺一个中间球的情况下，这样的出击就是不合理的。在罚球区内出现球员密集的情况下，守门员离开球门也是危险的，这种情况有可能会将守门员预想好的动作破坏掉。如果守门员不能确信在具体情况下是否能够战胜对方将球抢到的时候，守门员应该在球门内留守。因此，守门员在出击时永远要明确自己的任务，要么是将球控制住，要么是将球击往没有危险的方向。必须注意的是，守门员一旦离开了球门，就给对方球员留下了一个空门。

【练习示例】

1. 由两名球员持球分别在离 8~10 米远距离的左右两边站立，轮流射门。守门员应当根据不同方向的射门，不断变换防守的方向。

2. 在球场两侧的边翼各放置四个球，由两名球员轮流（从自己的一侧）进行射门，迫使守门员左右两边轮换移位防守。

3. 由两名守门员练习，其中一名球员从 20~25 米开外的距离将球往球门区内进行吊射，使球落在区域内 6 米远的标记处。另外一名同伴站在球门内，当球接近时，根据球的落点进行出击，或用双拳或头顶将球击出。开始时进行不带有对手干扰的练习，然后加入对手的消极对抗，最后再升级为与守门员积极地拼抢球。两名守门员轮流交换角色练习。

4. 由一组球员持球在中线后面的位置上站立。球员们轮流朝着有守门员防守的球门方向运球跑动，他们的任务是要在罚球区内战胜守门员再射门。守门员的任务则是抓住有利时机，出击并将球员运球的线路封堵住。球门可以缩小一点，在离球门门柱 1 米远的地方安放一个实心球。另外一种方式：由两名球员一边相互传球，一边向球门发起进攻。守门员的任务是从球门内出击，用飞身扑球的动作将传球抢断。

5. 守门员站在球门内，由一名同伴 A 带球站在罚球区外，与球门形成一个夹角。在离球门 5 米远的地方安放两个实心球，表示加宽的球门。球员 A 以不同的高度将球往球门内射出。守门员或者是将球抓住，或者是将球击打出去。球员 A 突然改用低平球朝加宽的球门射门。守门员的任务是从球门内出击，并将球控制住（图 3.151）。

6. 守门员在球门内站位，在他对面 10~12 米远的位置上，球员 A 带球站立。在罚球区域内画出两个直径为 1 米的圆圈（图 3.152）。球员 A 的射门，轮换使用突如其来

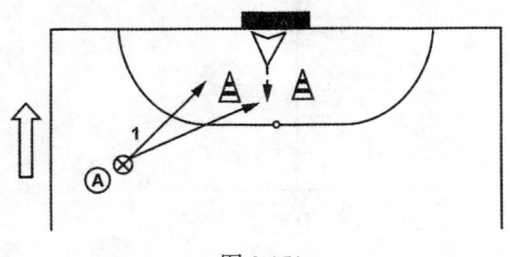

图 3.151

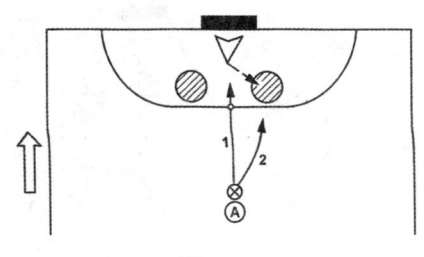

图 3.152

地朝某一个圆圈内的吊球动作。守门员的任务是将射向球门的球接住，以及从球门内出击，将球扑接住，或者是将落往某个圆圈的球击打出去。

7. 守门员站在球门内，另外两名球员在罚球区域内的球门立柱附近站立。第三名球员带球在离球门对面8~10米远的位置上站立，用脚连续朝球门射门。然后再用吊球将球传给站在罚球区域内的某个球员。不仅如此，他的射门动作，或者传球无须严格按照规定连续进行。守门员的任务是将直接射向球门的球接住，以及弃门出击，将由某个球员踢来的球击打开。

8. 守门员在球门内站立，一名负责传球的球员带球站在对面的15米远的地方。其他三名球员（两名进攻球员和一名防守球员）在球门附近的狭窄的走廊地带内站位；负责传球的那名球员要将球传给两名进攻球员，后者则要战胜防守球员并进行射门；守门员的任务是要将进攻球员的射门球接住，以及在出击时将球抢断，以将进攻球员的突击瓦解掉（图3.153）。

9. 守门员的位置在球门内，在由两条平行线标出的区域内用坐姿进行防守。他的两名同伴（A和B）在离守门员3~4米的侧面，相互间进行低球传接，好像是在消除守门员的警惕性。突然，其中一名球员（B）踢出一个高球。守门员的任务是朝着在自己面前飞过的传球做出冲刺奔跑，并将球截住，但不得跑出走廊区域外（图3.154）。

10. 守门员A站在球门内的位置上，在罚球区内画出两个直径各为1米的圆圈，由发球球员B带球站在边翼；在离开这名发球球员较远的圆圈内，由第二名守门员A站位；发球球员踢出高吊球，将球发到近处的那个圆圈内，或者发给第二名守门员。守门员A出击，将踢向近处圆圈的球扑接住，将高传给守门员A的球击打开（图3.155）。守门员们按时轮流交换角色练习。

11. 守门员在球门内的位置上站位，球员A带球在边翼站位，在罚球区域内画出一个直径为1.5米的圆圈，球员B在守门员的旁边站位；球员A用脚踢出高吊球，朝向圆圈内或者向球员B传出；球员B尽量用头顶进行射门。守门员应当将踢往圆圈的球扑接住，将传给球员B的球击打出去（图3.156）。

12. 守门员在罚球区域内6米标记处附近的位置上站位，一名同伴带球站在离球门15米远的位置上，用脚踢出高球，使球越过守门员直接落向球门内。守门员应当背部朝前，往球门的方向倒退跑，尽量将球扑接住，或者用手掌将球托出球门的门楣。

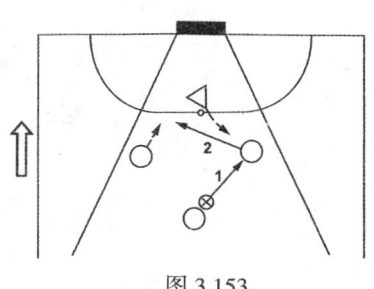

图3.153

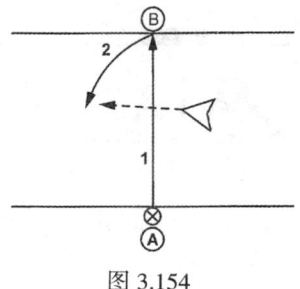

图3.154

第三部分 战术训练

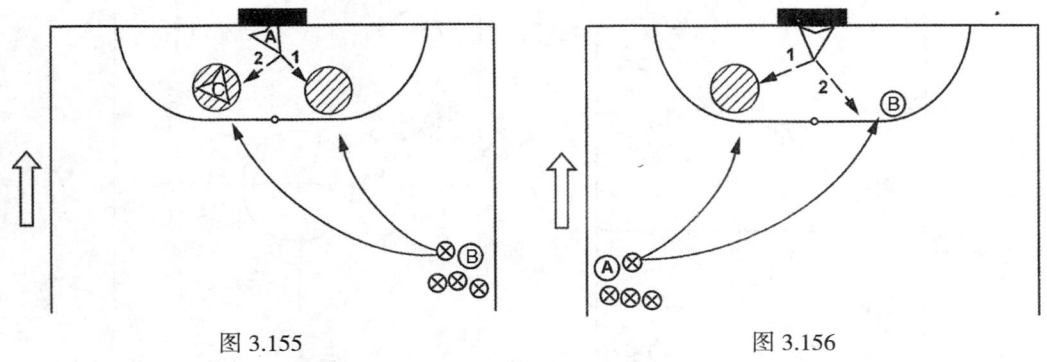

图 3.155　　　　　　　　　　　图 3.156

◆ 开　球

开球是守门员重要的战术动作，因为比赛中的进攻常常正是由守门员给处在有利位置队友的第一个传球开始的。这时，守门员采用何种方式（用手抛球还是用脚踢球）都是可行的。对于在与对方球员拼抢中已经控制住球的守门员，或者是站在球门线的后面准备开球的守门员，重要的是为球队将球牢牢地保护住或者就是用一记锐利的传球，组织起朝对方球门的进攻。其他同伴的快速跑位、时刻准备接应守门员的传球，这些都是守门员在开球时成功战术的必要条件。同伴们在整个球场上的快速奔跑冲刺，使得守门员有机会将球传给已经处在最可靠的、能够持球位置的球员，或者是传给已经跑到空位并有很好的机会朝对方球门发起进攻的球员。处在该进攻阶段时，守门员与所有同伴之间的相互策应和配合动作，都有重要作用和意义。例如，守门员将球传给处在对方半场空位的同伴，他以一次传球的就能够超越数名由进攻转入积极防守的对方球员，并以这个传球为同伴进攻对方球队的球门创造有利条件。这时，传球线路越长，就能越迅速地展开进攻。在有守门员参与的训练练习中，应当根据不同的比赛情景对开球进行调整，与此同时，要尽量不让对方球员有机会将球抢断。

在研究分析标准规则开球的同时，还应了解守门员在开球时的一些配合动作。

1. 如图 3.157 所示，守门员在将球控制住之后，竭力要用自己的下一个动作使球能够继续保留在球队的控制之下；他以一个短传将球开出，将球传给处在右侧边翼的同伴 A，同伴 A 立即倒脚将球横传给处在左侧边翼位置上的球员 B；后者立即将球直传给已经摆脱防守后站在奔向边线的同伴 C，同伴 C 再将球回传给同伴 B，这时后者就有机会将球再回传给守门员；而守门员就能够根据已经确定的战术计划，重新开始这样或者那样的配合。

2. 如图 3.158 所示，守门员在比赛过程中将球控制住之后，利用两侧已经摆脱对方球员盯防的进攻队友的快速策应动作，用手抛球或者起大脚将球传出，开始进行反攻。守门员准确及时地将球传给队友，就能创造一个切实可行的破门机会。

3. 如图 3.159 所示，守门员将对方球员朝着罚球区进行的直线传球截断之后，将球控制住。就在守门员接球的那一瞬间，他的同伴 A 已经充当起中锋的职责，立即摆脱

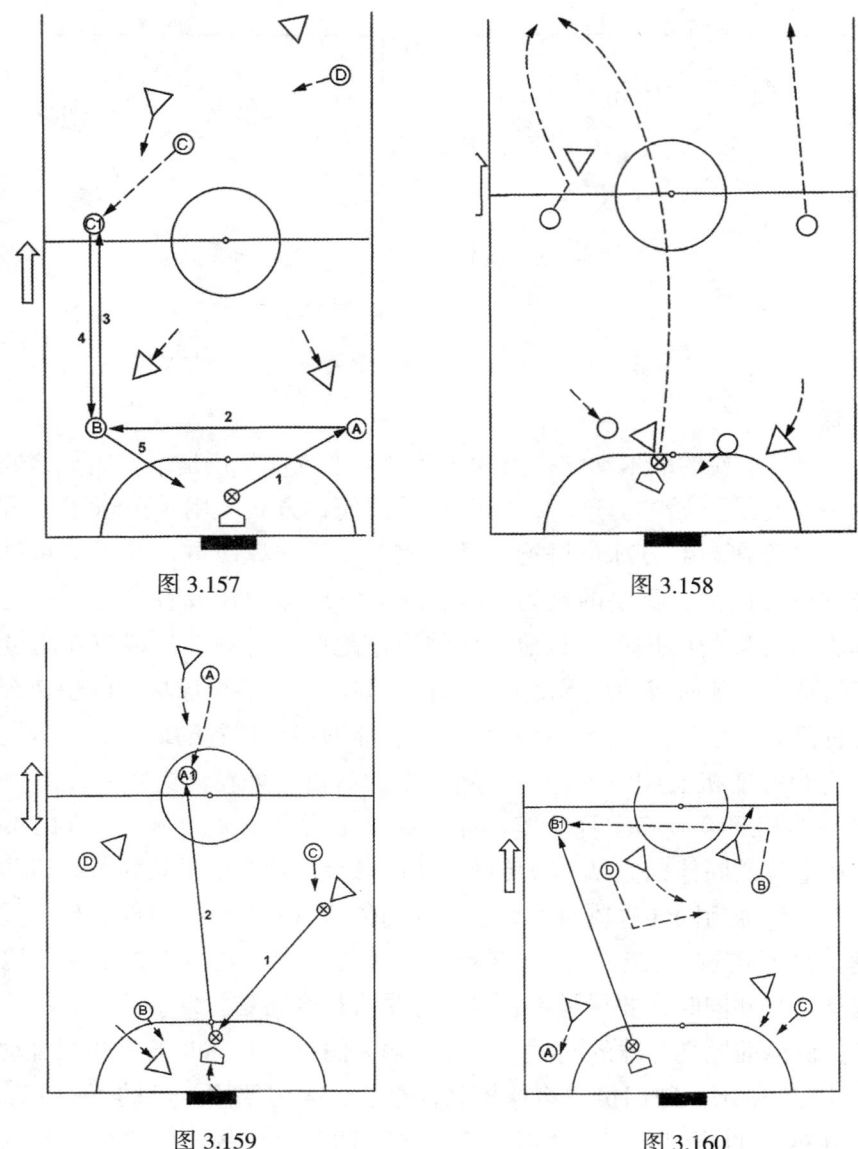

图 3.157　　　　　　图 3.158

图 3.159　　　　　　图 3.160

了对方的盯防，跑向球场中间的位置上。守门员准确地将球传至他的脚下。在这种情况下，球队就得到了很好的一个持球，或者展开阵地进攻的机会。

4. 如图 3.160 所示，守门员将球截断之后，应当尽量将球控制住，也就是说，在将球传给自己某个同伴时，不能让进行盯防的对方球员将球抢断掉。要完成这个任务，只有依靠同伴之间良好的配合才能实现。

5. 如图 3.161 所示，守门员将球控制住之后，利用了对方球队的所有球员在进攻时都集中在了前半场的机会，守门员瞬间对场上局面做出判断后，将球传到了对方最后一名进攻球员的身后。队友 A 提前做了一个吸引对方球员 E 的假动作，正在快速地往这个区域奔跑。

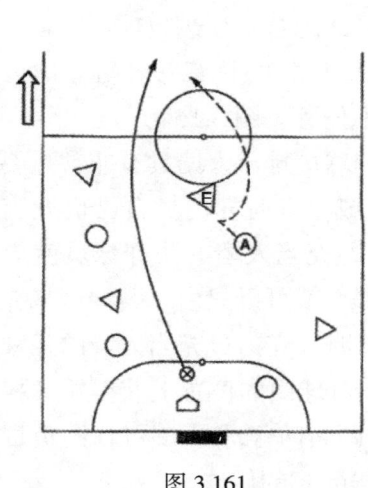
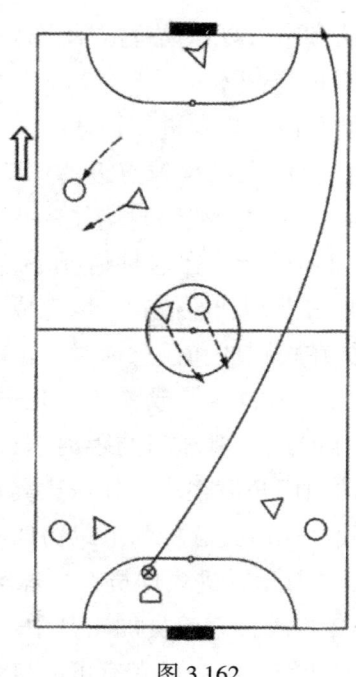

图 3.161　　　　　　图 3.162

6. 如图 3.162 所示，守门员将球控制以后，发现自己正面临着一个十分复杂的局面，因为对方球员采用了积极的盯人防守。在这样的情况下，给任何一位队员的传球都会面临被盯防球员抢断的危险。为了化解困难的局面，守门员采用一记高吊斜传球，将球从整个球场上穿过踢出。用这种办法让自己的同伴们得到喘息和重新组成防守阵型的机会。

7. 如图 3.163 所示，守门员将球控制住之后，与进攻球员 A 和 D 协调一致地配合行动。就在球落入守门员手中的那一刻，被盯防住的球员 B 和 C，同步地做出了相同的假动作。其结果就是，他们将紧密盯防自己的对方球员都引到了球场的中间的位置，而他们自己则突如其来地向两侧边翼的空位区进行冲刺奔跑。这样，就使守门员就有机会能将球传给他们中间任何一个人。

实际上，在当今的五人制足球球队中，指挥同伴防守本方球门的职责，在某种程度上几乎都是由各队的守门员来承担的。其实这并不奇怪，面对进攻方球员的攻势，身处所有同伴背后的位置，守门员能够清楚地看到防守中最为薄弱的地方，能够预测出进攻球员的战术意图。在审时度势之后，他就可以向同伴们发出明确易懂的指令，提醒他们将注意力集中到对方球员将要展开进攻的方向，要注意必须重组防线，掩护好自己的同伴。这样一来，守门员实际上就是在对

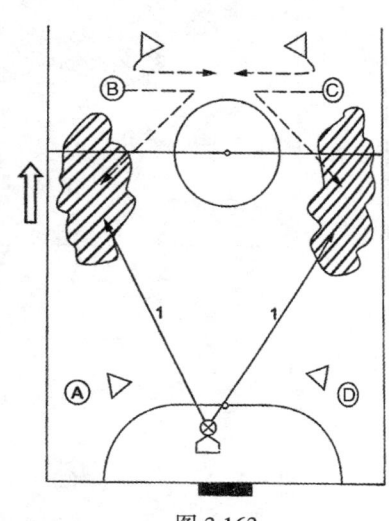

图 3.163

进攻球队的打法和本方球队防守战术进行掌控。

◆ **球门前的防守战术**

当进攻球员在按照规则进行罚球时，守门员在组织人墙时起到很大作用。例如，在罚角球时，守门员站在离角球点近的球门立柱旁边，观察所有同伴的动作，防守球员应当在罚球区域将罚球的线路封堵住，并通过自己的配合不让进攻球员（A、B、C、D）有任何进行射门的机会。在这种情况下，充当人墙任务的只有一名防守球员，而其他球员的任务则是占据有利的位置，以完成上述战术任务（图 3.164）。

当进攻球员在踢罚球和任意球时，正确地指挥球员排成人墙具有非常重要的意义。这时的人墙可由一名、两名或者三名防守球员组成，有时守门员自己也充当人墙。踢罚球或者任意球的地点离球门的距离越近，那么，充当人墙的防守球员就应当更多。如果这样的罚球射门角度很小，如从边翼罚球，那么就可以只由一名球员来充当人墙。

以下就让我们来研究分析一下踢罚球和任意球时，守门员充当人墙的几种方式。

1. 如图 3.165 所示，进攻球员在罚球区界线正对球门的位置上获得罚球权。人墙由防守球员 A 和 B 组成，守门员加入其中。其余的两名防守球员 C 和 D 则负责监视其他几个进攻球员的动作，因为后者有可能接到罚球球员 E 的传球。

2. 如图 3.166 所示，球员 E 获得在 13~14 米开外的距离踢罚球的机会。充当人墙的任务只由一名防守球员 A 来完成，其余的防守球员负责盯防无人看守的进攻球员。然而，如果球员 E 拥有在这样远的距离上踢出强有力的射门的能力的话，那么，防守方就必须再增加一名防守球员来加强人墙，以确保球门的安全。

3. 如图 3.167 所示，进攻球员正在准备从边翼进行罚球。防守方由两名球员 A（站在前方）和 B（站在略侧后一点）组成一个梯形的人墙；守门员的位置在球门远立柱旁

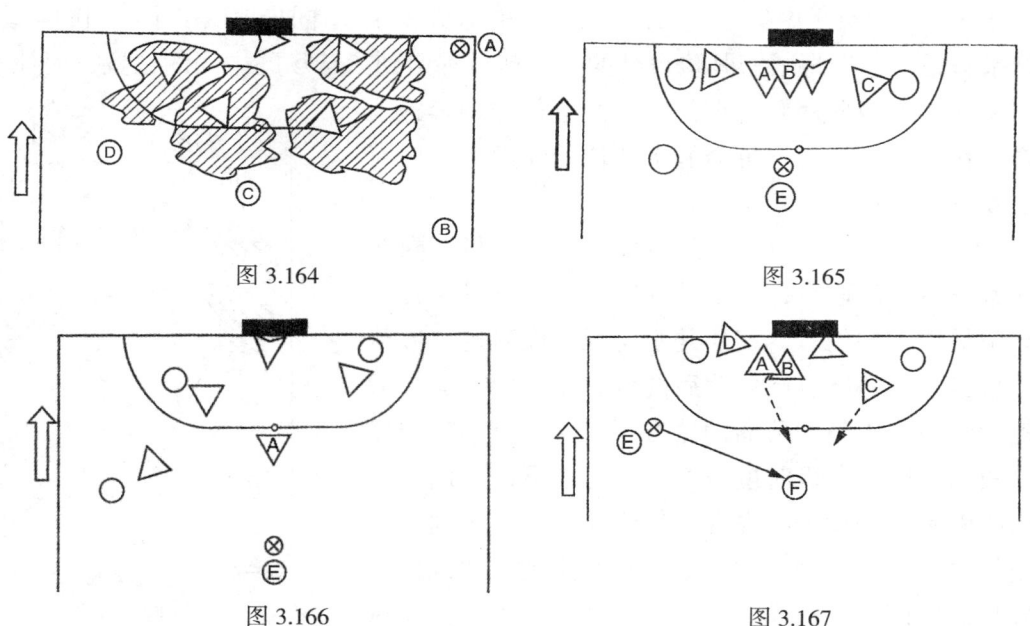

图 3.164　　　　　　　图 3.165

图 3.166　　　　　　　图 3.167

边,在那他可以清楚地观察到场上的局势;防守球员的防守位置部署迫使球员 E 改变战术,由原来的射门改为将球传给同伴 F;可是防守球员 B 和 C 时刻保持着戒备状态,两人即刻向球员 F 进行封堵。

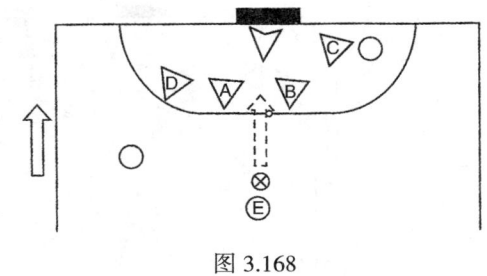

图 3.168

4. 如图 3.168 所示,进攻球员 E 正在从 9~10 米开外的距离上进行罚球射门。防守球队摆出了由两名防守球员 A 和 B 排成的分散型人墙,防守球员 C 和 D 负责监视对方无人看守球员的动作;守门员的正面有着很好的视野,已经准备好迎击对方的射门;当对方负责罚球的球员不具备强有力的射门能力时,就采用这种方式组成人墙。

□ 参与同伴的进攻战术

在赛场上,当局势有利时,守门员时常有机会加入同伴们的进攻战术中去。例如,当进攻球员利用阵地进攻战术尽力击垮防守方的抵抗时,守门员就可以冲出去帮助自己的同伴。为此,他就要离开球门并向前跑位,把自己当作一名调度员。守门员的位置在进攻同伴们的身后,所以具有很好的机会去改变进攻的方向。不仅如此,由于占据了这样的位置,就造成了对对方防守球员在人数上的优势。当然,守门员这样的动作并非在所有情况下都可以使用,也不能就此来对抗每一支球队。守门员跑出球门去对自己的同伴进行助攻是极其危险的,因为一旦失球,无人防守的球门就会受到对方远距离射门的威胁。同时,还必须指出的是,尽管在进攻时可以充当一名调度员,但守门员还是受到规则的限制,守门员不可以在自己的半场内持球超过 4 秒钟。不仅如此,如果对方球员尚未触碰过球的话,守门员也无权在自己的半场接应同伴的传球。但是,当一支球队中拥有一名善于随机应变、在球场上表现出色的守门员时,最终还是会尽量使他能够加入助攻的。通常是在必须要将比分拉平,或者球队面临要扳回 1 分的任务时,才会这样做;比赛中碰上较弱的对手时,也可以运用这样的战术。而具有准确有力的远距离射门能力的守门员,在这样的场合就特别有效,这样的守门员能够给进攻型的球队带来更多的机会,特别是在罚球的时候。当然,守门员参与球队的进攻战术不应当成为一种自发的本能行为。建议在训练课上,要让球员们学会处理这些情况,那就是当守门员可以参与助攻,更多地与同伴们进行必要的相互配合的时候。

1. 如图 3.169 所示,中锋球员 A 看到守门员的策应动作后,就将球传给了他;守门员通过自己的动作造成了对对方球员在人数上的优势,并有机会完成大脚射门,或者是将球传给正在向对方球门前跑位的其他同伴,以保持继续进攻的态势。

2. 如图 3.170 所示,守门员正在参与同伴的阵地进攻。在接到同伴 A 的传球后,他立即将球传给已经在左侧边翼向前迅速跑动的球员 B,使后者就此拥有了好几种可以展开下一步进攻的方式。

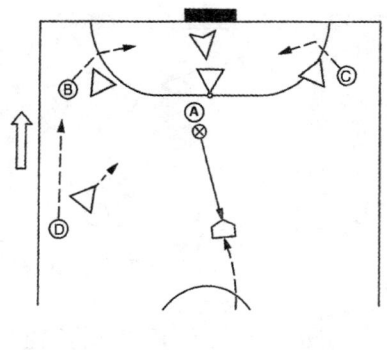 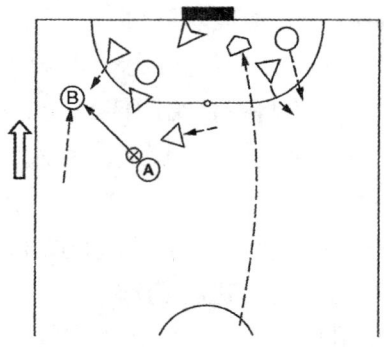

图 3.169　　　　　图 3.170

3. 如图 3.171 所示，守门员使对方防守球员感到猝不及防地突然从本方球门朝向对方的罚球区域内快速奔跑；利用这样的动作将对方防守球员的注意力吸引到自己的身上，为队友们创造准备完成射门的有利条件。

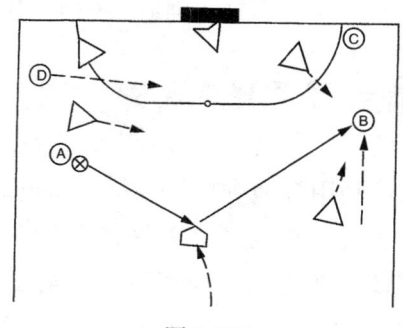

图 3.171

第四部分
理论修养的培训

如果缺乏对青少年五人制足球运动员进行理论修养的培训，那么，体育学校对球员们的训练是不可能取得成功的。球员们获得的理论知识将帮助他们开阔自己的视野，有意识地去完成教练布置的任务，能够在比赛场瞬息万变的情况下运用最合理的技术动作，帮助他们在局势复杂的赛场上做出正确的判断，预测到自己同伴和对方球员的动作，并据此选择最为有效的化解之道。

　　对初级训练班青少年五人制足球运动员的理论知识培训，建议教练员在上课的过程中以诠释某个技术动作或者是某个战术动作的方法，或者通过3~5分钟的交流方式进行传授。青少年五人制足球运动员首先必须了解课堂上的行为规则，然后教练员再转到让球员们熟悉五人制足球的基本规则上，并通过进行比赛练习和教学游戏让球员们实际掌握这些规则。在向球员们教授基础技术动作的同时，也要将有关战术能力方面的知识传授给他们。最后，根据球员掌握教学资料的程度，教练员可转入对集体和全队战术具体动作的连贯性进行分析，对球队内部的各项职责以及每名球员的任务和作用进行分配并加以说明。这个过程，在与10~12岁的球员进行交流所需要的时间可能为5~10分钟，而与年龄稍大的球员之间的交流，则为12~15分钟。不同主题的理论知识，专业课一般每节课不少于45~90分钟。当球员们已经基本掌握了所学习的教材，建议转到解决各种不同问题的理论方法上，这样的课程以问答方式进行较为合适。在开始阶段，必须挑选对于球员们来说比较熟悉的、不是很难的教材，然后再逐渐增加难度。

□ 俄罗斯的体育运动

体育的概念；体育对于培养俄罗斯公民从事劳动活动和保卫祖国的重要意义；学龄儿童进行身体锻炼的几种方法；俄罗斯体育运动的全民性质；发展俄罗斯体育运动的全俄统一运动等级制度；俄罗斯联邦政府关于发展体育运动方面重要决议。

□ 俄罗斯五人制足球运动的现状和发展

现代五人制足球产生的历史；五人制足球在俄罗斯的发展；俄罗斯五人制足球协会是发展国内五人制足球的组织者；俄罗斯国家队和俱乐部队在国际比赛中取得的成就；全俄罗斯和国际性比赛。

□ 卫生保健、医务检查和自我观察

关于卫生与保健的概念；关于人的主要能量供应系统的一般概念；关于运动员饮食的保健要求；关于训练与运动方式的概念；按摩与自我按摩、洗浴；青少年运动员的生活节奏；锻炼；自我观察日志；五人制足球中外伤的特点；事故发生时的紧急救护；运动外伤的预防；对从事训练活动和参加比赛的临时限制和禁忌。

□ 运动训练的生理学原理

肌肉的活动，是一个人的身体发育、身体的正常机能活动、维持健康和工作能力的必要条件。训练就是一个形成运动技能和扩展身体机能能力的过程：关于训练负荷的概念；运动训练的主要方式和方法；关于疲劳和疲劳过度的概念；疲劳的原因；教育的各种手段；运动训练的组织形式；运动训练各阶段的特点；青少年运动员的自习（晨操、用以提高身体素质和技术动作的个人练习）。

□ 一般身体训练和专项身体训练

全面的身体训练可以加强体质，提高器官和系统的机能能力，培养青少年运动员身体素质（力量、速度、耐力、柔韧和灵敏）；一般身体训练和专项身体训练；五人制足球的青少年运动员在学习和训练过程中的一般身体训练和专项身体训练的方法；一般身体训练与专项身体训练的统一；针对从事五人制足球不同年龄段青少年运动员在身体训练方面的基本要求。

□ 五人制足球的技术与战术基础

关于五人制足球技术的概念；比赛的基本战术特性；关于技术训练与身体素质训练的结合；关于五人制足球战术的概念；战术动作的特性；进攻和防守中的技战术动作分析；五人制足球技战术分类。

□ 五人制足球教学法原理

关于教学和训练中统一的教育过程的概念；五人制足球技战术的教学方式与教学方法；培养身体素质练习的方法；青少年五人制足球运动员的身体素质训练、技术和战术培训之间的密切关系；全队训练、分组训练和个人的训练；上课是对青少年足球运动员进行教学和训练的主要组织形式。

□ 五人制足球的运动竞赛

比赛规则；球员的权利和义务；队长的作用；队长的权利和义务；五人制足球比赛的筹划、组织和举行；比赛项目；进行比赛的制度；五人制足球比赛的裁判法；裁判组：主裁、第一裁判、第二裁判、第三裁判、计时员和裁判信息报告员；裁判员在组织比赛和进行比赛时的作用。

□ 运动训练的计划制订与检查

制订运动训练计划的作用和意义，是对青少年五人制运动员进行培训的基本原则；远景规划和实战计划；青少年五人制足球运动员年度训练周期中教学与训练过程的时期划分；个人训练计划；比赛时的观察；监察测验；关于医务监督的基本概念；五人制足球课程学习过程中的自我监督、考核。

□ 上课的地点、设施和器材用具

五人制足球课程和进行五人制足球比赛的比赛场地；辅助设备；用于青少年五人制足球运动员教学的技术器材——足球；教学课程用和比赛用球的准备；运动服装和运动鞋的要求；对运动服装和运动鞋的护理。

□ 赛前部署与比赛分析

针对即将面临的比赛进行布局，以及对已经进行过的比赛情况进行分析研究，在对五人制足球运动员进行战术理论培养中占有特殊的地位。在进行赛前战术布局的过程中，教练员应当根据球员的训练水平，并考虑到球员的优缺点，向球员详细说明比赛的战术计划，以及对方球队打法和对方某个具体球员的个人技术情况。首先，教练员应当明确地让自己的球员们知道，有哪些方式方法对于取得胜利是最为行之有效的。同时，教练员也要了解球员们的想法。教练在进行部署时，应当尽量避免让球员们的注意力过多集中在多余的细节上。教练员要讲述的是比赛的总体战术计划和对球员的基本要求，给每个球员自己在比赛的过程中独立处理问题的权利。这种创造性的方式能够提高球员们的兴趣。在上下半场之间的休息期间，在考虑赛场的形势和本方球员与对方球员状态的情况下，教练员有必要对整个球队的战术方法进行适当调整。

建议在根据日常安排进行实践课之前，要对以往的比赛进行分析。教练员首先要对球队的打法进行分析，对球员执行的比赛战术计划的情况做出评价，要指出哪些实践是成功的，哪些是未能实现的。而后，教练员要对比赛的个别环节和具体的球员进行点评，同时还要指出他们的优点和不足之处，并给出克服不足之处的具体意见。最后，教练员应当对于那些能够根据不同的比赛场合，采取非同寻常的，并因此让对方球员感到突如其来的踢法的球员，给予嘉奖。

总体而言，对于五人制青少年足球运动员来说，对比赛中进行的战术部署和技术分析，有着非常重要的教育和增进知识的意义。通过这样的课程教育，教练员要将一些最新的技战术方面的信息转达给球员，对比赛中某些球员的表现进行点评。对那些针对比赛对手、同伴、裁判员和观众有失分寸的行为举止要加以批评。这时，教练员应当尽量加以引导，让球员自己来评判这些事情。

对青少年五人制足球运动员进行理论知识培训，还应当运用一些直观教具来加以充实，如带有能够来回跑动的模具人的五人制足球场模型、教学录像、可以用于解释战术布局并配有相应图片的专用演示板等。

第五部分
心理训练

对青少年五人制足球运动员进行心理训练，包括两个部分的内容：一般心理训练和针对具体比赛项目的心理训练。

一般心理训练是在青少年五人制足球运动员整个多年学习和训练过程中，与身体素质、技术技能和战术的训练统一实施的。通过一般心理训练，应当完成以下的任务：培养运动员的道德品质；形成团结的集体和健康的精神氛围；培养顽强的意志品质；培养控制自己情绪的能力；培养注意力（注意范围、力度、稳定度、分配能力和转换能力）；增强认知的过程；发展战术思维。

培养学生的道德品质是在整个教学和训练过程中进行的，并且在很大程度上具有五人制足球的集体主义的特点。对培养青少年五人制足球运动员的道德品质、思想信念、集体主义精神、爱国主义精神、多方面的兴趣、对劳动和从事体育事业的正确态度，以及其他素质方面，体育学校的教练员应当予以高度的重视。球员的自我教育是发展球员个性的重要因素，应当由教练员来进行安排。

形成团结的集体和健康的精神氛围，无论是与体育学校安排组织教育工作的总体水平，还是与该项直接落实于每个教学团组的工作水准，都存在有机的联系。每一名教练员都必须懂得因材施教，会对每个球员进行个性化指导，善于将球员们团结在一起，并指导他们习惯将自己的活动和兴趣服从于集体的利益。形成一个团结的集体，在许多方面是由该集体的所有成员、已有的传统、球员之间良好的相互关系，以及他们在运动以外的联系所决定的。借助于一个团结的集体，教练员们就有合适的机会采用教育方式去影响球员的个性形成，同时策略性地去消除个别球员的不良表现。

培养顽强的意志品质，是克服在训练的过程中，以及在比赛时出现的困难的重要条件。这样的困难可以分成客观上的和主观上的。客观上的困难，是五人制足球的特性所决定的；而主观上的困难，则是由于球员的个性特点所造成的。

作为五人制足球的球员，应当具有的主要意志品质有：勇敢、果断、积极进取、顽强拼搏、沉着稳定、自制力、创新性和纪律性。

为了培养青少年五人制足球运动员的勇敢和果断，建议采用一些带有冒险性质的以及必须要克服害怕与犹豫不定心理的练习。除此之外，对于青少年五人制足球运动员在竞赛活动中出现的极端情况下做出的认真负责的处理方式，或者是果断的行为，教练员都应当予以鼓励和表扬。

应当在球员们形成自觉地对待教学与训练过程、积极和坚持不懈地力求提高运动技术水平的过程中，培养他们的积极进取与顽强拼搏的精神。

沉着稳定和自制力是五人制足球运动员非常重要的品质。这些品质表现为如何去克服负面的、不利的情感状态（过度的兴奋和消极，惊慌和沮丧等），以及克服不断加剧的疲劳。比赛中的不够沉着冷静经常会导致违反比赛规则、举止粗鲁和被罚下场的情况发生，也会一直病态地在球队中反映出来，并负面地影响到球队的参赛结果。为了培养青少年五人制足球运动员的这些品质，应当在教学与训练过程中采用对抗性练习以及会引起疲劳的练习，在训练课上运用那些突如其来的临场情景是十分有益的。同时还必须补充的是，要让球员们力争做到，在这样的情况下不要惊慌失措，要能够控制住自己的动作，克制住自己的消极情绪。教练员应当对那些在重要和紧张的比赛中表现出沉着稳定和自制力的球员进行鼓励和表扬。

创新性和纪律性主要表现在球员的创造性能力上，在不受其他球员、观众以及其他人和其他行为的影响情况下，给比赛带来创意。富有创新精神的球员，通常是一名优秀的组织者，这样的球员有能力带领好整个球队。青少年五人制足球运动员创新精神的培养，建议通过分队比赛进行，这样的比赛通常带有专门的任务，并在要求他们最大限度地彰显出这种品质的条件下进行。为了达到这样的目的，采用这种性质的比赛性练习十分有益。在这样的比赛练习中，球员们不得不独立自主地做出决断，并为了达到目的而采取别出心裁的和出乎意料的果断行为。纪律性表现在球员们认真负责地履行自己职责的态度，以及其组织性和服从性上。球队要取得好成绩的主要条件之一，就是球员要遵守训练课上必需的规则和比赛时的比赛纪律。球员们纪律性的培养，是通过教学训练的整个过程安排的。

在培养青少年五人制足球运动员的纪律性方面，集体和教练员发挥着特别的作用。在这方面，教练员必须成为自己学生的榜样。因为，完美的组织性和纪律性的个人榜样永远会对球员们产生一种强大的教育作用。

培养控制自己情绪的能力是提高球员运动技术水平的重要因素。通常，对训练或者比赛中发生的一些个别情况，无论是持肯定还是否定的态度，都会引起各种各样情绪的产生。这些情绪的出现，对于球员们克服主观上的和客观上的困难，或者会起到减轻的作用，或者是加重的影响。自制力和情绪的稳定，能够帮助球员克服过度紧张的情绪。为了培养青少年五人制足球运动员的这些品质，建议运用游戏和竞赛方法，将情感练习和对该年龄段足够复杂的练习列入训练课程，并要求球员必须完成这些练习，通过这些活动培养球员们相信自己的能力。机体的自我锻炼和心理训练同样有助于消除疲劳和情绪的过度紧张。

注意力的培养，在许多方面决定着球员们进行游戏或者比赛活动的效果。在比赛局势复杂且瞬息万变的情况下，球员各种客体数量的感知能力如何，决定着他的注意力范围。与此同时，作为一名球员，应当善于将注意力集中在最重要的客体对象和细节上，这能说明其注意力的强度，而善于抵制各种诱惑性和干扰性因素的能力，则证明了注意力的稳定性。为了培养青少年五人制足球运动员注意力的强度和稳定性，在训练课上建议采取有限空间内一对一拼抢的练习：一对一、一对二、一对三对抗，等等。但是，对于五人制足球运动的球员来说，注意力最重要的特性，还在于对它的分配和转换。这项特性包括同时监控数个客体对象的能力（球的移动、己方同伴和对手的跑动速度，等等）和瞬间将注意力从这些客体对象转向另一些客体对象的能力。为了培养这种特殊的能力，建议在训练课上采用全场性的游戏或者比赛性的练习，并适当增加球员的人数，以及使用两个球进行，等等。

认知过程的培养，能够让球员在复杂的比赛环境中做出临场决定。在很大程度上，一个良好的判断，是受到周围宽阔的视觉感知能力和准确的目测能力的影响后做出的。为了培养这样的视觉感知能力，在青少年五人制足球运动员的课程上必须运用一些目的明确的练习。这种练习的性质，就在于必须完成技战术动作方式的多样化和对各种不同客体对象的速度、方向以及距离的测定任务。例如，为了培养宽阔的视觉感，建议进行一些运球、传接球（眼睛看着某个同伴，而将球传给另外一个同伴）等各种不同的练习。为培养目测能力的准确性，应当运用不同距离、不同速度和弧度的各种传球，以及从球场的各种不同点位进行射门。

在五人制足球比赛中，要求球员们具有快速反应和快速选择反击战术的能力。在体育运动形式状态下，反应时间会缩短，而反应的准确性会变得稳定，并使赛场上的动作达到更高的可靠性。

球员在五人制足球中的动作是非常多样化的，经常会引起对前庭器官的刺激，特别是对守门员而言。因此，比赛活动的效率同样也取决于球员们身体上前庭器官的稳定性。技巧练习和体操练习、往返穿梭跑动、变换方向的冲刺跑动的练习等运动项目对于培养前庭器官的稳定性都非常有益。

在对青少年五人制足球运动员的训练工作中，采用各种专项的练习能够增强一些综合性的专业感知能力：对球的感觉、对时间的感觉、对球场的感觉、对球门的感觉，等等。

发展战术思维是教练员训练青少年五人制足球运动员工作中的一项重要任务。总体而言，战术思维可以理解为是球员的一种有效的和多样性的思维过程，其目的是为了找到与对手对抗的最合理的方式，具体表现为在球场上瞬息万变的情况下所采取的正确决定，以及对决定的及时实施。对青少年五人制足球运动员战术思维的培养，应当借助于按照临场情况难度设计的各种模式化练习，以及教学比赛、游戏等。同时，教练员应尽量使球员们的注意力集中在学会识破对手的战术意图，预料到他们最有可能的动作步骤，在复杂的情况下做出正确的判断，迅速进行正确的评估，筛选出主要的因素，以及学会有效地找到合理的解决方式，并在具体的赛场情况下将最为有效的技战术动作付诸实践。

对某些具体比赛的心理训练，建立在一般性心理训练的基础之上，其目的在于要完成如下的任务：球员们充分认识当前面临的这场比赛的重要意义；让球员们了解比赛环境（时间和地点、观众人数、球场的地面情况、球场的设备情况，等等）；明确比赛对手的长处和弱点，根据这些特点和自己的能力对比赛进行部署；引导球员们相信自己的力量和取得比赛好成绩的能力；指导球员们克服临赛前发生的不良情绪，在球队中营造一种乐观的情感氛围。

以上五项任务，应当在对有关对手的信息资料进行收集和分析，并且与自己球队的情况和状态加以比较的基础上完成。教练员应当针对将要面临的比赛进行仔细地研究，拟定出比赛计划，并尽量在比赛之前的训练课上进行模拟演练。而在赛前安排上，要让球员们都知道计划，对每一名球员和整个球队都下达具体的任务，并使参与者对自己的力量和赢得胜利树立起坚定的信心。

为了将青少年五人制足球运动员的一些不良的情绪状态调整好，建议采用一些干预的手段，例如，综合性的安抚放松，或者热身练习等准备活动。还应当采用这样的一些方式，如自我下达指令、自己说服自己等，以及运用一些机体自我锻炼的方法。

对青少年五人制足球运动员进行神经心理的恢复训练，建议借助于言语的作用、休养、转换其他种类的活动方式等类似的手段。为此，还必须在一般身体训练的日常安排中，将适当的文化娱乐休息活动与自我机能调整结合起来。

第六部分

教练员和裁判员的工作实践

在对青少年五人制足球运动员的教学和训练过程中，也要学会掌握指导员和裁判员方面的工作技巧。教练员和裁判员的工作实践是通过谈话、课堂讨论、实践课和球员们的独立工作的方式进行的。

青少年五人制足球运动员以教练员助手的角色参加安排的课程和上课，以及以裁判员的身份参加群众性的竞赛活动。在教学训练程序中，球员们应当掌握以下五人制足球教学和裁判工作中的一些工作技巧：学会五人制足球中使用的专项术语；掌握基本的队列口令，学会集合组队并进行口头报告；学会作为值日生准备好上课和比赛的所有器具和场地；学会在课堂上对其他球员进行观察，对球员们完成动作的过程中发生的问题和错误进行指出，并加以纠正；学会在相互比赛、友谊比赛和定期比赛的过程中对球员们进行观察，确定并指出他们在完成技战术动作和执行一般比赛计划时所犯的错误；制订一般身体素质训练和专项身体素质训练方面的综合性练习计划；制订准备活动提要和进行小组的准备活动；制订为普通学校的球队讲课提纲并进行授课；组织自己班级的球队去参加普通学校的比赛；在普通学校的比赛中指导自己班级的球队；制订关于进行普通学校五人制足球循环赛的规则条款；制订比赛日程；以第一裁判、第二裁判、计时员和裁判报告员的身份，参加教学比赛和友谊比赛的裁判工作；正确地做好比赛的记录；学会在普通学校五人制足球循环赛中履行主裁的职责；在球员专业化的高级阶段，必须参加为培养社会体育运动教练员和裁判员工作举办的进修班（在进修班的结束阶段，对进修班的球员进行理论考试和实践考核，由体育学校颁发社会体育教练员和体育裁判员的称号）。

第七部分
恢复性措施

现代体育运动的特点就是训练负荷的大量增加和强度的提高，因此，这一特点自然也会体现在对青少年五人制足球运动员的训练当中。这种倾向的出现，迫使体育学校的教练员要对球员们的身体健康状况加以特别的关注，因为他们在学习和训练的过程中，可能会出现过度紧张、过度疲劳和外伤等情况。专业化的恢复性措施有助于球员们适应高强度的训练负荷，这些措施可以在以下时间和期限内进行：

· 在进行一般性的和专业工作能力培训阶段的日常学习训练过程当中；

· 在比赛当中，当需要保证迅速和尽可能充分地从体能上和心理上恢复对下一轮比赛或者下一阶段比赛的准备状态的情况下；

· 比赛小周期的中间时段和比赛的轮空日；

· 比赛的小周期之后；

· 比赛的大周期之后。

体育学校对青少年五人制足球运动员的恢复过程，是通过各种教学手段、心理手段和医学生物手段进行的。

教学手段是用以恢复的主要方法。无论是在一堂精心组织的训练课课堂上，还是在一个训练小周期系统中，以及训练周期中的某个阶段，都可以采用这个手段。在对青少年五人制足球运动员的教学训练工作中，应当广泛地采用不同的负荷量。对于上课环境，应当周期性计划好地从一种训练方式转换为另外一种训练方式，并引入积极休息的练习方法。对于大年龄期的球员，建议规定专项的恢复周期。

心理方式的恢复应当以心理调整训练、肌肉放松练习、睡眠和休息，以及其他一些心理卫生和心理治疗方面的方法为主要内容。如果为了调整好球员们的心理状态，采用诸如机体自我锻炼和心理调整训练这样的心理治疗方式，需要有专业的心理学专家参与。而暗示方式、专项的呼吸练习、诱导的方法，则应当由体育学校教练组直接加以运用。

健康恢复性的手段可以划分成以下几部分内容：

· 舒适良好的日常生活、学习和劳动工作社会小环境；

· 合理的日常安排；

· 个人健康；

· 专业化的营养与合理的饮食规定；

· 锻炼活动；

· 教学训练过程中的环境卫生；

· 复杂环境下（炎热的气候，气温的下降，季节性气候因素，等等），针对青少年五人制足球运动员训练工作专业化的综合性健康措施。

在实施专业化的综合性健康措施过程中，体育学校的整个教练组、卫生人员，以及球员，都应当积极参与。

医学生物性恢复手段主要包括合理的饮食结构、维生素治疗法、物理疗法（按摩、淋浴、桑拿、规范的高压氧仓、空气离子疗法），以及符合训练要求的条件保障、比赛和休息的健康卫生环境保障。

医学生物性手段只能由医生指定，并在医生的指导下进行。

总的来说，在训练青少年五人制足球运动员的工作中，只有在运动能力下降，或者对训练负荷的承受能力变差的情况下，才建议采取医学生物性恢复手段。在采用自然方式进行能力恢复的情况下，多余的手段可能会导致训练的效果下降。

第八部分
教育工作

在体育学校中学习训练的长期性，大量的训练课程，普通教育学校教学大纲的难度，极少的自由支配时间，这些都对青少年五人制足球运动员的身体素质和心理状态提出了很高的要求。这些因素经常会成为球员们力不能及的负担，并导致运动成绩和在校成绩下降。体育学校进行有目的的和系统的教育工作，能够起到大幅度地降低上述因素的负面影响的作用，并且对球员的运动成果和今后的人生道路产生正面影响。

对体育学校的球员们进行教育工作是在各种教学训练课上，在补充性的教学集训中，以及能够利用空闲时间的运动增强体质训练营地内，由教练员具体负责的。在多年的运动训练期间，应当把对球员的爱国主义精神、意志品质培养，与道德品质和对美好事物的审美感的培育密切结合起来。总体而言，体育学校的教育工作必须将道德教育、智力教育、美学教育和劳动教育紧密相结合，并要考虑五人制足球运动竞技活动的特点。

作为对青少年五人制足球运动员进行教育工作的主要手段，经常采用的方法主要包括：高水平的教学和训练程序；教练员的以身作则精神和教学技巧；互相帮助、热爱劳动和富于创造的氛围；团结一致的集体；精神上的鼓励；大年龄球员对小年龄球员的辅导；社会公益劳动；已经形成的优良传统。

体育学校教育工作能否取得良好的效果，在很大程度上是由以下因素决定的：明确的教育工作计划和每个教学组的教练员都能够在多年培训的各个阶段完成具体的教育任务，并为达到良好的教学目的，充分利用丰富的教学形式、教学手段和教学方法。

体育学校教育工作计划的制订，通常有三种基本形式：年度计划、根据日历制订的教学计划（按季度）和每个教学组的教学计划。

作为最基本的年度计划和根据日历制订的教学计划，主要包括下列措施：隆重欢迎新学员入学；布置好成绩栏和印制校刊；认真观看由该体育学校的球队、明星球队、国家队参加的比赛（包括观看录像或者电视转播）并组织讨论；组织体育晚会，并对前一时期的工作进行总结；隆重欢送毕业学员；安排星期六义务劳动；集体组织看电影、戏剧，参观展览会和参加旅游；与文化艺术活动家见面。

在年度计划和根据日历制订的教学计划基础上，教练员应根据青少年五人制足球运动员的年龄、性别和运动训练程度，制订每个教学组的教学计划。

比赛活动在对青少年五人制足球运动员进行教育工作的过程中占有特别的位置。在比赛的过程中，教练员应当在观察球员们的行为和想法的同时，获取关于集体的状态形成方面的信息，并据此对球员的个人特点进行总结。通过这样的信息，就可以有的放矢地针对球员们的教育工作体系进行必要的调整。

参加运动健康营和教学集训的经历对青少年五人制足球运动员具有很大的教育作用，因为球员们的生活、训练的环境发生了根本性的变化。没有了家庭、学校、同学和熟人等因素的影响，教练员成为教育过程中最重要指导者。自然而然，在这样的情况下，教练员肩负的责任就更加重要了。青少年五人制足球运动员在运动健康营和集训中拥有了比学习期间（如果对此并不是有目的地加以限制的话）更多的自由支配的时间，这就可能导致在集体中出现不良现象。这就是为什么教练员必须针对球员们在运动健康营和集训期间的学习训练情况，提前详细考虑好教育工作计划。

总体上来说，体育学校的行政管理人员、教练员、教师和家长积极的、创造性的共同配合，是在对青少年五人制足球运动员进行教育和运动训练方面获得成功的前提保证。

第九部分

训练计划的制订

体育学校的青少年五人制足球运动员学习和训练程序的计划制订，分为远景（多年的）计划制订、年度计划制订和当前（某个时期、某个阶段、几个月、几个星期、小周期和每一堂课）计划制订。在研究制订计划时，必须考虑到的因素是，训练计划的规定周期越长，球员训练计划的细节就应当越少。其中的原因就在于，在长期学习和训练过程中，影响到每一名球员和整体教学组状态的各种因素会出现很多，要对此作出充分的预测和考虑，实际上是不可能做到的。

远景计划的制订通常为好几年，是教学组和球员的基本工作方向。与远景计划相一致的是年度计划，为期一年。年度计划与远景计划的不同之处在于，训练手段和考试任务的细节化，以及对训练项目所花时间的准确计算。每一个学年的教材配置计划进度表是年度计划的核心基础。在研究制订年度计划进度表时，必须要注意到，一个人最高的运动能力水平的培养，可以在一段固定的时间期限内，通过身体素质的练习获得。但是，要在整整一年的时间内都保持这样的高水平，那是不可能做到的。这就是为什么要根据运动状态形成的各个不同阶段，体育学校的青少年五人制足球运动员教学和训练年度周期要分为三个阶段：预备性阶段、比赛性阶段和转换性阶段。培训的手段和训练负荷，要严格按照训练的时期和不同阶段进行分类。

预备性阶段是青少年五人制足球运动员的每一个年度训练周期起点阶段。这个阶段通常在根据日历举行当年比赛周期前结束。该阶段的主要任务，是要保证球员们的身体素质受到全面的训练，并在此基础上，使他们的技战术训练水平得到提高。青少年五人制足球运动员预备性阶段的课程，无论是在内容上还是负荷量方面都是形式多样化。一个预备周期分为两个相互联系的阶段：一般训练阶段和专项训练阶段。

在一般训练阶段，教学和训练过程的主要方针，特点就在于要为达到高水准的竞赛状态建立起先决条件并使之得到提高。同时，身体训练的目的，则在于强化支撑性运动器官，扩大脉管系统和呼吸系统的机能能力和培养身体素质。技战术训练的目的，是要恢复基本的运动技能和掌握新的技术动作及战术行为。在这个阶段，建议运用一般训练和部分地采用专项训练相结合的练习方法。

在专项训练阶段，青少年五人制足球运动员的教学和训练程序，是直接以形成运动竞技状态为目的。在这个过程中，根据五人制足球的特点，将使球员们的身体素质得到完善，机能得到提高，与此同时，使提高技战术训练水平的问题得到解决。例如，提高集体动作之间相互配合、掌握新的进攻和防守体系、使球员们的比赛准备程度达到良好的水准等。在这个阶段，主要的培训手段是专项训练和友谊比赛。

因此，带领球员们以良好的水准去迎接所面临的比赛，是预备性阶段的主要目的。

比赛性阶段，包括主要比赛的第一场至最后一场比赛的这一个时间段。在这个阶段，教学和训练过程的主要目的，就在于让球员们的竞技状态达到良好的水准并保持下去，使球员们的技战术动作得到完善和比赛训练水平得到提高。在整个比赛期间，建议运用全部训练手段。

转换性阶段是从比赛结束的那一刻持续到下一个训练大周期的开始。在这个阶段，青少年五人制足球运动员的课程特点，是运动量的减少和运动负荷量的降低。与此同时，还要变换对球员的培训手段。主要以一般性的目标练习为主，而且要在不断变化的环境下进行，并要根据球员们的特点，采用有助于迅速恢复球员们的身体能量和神经功能的练习。对球员们在比赛过程中出现的技战术训练水平方面的缺点，予以纠正和消除。

对于当前计划的制订，应当考虑的因素是，要将青少年五人制足球运动员的每一个训练周期都划分为几个教学训练周期，而在这些周期中发挥主要作用的是教学训练课程。训练课程可分别划分成几个小周期和中周期。小周期是青少年五人制足球运动员培训中最为重要的结构单位。小周期中的一次教学训练课程的数量最少为两个课时。对五人制足球运动来说，以一周为小周期最为合适，一个小周期可分为训练（一般训练和专项训练）小周期、引导性小周期、比赛性小周期和恢复性小周期。中周期就是由数个单元组合在一起的几个小周期。每个单元可以有两个或者两个以上的小周期组成。在一个中周期中，小周期的配套组合取决于教学训练程序的结构组织逻辑和青少年五人制足球运动员的培训阶段的特点。中周期通常分为以下几种类型：适应性训练中周期、基础性训练中周期、检查—预备性中周期、赛前中周期、比赛性中周期和恢复性中周期。

制订当前计划的最后阶段，是制订一堂教学与训练课程的详细的教案。通过这些课程循序渐进地实现并完成对青少年五人制足球运动员进行长期教学和训练程序的基本目的和具体的任务。教学训练课的结构、内容、运动量与包括它们在内的那几个小周期存在有机的联系。根据教学训练课程的目的，可以分为专题课程和综合课程。

专题课程应当解决身体素质训练、技术训练以及战术训练等问题。因此，这种类型的课程在内容上是狭窄的，但区别在于它具有明确的目的性。这种类型教学计划的制订，通常是在很难将身体素质训练、技术训练和战术培训组织起来，或者在教学方法上无法将三者有目的地结合在一起的情况下进行的。当出现必须对某功能性的系统施加具有针对性的影响的情况时，就应当制订一个专题教学课程计划。在对青少年五人制足球运动员讲授专题课程之前，建议提前传授一些理论性的知识。这通常有助于球员们更好地掌握所要学习的材料。个别情况下，这种类型的课程也可能是纯理论性的，并以讨论、讲课、播放教学录像等方式进行。

综合课程主要包括一般训练和专项训练，以及技术性的训练，或者战术性的训练，或者将二者穿插进行的练习。例如，在综合型的课堂上，有机统一地完成以下的要求：根据一般身体素质训练方面和比赛技术方面的要求，根据专项身体素质训练的要求和根据比赛战术方面的要求，身体素质训练必须要与该类型课程的主要内容相结合。因此，在教学中须考虑到五人制足球运动与球员各个方面不同的训练强度以及身体素质的综合表现是密切相关的，这些因素之间良好的相互关系和联系十分重要，在对青少年五人制足球运动员进行教学和训练的过程中，应侧重于综合课程的教育。

第十部分
教学计划

在对青少年五人制足球运动员进行长期训练的过程中，要经历多个年龄阶段，而在每个年龄段，都必须遵循教学和训练程序中明确规定的教学方法要求，去完成规定的任务。

在体育学校中，训练青少年五人制足球运动员的年度教学计划在每一个阶段通常由52周组成：其中46周直接在体育学校内上课，其他6周用于球员在运动—增强体质训练营进行培训和在球员积极性休息时期根据个人的培训计划进行安排。年度教学计划中应当包括各种类别的教学活动，如理论培训、一般身体训练、专项身体训练、技术训练、战术训练、比赛性训练、正式比赛、恢复性措施、教练员和裁判员实习、考试性测试和体格检查等内容（表10.1）。

表10.1 青少年五人制足球运动员年度训练教学计划示范（52周）课时

训练内容安排	培训阶段							
	运动—增强体质训练营		初级训练			教学—训练		
	6~8岁	9~17岁	第一学年	第二学年	第三学年	第一学年	第二学年	第三学年	第四、五学年
理论课程	4	10	15	16	–	25	30	45	48
一般身体训练	75	106	54	92	90	104	83	134	110
专项身体训练	10	18	36	54	54	78	78	124	139
技术性训练	61	85	48	80	78	94	84	126	123
战术性训练	6	22	32	52	54	71	71	115	100
比赛性训练			46	60	58	71	75	108	128
正式比赛	14	14	19	28	28	39	45	78	84
恢复性措施	–	–	6	12	12	40	50	54	50
教练员和裁判员实习	–	8	8	8	8	12	12	16	18
考试性测试	8	8	8	8	8	12	16	20	20
体格检查	4	6	4	4	4	6	8	8	8
共计46周，学时	182	277	276	414	394	552	552	828	828
训练营内的学时	36	36	36	54	54	72	72	108	108
总计52周，学时	218	313	312	468	448	624	624	936	936

运动—增强体质训练营阶段的任务：吸引尽可能多的儿童和少年参加系统性的训练课程；树立健康的生活方式；全面地协调发展体能，增强体质，锻炼身体机能；掌握五人制足球的基础知识。

在初级训练阶段，对球员进行培训的过程中，全面性是教学与训练的基本原则。根据这样的原则，在这一阶段必须完成以下任务：增强体质，促进身体的正确发育和全面的体能训练，增强支撑运动器官，培养身体的敏捷性、灵巧性、柔韧性；选拔有能力从事五人制足球的孩子；培养对体育课坚定的兴趣；五人制足球技战术基础知识教学；根据五人制足球的规则培养竞赛活动的技能；培养能够完成各种训练标准要求的能力。

在教学—训练阶段，对于培养准备向比赛专业化（根据其角色）过渡的学员，全面性应当成为工作的基本原则。在这样的情况下，在初级专业化阶段，必须完成以下任务：

增强体质和身体机能的锻炼，促进身体的正确发育；培养速度、灵巧性、柔韧性和专业训练承受能力等身体素质；掌握五人制足球的基本技术动作，并在战术配合中加以提高；掌握基本的个人和集体战术配合动作；参加各种级别的比赛活动。

在高级专业化阶段必须完成以下任务：提高一般性的身体训练水平，培养在提高五人制足球技战术时所必需的专项身体能力；牢固地掌握五人制足球的基本技术动作和战术行为；为每一名球员确定在比赛中的角色，并在个性化训练项目上充分考虑这一因素；扩大比赛活动的范围。

根据上述任务，在青少年五人制足球运动员长期训练过程中，必须遵照教学—训练工作的总体方针：以身体和心理能力的发展为基础，逐渐从技术动作和战术行为的教学转向技战术的提高阶段教学；有计划地扩展完成技术动作和战术行为的方案；从一般性训练手段转向更加专业化的训练方法；增加教学—训练过程中比赛练习的数量；逐步提高训练课程的强度，并与此相应地，要采用恢复性的措施，以维持球员们必要的工作能力，保护球员们的身体健康。

青少年五人制足球运动员的长期教学与训练，必须要以合理地制订教学计划和计算青少年在每个年龄阶段的身体负荷能力为前提。这种负荷能力，是根据在球员进行训练的过程中所采用的手段和方式决定的。在每一个阶段，如上所述，所有的训练项目都会运用。但是，各种项目之间的比例关系各不相同。在安排每个阶段的训练方式时，一般的方法是训练的课时量大致相等，这里的课时量指计划用于身体训练（一般训练和专项训练的总数），以及技战术训练（技术训练与战术训练的总数）的课时数量。而在教学—训练过程中用于比赛训练的时间，永远要超出计划用于参加比赛的时间数量。与此同时，从一个阶段到下一个阶段，随着年度总的时间数量的增加，一般身体训练的幅度会在专项身体训练幅度的增加的同时，具有下降趋势的特性。类似的情况，在技术训练的数量与战术训练量之间的比重关系上也可以观察到（表 10.2、表 10.3）。

表 10.2 青少年五人制足球运动员长期教学与训练各阶段全部训练项目所占比重示例

训练阶段		训练项目						
		一般身体训练	专项身体训练	技术训练	战术训练	比赛性训练	正式比赛	总计
运动—增强体质阶段（6~8 岁）		60%	5%	30%	5%	—	—	100%
运动—增强体质阶段（9~17 岁）		40%	8%	40%	8%	2%	2%	100%
初级训练阶段		30%	16%	20%	14%	14%	6%	100%
教学—训练阶段	初级专业化	22%	18%	20%	15%	15%	10%	100%
	高级专业化	18%	20%	16%	15%	19%	12%	100%

表 10.3　青少年五人制足球运动员长期教学与训练各阶段单个训练项目所占比重示例

训练项目	长期教学与训练各个阶段		
	初级训练	初级专业化训练	高级专业化训练
身体训练			
一般身体训练	60%	55%	50%
专项身体训练	40%	45%	50%
总　计	100%	100%	100%
技战术训练			
技术训练	60%	54%	50%
战术训练	40%	46%	50%
总　计	100%	100%	100%
比赛训练			
比赛性训练	70%	65%	60%
正式比赛	30%	35%	40%
总　计	100%	100%	100%

第十一部分
教学评估与训练水平评估

教学评估和对青少年五人制足球运动员培训水平的评估，是管理体制中最重要的组成部分，决定着长期训练的每个阶段教学与训练的效果。为了获得客观的信息，教练员必须运用以下几种评估方式：阶段性评估、例行性评估和业务性评估。

通过阶段性评估，确定在相对长期训练的作用下，球员们的状态变化情况，明确下一时期训练的策略。例行性评估可以对球员们在一天内（主要是在上过两三堂训练课之后）的状态进行评估。业务性评估则能够在训练课的过程中评估球员们的状态，并对训练的作用进行实时的调整。

作为对青少年五人制足球运动员的训练水平进行检查和评估的手段，在实践中通常还运用教育观察和测试的方法。

观察法，通常是由体育学校的教练员以教学监察员的身份进行。在对青少年五人制足球运动员进行培训的过程中，教练员本人应当进行常规性的观察。通过观察，使教练员无论是对整个教学班级，还是对每个球员都有一个完整、清晰的了解。例如，为了研究和评估个人神经系统的特性，在上训练课的过程中采用观察法就可以取得良好的效果。在对球员的运动动作和行为举止加以研究的基础上，通过对球员所表现的神经系统特性进行评估，教练员就可以针对球员的教学效果和作用对教学工作进行调整。在对球员不同方面的活动能力、活动状态和训练水平进行评估时，也必须运用观察法。例如，在训练课上，教练员甚至根据某个球员的脸色、呼吸和动作就可以得出其疲劳程度的结论（表11.1），并对课程的内容做出必要的修改。

表11.1　训练课上疲劳程度的教学观察反映

观察对象	疲劳的程度与征兆		
	轻度疲劳	中度疲劳	极度疲劳
皮肤的颜色	微微发红	相当红	十分红，发白或者发青
说话	清晰	略显困难	十分困难或者无法说话
面部表情	平常	脸部表情紧张	脸上有痛苦表情
出汗	轻微	上半身出汗	上半身和腰部以下急剧出汗，出现盐斑
呼吸	加剧，平稳	呼吸频率急剧加快	急速加剧，浅表性的，带有深呼吸，转变为无序的呼吸
行走	步法矫健	步履蹒跚，摇晃	剧烈摇晃，颤抖，被迫需要支撑的姿势，倒地
自我感觉	无任何不舒服	感到疲劳，肌肉酸痛，心跳加快，呼吸困难，耳鸣	头晕，右肋下部疼痛，头疼，恶心，有时打嗝，呕吐

在训练课上对球员的技术进行评估时，观察法的效果如何，在很大程度上取决于教练员的专业程度、教练员对五人制足球知识的掌握程度，以及对自己球员的技术动作进行分析的能力，也就是要及时发现球员的错误，并提示球员加以改正的有效方法。

同样，在正式比赛的过程中也应当进行教学观察。例如，教练员和他的助手们完全可以在比赛的过程中将球员们完成一些诸如传球和抢球动作的情况记录下来。为此，可以在专门的表格上填入被观察的球员号码（表11.2）。准确完成的动作用符号"+"

表示，并记录下来，而符号"-"则表示错误的动作。比赛结束时就可统计出整场比赛中准确完成的动作和错误的动作的总数。用这种方法计算出完成上述比赛动作的可靠性。通过准确完成的动作数量（K_H）与完成动作的总数（K_O）比率计算，就能得出动作完成的可靠性（H）：

$$H=\frac{K_H \times 100\%}{K_O}$$

表 11.2　记录表格

球员编号	传接球			抢断球		
	短距离	中等距离	长距离	用脚堵球	踢　出	断　球
2号						
3号						
4号						
5号						

在拥有助手人数较多的情况下，教练员就有可能将每一名参赛球员的大量比赛动作全部记录下。总体而言，对于比赛活动加以观察和进行评估，不仅对于提高球员的运动技术水平，而且对于教练员进行教学活动和教学班组的资源配置，都具有非常重要的意义。

测试法，可以对青少年五人制足球运动员在每个年龄阶段的训练水平和运动技术水平的提高速度进行评估。因此，测试法标准的要求必须符合和适合一定年龄段的球员。如果在初级训练阶段布置了不同的身体发展和增强体质的任务，那么，在教学—训练阶段就要反映出已经是深入的运动专业化的提升。从13岁开始，在第一个计划中就要制订高水准的身体发展和掌握大量五人制足球技战术动作的指标。与此同时，还要在运用速度—力量方法培训的情况下，增加专项身体素质和技战术训练水平指标的力度。

在体育学校对青少年五人制足球运动员进行培训的工作中，对于测试组织工作必须予以高度重视。在进行集体检测时，所有球员应当在同一时间完成考试练习。在以班级为单位进行考试时，每个班级在完成一个检测任务之后，应当转入其他检测站点；等等。个人检测通常要在教练员的监督下进行。球员们测试的结果，将记入专业档案簿。对球员的检测，应当在一个教学年内进行两三次。

对体育学校青少年五制足球运动员训练水平的检测，总的来说，建议要根据青少年的生理年龄进行。这就意味着，教练员在对球员们进行培训的工作中，不仅必须要考虑到教学的年限，还要考虑到青少年的实际发育情况。

以下是对青少年五人制足球运动员的规范要求（表 11.3~ 表 11.5）。

表 11.3　初级训练班学员招收时的规范要求

考试性测试	性别	年　龄		
		8	9	10
30米跑（秒）	男	5.9	5.8	5.6
	女	6.1	5.9	5.8
立定跳远（厘米）	男	155	165	172
	女	150	160	165
立定跳高（厘米）	男	30	35	38
	女	25	30	34
30米折返跑（5×6米）跑（秒）	男	12.6	12.4	12.0
	女	12.8	12.6	12.4
力量测试（千克）	男	50	55	60
	女	35	40	48
俯卧撑（次）	男	6	8	12
	女	3	4	6

表 11.4　初级训练班学员学期结束时的规范要求

考试性测试	性别	年　龄		
		8	9	10
1. 一般训练程度				
30米跑（秒）	男	5.7	5.5	5.3
	女	5.9	5.7	5.6
30米折返跑（5×6米）（秒）	男	12.2	11.7	11.2
	女	12.4	12.0	11.6
104米折返跑（秒）	男	35.0	32.0	28.5
	女	38.0	35.0	33.5
立定跳远（厘米）	男	165	170	180
	女	160	165	170
立定跳高（厘米）	男	35	40	45
	女	30	35	45
力量测试（千克）	男	55	60	70
	女	40	45	52
2. 专项训练程度				
30米运球跑（秒）	男	5.8	5.7	5.5
	女	6.2	6.0	5.9

续表

考试性测试	性别	年龄		
		8	9	10
双脚颠球（次）	男	8	16	24
	女	6	12	18
头顶颠球（次）	男	6	10	14
	女	4	6	8
带球绕"8"字	男	+	+	+
	女	+	+	+
沿罚球区界线运球	男	+	+	+
	女	+	+	+
绕立柱跑并用脚尖射门	男	2	3	4
	女	2	3	4

注：标记"+"表示该规范是在提高指标的情况下完成的。

表 11.5　教学—培训班学员的规范要求

考试性测试	性别	年龄				
		11	12	13	14	15
1. 一般训练水平						
30 米跑（秒）	男	5.2	5.0	4.9	4.7	4.6
	女	5.5	5.4	5.3	5.2	5.1
30 米折返跑（3×10 米）（秒）	男	9.5	9.3	9.1	8.9	8.5
	女	9.8	9.6	9.4	9.2	8.9
104 米折返跑（秒）	男	28.1	27.8	17.0	26.5	26.0
	女	32.0	31.0	30.2	29.5	28.8
300 米跑（秒）	男	53.0	50.0	48.0	45.0	42.0
	女	55.0	52.0	50.2	48.3	45.1
12 分钟跑（库帕测试）（米）	男	—	—	2000	2500	2550
	女	—	—	1700	2000	2100
立定跳远（厘米）	男	185	190	200	210	220
	女	175	180	190	195	200
立定跳高（厘米）	男	50	55	60	65	68
	女	45	48	52	58	62
1.1 守门员的规范要求（增补）						
立定三级跳（厘米）	男	—	640	680	745	790
	女	—	560	600	640	680

续表

考试性测试		性别	年龄				
			11	12	13	14	15
从脑后往前投掷实心球（1千克）（米）	坐姿	男	–	7.7	8.3	9.0	9.4
		女	–	5.6	6.4	7.11	7.5
	站姿	男	–	13.0	13.5	5.0	16.8
		女	–	10.6	12.0	13.2	14.0
俯卧撑（次）		男	–	16	17	18	22
		女	–	8	9	10	12
2. 专项训练水平							
运球30米跑（秒）		男	5.4	5.3	5.2	5.1	5.0
		女	5.8	5.7	5.6	5.5	5.4
运球5×30米跑（秒）		男	–	–	30.0	28.0	27.0
		女	–	–	33.0	32.0	30.0
颠球（组合式）（次）		男	10	12	18	25	32
		女	6	8	10	16	22
运球、绕立柱跑动并射门（秒）		男	+	+	+	+	+
		女	+	+	+	+	+
射门（命中次数）		男	3	4	5	6	7
		女	2	3	4	5	6
2.1 守门员的训练水平（增补）							
朝远处掷球（米）		男	–	18	22	26	30
		女	–	15	18	22	25
朝目标掷球（命中次数）	第一项练习	男	–	3	4	3	4
		女	–	2	3	3	4
	第二项练习	男	–	3	4	5	6
		女	–	2	3	4	5

注：标记"+"表示该规范是在提高指标的情况下完成的。

□ 考试性测试的内容与方法

30米跑。以站姿起跑，完成跑步，秒表以受试者第一个动作开始计时。

30米折返跑（5×6米）。在相距6米处标记起跑线和终点线。受试者根据信号开始起跑，完成5次标示出的距离。在改变跑动方向时，受试者的两只脚每次都必须跨越上述标记线。

30米折返跑（3×10米）。测试要求与上一个测试相同。

104米折返跑（图11.1）。将球门线作为起跑线，受试者根据信号朝6米外标记处完成冲刺跑，到达后用脚触碰标记。转体 180°后，往后折返跑回。然后继续完成 10 米外标记处的冲刺跑。受试者在完成转体 180°后，再跑回起跑线。而后，受试者继续跑至球场中线处（20 米）之后，再折返跑回球门线。之后，受试者再次完成往 10 米外标记处的冲刺跑，并返回起跑线。最后，用完成一个 6 米外标记处的冲刺跑，返回球门线结束测试。受试者在跑到任何一个标记处之后，都必须在转身前用脚触碰到该标记。

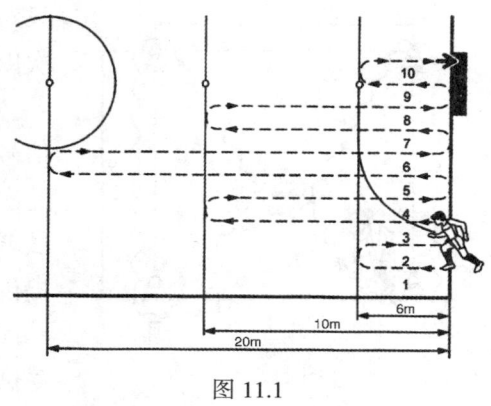

图 11.1

立定跳远。受试者采用预备跑的姿势站在测试线上（两脚与肩同宽）。不得跨越测试线，挥动数下手臂，用力蹬地，将手臂由下往上挥动，完成跳跃。三次试跳后记录最好的成绩。

立定跳高。用双脚起跳完成跳跃。为了测量结果，采用斜型标尺装置，以测量受试者整个身体重心上升的高度。起跳以半蹲的姿势开始，摆动双臂，完成跳跃。三次试跳后记录下最好的成绩。

力量测试。采用公认的方法进行测试，给予三次尝试的机会，以确定每只手的手肌力量。

俯卧撑。采用公认的方法进行测试。

300 米跑。在体育场内进行，受试者的成绩按公认的规则予以记录。

库帕测试。在体育场内进行，时间为 12 分钟，以记录下受试者能够在这段时间内跑出的最长距离。

立定三级跳。受试者用两只脚蹬地，完成第一跳并以单脚落地；然后用该脚蹬地后完成第二跳，并以摆动的那只脚落地；再用摆动的脚完成第三跳，用两只脚落地。以留下的痕迹记录下从起跳线标记处至落地处的距离。

从脑后向前投掷实心球（1 千克）。采用坐姿和站姿，用双手从脑后往前进行投掷。受试者用每种姿势完成三次投掷，记录下最好的成绩。

□ 专项培训

双脚颠球。轮流用左脚和右脚完成测试。用单脚进行两次颠球，计算为一次颠球。从三次测试中记录最好的成绩。

头顶颠球。受试者将球往头顶上方抛出，然后用额头的中间部位完成颠球动作。从三次测试中记录最好的成绩。

颠球。受试者分别使用左脚和右脚（脚背的不同部位和脚掌的两侧）、大腿和头部完成颠球动作。颠球方式不分先后顺序，但同样的颠球动作不得连续重复两次以上。

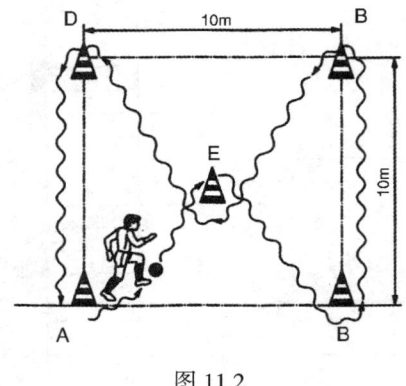

图 11.2

只对使用不同方式完成的颠球进行计数,包括至少一次以上的用头部、右大腿和左大腿颠球。

运球 30 米跑。受试者带球站在起跑线后,根据信号带球朝终点线方向奔跑,在这段距离内用脚触球的次数不少于三次。可以使用任何一种方式运球。受试者越过终点线即为测试结束,计算完成测试的时间。提供两次测试机会,记录最佳成绩。

运球 5×30 米跑。测试方法与上一个练习相同。受试者每完成一次后,都要返回到起点。每次规定的时间为 25 秒,每次起跑都从原地开始。以五次测试的结果总数确定受试者的最终成绩。

带球绕 "8" 字。在场地上用支柱标出一个边长为 10 米的正方形。将一根立柱竖在正方形场地中间的位置。受试者根据信号带球从立柱 A 出发,跑向立柱 E,绕过立柱再跑向立柱 B。绕过立柱 B 之后,继续带球跑向立柱 C,绕过立柱并从立柱的外侧重新带球往立柱 E 的方向奔跑。这一次绕过立柱 C 是从另外的方向,继续带球往立柱 D 跑。绕过立柱 D 之后,受试者回到立柱 A,测试结束(图 11.2)。在运球跑动时,只可用内脚背和外脚背进行。计算完成测试的时间,从两次测试中记录最好的成绩。

沿罚球区界线运球(图 11.3)。受试者站在罚球线与球门线的交叉点后面。根据信号,开始用右脚掌带球沿着罚球区界线跑到球门线与罚球线的交叉点。当球越过两条线的交叉点,受试者便转过身体,再开始用左脚掌反方向沿着罚球区界线带球跑动。当带球越过球门线时,便记录下跑过这段距离的时间。

绕立柱跑并用脚尖射门。在比赛场地上沿着一条连接 6 米标记处和 10 米标记处的线上,每隔 2 米安置 1 根立柱,共 4 根立柱。将球门用绳子(横杆)分成与地面平行、大小相等的两个部分,使球门的下部形成两个区域:A 区与 B 区。在 6 米标记的位置上安放一个球。受试者站在 10 米标记处的位置上,根据信号,用蛇形跑绕过立柱,助跑之后按照教练员向指定的球门区域(A 区或者 B 区),用脚尖将球踢射出(图 11.4)。在测试的过程中,要分别完成三次使用右脚脚尖和三次使用左脚脚尖的射门动作。计算准确射中的次数。测试中,如果受试者围绕立柱(在射门之前)跑动的时间没有超过表 11.6 所列标准,就要将该次测试的成绩记录下来。

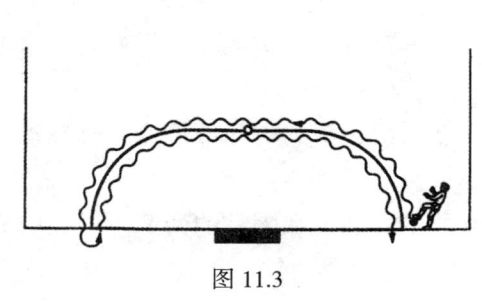

图 11.3

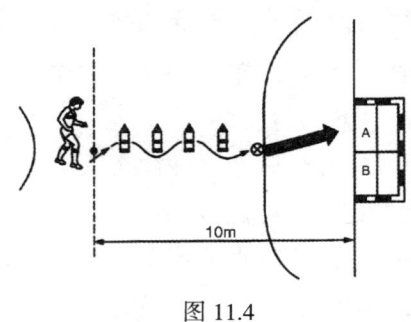

图 11.4

表 11.6　围绕立柱跑测试标准

年　龄	男生（秒）	女生（秒）
9 岁	3	3.2
10 岁	2.8	3
11 岁	2.6	2.8

朝目标投掷球。受试者需要完成两项练习，第一项练习是要完成单手投掷地滚球。年龄为 12 岁和 13 岁的受试者，应将球朝场地中央用立柱搭成的宽度为 2 米的球门 E 滚地掷出。年龄为 14 岁和 15 岁的受试者，则应将球门置放得稍远一些，安置于对方半场 10 米远的标记处（图 11.5）。从罚球区的边线开始，助跑距离为两三步，但不得越过界线，完成投掷。第二项练习是使用单手过肩（或者从身体的侧面）投掷。年龄为 12 岁和 13 岁的受试者，分别将球往上朝两个直径为 2.5 米的 A 圈和 B 圈掷出。年龄为 14 岁和 15 岁的受试者，则应将球掷向 C 圈和 D 圈。受试者须往每个圈内完成 4 次掷球。每次掷球的高度，都应当超越安置好的立柱（1.8 米）上空，也就是安置在目标与 6 米标记处之间的立柱。计算准确掷中目标的总数。

射门。测试采用的标记方法与上述测试相同（图 11.5）。年龄为 12 岁和 13 岁的受试者，在进行助跑后，需要分别完成朝向三个目标的踢射：球门 E 和 A 圈、B 圈。而年龄为 14 岁和 15 岁的受试者，则是朝向球门 F 和 C 圈、D 圈踢射。踢射的球为定点，安放在 6 米标记处的位置上。射向球门 E 的动作以低射方式完成，而射向 A 圈和 B 圈的方式，则应当是高空球。而且在踢出高空球时，球的飞行高度必须超过安置在目标与 6 米标记处之间的立柱（1.8 米）。计算准确射中目标的总数。

运球、绕过立柱并射门。受试者持球站在对方半场上 10 米远标记的位置上。听到哨音后，开始运球向前奔跑，需要带球绕过安置在另一半场地上的 5 根立柱，每根立柱之间相距 2 米，然后在距离 8 米远的位置进行射门（图 11.6）。时间从开始出发到球越过球门线的那一刻算起。如果球没有射中球门，仍然应当做好记录。受试者有三次机会，将最佳成绩记录在册。

朝远处掷球。受试者以单手过肩（或者从身体的一侧）向宽度为 3 米的区域进行投掷。在罚球区内助跑三四步后，将球往上方掷出，要使球下落在 3 米宽的区域内。掷球时，不得越过罚球区线。受试者有三次投掷机会，将最好的成绩记录在册。

□ 培训中的自我检测

青少年五人制足球运动员在体育学校培训的过程中，自我检测起到非常重要的作用。自我检测的含义应该理解为一些简单的和适合于球员们对自己的身体发育及健康状况进行的自我观察。自我观察的目的，是为了保护球员的运动竞技能力和提高训练水平。通过一套十分简单的自我观察方法，就能够获得各种主观的和客观的数据。建议球员们

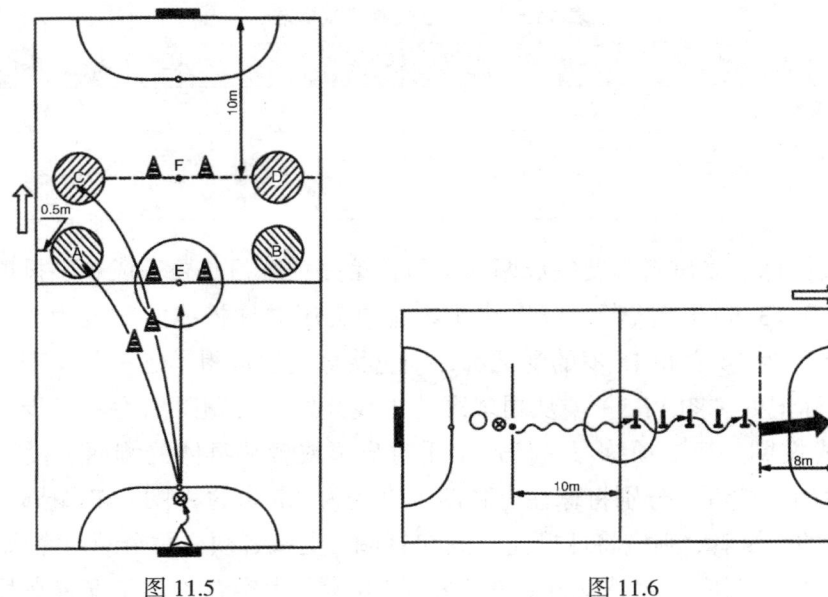

图 11.5　　　　　　图 11.6

要每天都关注自己的身心感觉、完成训练和比赛负荷的意愿、训练和比赛后疲劳感的持续时间、睡眠的特点、食欲、心跳以及不同性质疼痛的状况等。当然，心血管系统、植物性神经系统和呼吸系统的状态指标更具有信息性和更加客观可靠。

进行自我检测必备的条件，是硬性规定和自我观察的经常性、系统性，以及与教练员和医生共同对指标数据进行的分析。

球员进行自我检测可采用个人卡片形式，如表 11.2 所示。

表 11.2　球员个人卡片

姓名＿＿＿＿＿＿＿＿＿＿
出生日期和出生地点＿＿＿＿＿＿＿＿＿＿＿＿＿＿＿＿＿＿＿＿＿＿＿＿＿
从事体育的起始年月＿＿＿＿＿＿＿＿＿＿　从事五人制足球（时间）＿＿＿＿＿＿＿
体育学校名称＿＿＿＿＿＿＿＿＿＿＿＿　体育社团名称＿＿＿＿＿＿＿＿＿＿＿＿
城市＿＿＿＿＿＿＿＿＿＿＿＿＿＿＿＿＿＿＿＿＿＿＿＿＿＿＿＿＿＿＿＿＿

教学组学年		身体发育情况								医学结论
		检查日期	身高（厘米）	体重（千克）	脚长（厘米）	小腿长（厘米）	腕屈肌（千克）	肺活量（升）	最大摄氧量（毫升/分钟）	
进入体育学校时的原始资料										
初级训练班	第一学年									
	第二学年									
	第三学年									
教学—训练班	第一学年									
	第二学年									
	第三学年									
	第四、五学年									

续表

教学组学年		检查日期	身体素质训练水平			
			一般身体素质		专项身体素质	
进入体育学校时的原始资料						
初级训练班	第一学年					
	第二学年					
	第三学年					
教学—训练班	第一学年					
	第二学年					
	第三学年					
	第四、五学年					

附 录

青少年五人制足球运动员训练计划

附录一 青少年五人制足球运动员（6~8岁）运动—增强体质阶段训练计划

训练项目	年学时	九月				十月				十一月				十二月				一月				二月			三月				四月				五月				六月				七月							
周		1	2	3	4	5	6	7	8	9	10	11	12	13	14	15	16	17	18	19	20	21	22	23	24	25	26	27	28	29	30	31	32	33	34	35	36	37	38	39	40	41	42	43	44	45	46
理论课程	8	2	1	1	1													1					1			1								1													
一般身体训练	118	1	2	2	3	3	3	3	3	3	3	3	2	2	2	2	2		3	3	3	2	3	3	3		2	3	3	3	3	3	3	3	3	3	3	3	3	3	3	3	2	2	1	1	3
专项身体训练	10												1	1	1	1	1										1								1								1	1	1	1	
技术训练	96	2	2	2	2	2	2	2	2	2	2	2	2	2	2	2	2	3	2	2	2	2	2	2	2	2	2	2	3	3	3	3	3	3	3	3	3	3	3	2	2	2	2	1	1	2	2
战术训练	16					1	1	1	1	1	1	1	1						1																						1	1	1	1	1		
正式比赛	14																	2				2					1	1					2	2							1			2			
教练员和裁判员实习	8	1																																								1	1	1	1	1	
考试生测试	6	2																																													
总计（学时）	276	6	6	6	6	6	6	6	6	6	6	6	6	6	6	6	6	6	6	6	6	6	6	6	6	6	6	6	6	6	6	6	6	6	6	6	6	6	6	6	6	6	6	6	6	6	6

附录二 青少年五人制足球运动员（9~17岁）运动——增强体质阶段训练计划

训练项目	年学时	九月				十月					十一月				十二月				一月				二月				三月				四月				五月				六月				七月			
周		1	2	3	4	5	6	7	8	9	10	11	12	13	14	15	16	17	18	19	20	21	22	23	24	25	26	27	28	29	30	31	32	33	34	35	36	37	38	39	40	41	42	43	44	45	46
理论课程	8	1	1	1											1					1								1	1									1									
一般身体训练	106	2	2	2	3	3	2	3	2	2	2	3	3	2	2	2	2	2	3	2	3	3	3	3	3	2	2	2	2	2	2	2	2	3	3	3	2	2	2	2	2	2	2	2	2	2	2
专项身体训练	18	2	2	3	2	2	1	2	1	1	1					1					1							1	1							1			1	1	1						
技术训练	86	2	3	2	2	2	2	2	2	2	2	3	3	3	2	2	2	2	3	2	2	3	2	3	3	3	2	2	2	2	2	1	2	2	1	4	4	2	3	3	3	3	3	3	2	2	3
战术训练	22					1	1	1	1	1	1		3	1	1	1	1	1	1	1	1	1	2				1	1	1	2	1	1				1		1			1						
正式比赛	14											2																				2	2														
教练员和裁判员实习	8															1	1				1	1											1	1								1	1	1	1	1	1
考试性测试	8	1																		2			2																								
体格检查	6	2																																	2												2
总计（学时）	276	6	6	6	6	6	6	6	6	6	6	6	6	6	6	6	6	6	6	6	6	6	6	6	6	6	6	6	6	6	6	6	6	6	6	6	6	6	6	6	6	6	6	6	6	6	6

附录三 青少年五人制足球运动员初级训练阶段第一学年训练计划

训练项目	年学时	九月				十月				十一月				十二月				一月				二月				三月				四月				五月				六月					七月				
		1	2	3	4	5	6	7	8	9	10	11	12	13	14	15	16	17	18	19	20	21	22	23	24	25	26	27	28	29	30	31	32	33	34	35	36	37	38	39	40	41	42	43	44	45	46
理论课程	15	1						1					1	1					1		1					1			1			1				1		1			1			1		1	1
一般身体训练	54	2	2	2	2	2	2	1	2	2	1	1	1	1	1	1	1	1	1	1	1	1	1	1	1	1	1	1	1	1	1	1	1	1	1	1	1	1	1	1	1	1	1	1	1	1	1
专项身体训练	36		1	2	2	1	1	1	2	2	1	1	1	1	1	1	2	1	1	2	1	1	1	2	1	1	1	1	1	1	1	1	1	1	1	1	1	1	1	1	1	1	1	1	1	1	1
技术训练	48	2	2	2	2	2	2	2	2	2	2	2	2	1	2	2	2	2	1	1	1	2	2	1	1	1	1	1	1	1	1	1	1	1	1	1	1	1	1	1	1	1	1	1	1	1	1
战术训练	32				1	2	2	1	1	2	2	2	2	1	2	1	1	1	1	1	1	1	1	1	1	1	1	1	1	1	1	1	1	1		1	1										
比赛性训练	46								2	1	2	1	1	2	1	1	1	1	1	1	1	3	2	1	1	2	1	1	1	1	1	1	1	1	1	1	1	2	3	3	1	1	3	1	2	3	3
正式比赛	19																								1	2	1	1	1	1		1	1				1				1	1	1	1	1	1	1
恢复性措施	6																																1														
教练员和裁判员实习	8																																		1									1	1		
考试性测试	8	1																			1							1	1																1	1	
体格检查	4	1	1																																											1	
总计(学时)	276	6	6	6	6	6	6	6	6	6	6	6	6	6	6	6	6	6	6	6	6	6	6	6	6	6	6	6	6	6	6	6	6	6	6	6	6	6	6	6	6	6	6	6	6	6	6

附录四 青少年五人制足球运动员初级训练阶段第二学年训练计划

训练项目	年学时	九月				十月				十一月			十二月				一月				二月				三月				四月				五月					六月					七月				
周		1	2	3	4	5	6	7	8	9	10	11	12	13	14	15	16	17	18	19	20	21	22	23	24	25	26	27	28	29	30	31	32	33	34	35	36	37	38	39	40	41	42	43	44	45	46
理论课程	16	1	1	1														1									1	1	1	1	1	1				1	1	1				1					
一般身体训练	92	2	2	2	2	2	2	2	2	2	2	2	2	2	2	2	2	2	2	2	2	2	2	2	2	2	2	2	2	2	2	2	2	2	2	2	2	2	2	2	2	2	2	2	2	2	2
专项身体训练	54	2	2	1	2	2	2	2	2	2	2	1	2	1	1	1	1	1	1	1	1	1	1	1	1	2	2	1	1	2	2	1	1	2	2	2	2	2	2	2	2	2	2	2	2	2	2
技术训练	80	2	2	1	2	2	2	2	2	2	2	2	2	2	2	2	2	2	3	2	3	2	2	2	2	2	2	2	2	2	2	2	2	2	2	1	1	1	1	2	2	2	2	2	2	2	2
战术训练	52	1	1	2	2	1	2	1	3	2	2	2	1	2	2	1	1	1	1	1	1	1	3	1	1	1	1	1	2	2	1	1	2	2	2	1	1	1	1	1	2	2	2	1	1	1	1
比赛性训练	60	1	1	2	1	3	1	1	1	1	2	1	1	1	1	2	1	1	2	2	1	2	1	2	1	1	1	2	1	1	3	3	1	2	1	1	1	1	1	3	1	3	2	3	3	3	3
正式比赛	28														2	2	2	2	2				2	2	2	2	2	2	2	2	2	2		2		2	2	2					2				
恢复性措施	12														1		1	1	1			1		1		1	1			1	1	1	1		1		1										
教练员和裁判员实习	8	1								1	1	1	1	1							1					1	1				1										1	1					
考试性测试	8	1																						1						1					1								1				
体格检查	4	1																							1																1		1				
总计（学时）	414	9	9	9	9	9	9	9	9	9	9	9	9	9	9	9	9	9	9	9	9	9	9	9	9	9	9	9	9	9	9	9	9	9	9	9	9	9	9	9	9	9	9	9	9	9	9

附录五 青少年五人制足球运动员初级训练阶段第三学年训练计划

月	九月				十月				十一月				十二月				一月			二月				三月				四月				五月				六月					七月						年学时
周	1	2	3	4	5	6	7	8	9	10	11	12	13	14	15	16	17	18	19	20	21	22	23	24	25	26	27	28	29	30	31	32	33	34	35	36	37	38	39	40	41	42	43	44	45	46	
理论课程	1	1	1		1		1						1	1	1	1	1	1	1					1	1	1	1	1	1	1						1	1										18
一般身体训练	2	2	2	2	2	2	2	2	2	2	2	2	2	2	2	2	2	2	2	2	2	2	2	2	2	2	2	2	2	2	2	2	2	2	2	2	2	2	2	2	2	2	2	2	2	2	92
专项身体训练	1	1	1	1	1	2	1	1	2	2	2	1	1	1	1	1	1	2	2	1	2	2	2	1	1	1	1	1	1	1	1	2	2	2	2	1	1	1	1	2	2	2	2	1	1	1	56
技术训练	2	2	2	1	2	2	2	2	2	2	2	2	2	1	2	1	1	2	3	2	2	2	2	2	2	1	2	1	1	2	2	2	1	2	1	1	1	1	3	2	2	2	2	1	1	1	78
战术训练	1	1	1	2	2	3	1	3	1	2	1		2	1	1						1		2		2		1			1	2		2	2	1	1	1	1	3	2	2	2	3	2	3	2	54
比赛性训练	1	1	1	1	1	1	1	1	1	1	2	1	1	1		1						1		2		2		2	2							2	2	2	2	2	2	2	2	1	1	1	56
正式比赛																		2	2												2				2	2	2	2		2				3	3	3	28
恢复性措施															1	1	1											1	1						1	1	1	1		1							12
教练员和裁判员实习									1	1	1	1					1		1								1	1		1		1															8
考试性测试	1		1																		1					1					1										1		1			1	8
体格检查	1																				1										1											1					4
总计学时	9	9	9	9	9	9	9	9	9	9	9	9	9	9	9	9	9	9	9	9	9	9	9	9	9	9	9	9	9	9	9	9	9	9	9	9	9	9	9	9	9	9	9	9	9	9	414

附录六 青少年五人制足球运动员教学训练阶段第一学年训练计划

训练项目	年学时	九月				十月					十一月				十二月				一月				二月				三月				四月				五月				六月				七月				
周		1	2	3	4	5	6	7	8	9	10	11	12	13	14	15	16	17	18	19	20	21	22	23	24	25	26	27	28	29	30	31	32	33	34	35	36	37	38	39	40	41	42	43	44	45	46
理论课程	25	2	1	1	1	1	1	1	1	1	1								1	1	1	1				1	1				1		1	1								1	1		1		2
一般身体训练	104	4	3	3	2	3	3	3	3	3	4	2	2	2	2	2	2	2	2	2	2	2	2	2	2	2	2	2	2	2	2	3	2	2	2	2	2	2	2	2	2	2	2	2	2	2	
专项身体训练	78	1	1	1	2	1	2	2	2	2	2	2	2	2	2	2	2	2	1	1	2	2	2	1	2	2	2	2	1	1	1	3	2	2	2	2	2	2	2	2	2	2	2	2	2	2	4
技术训练	94	2	2	2	3	2	2	2	2	2	2	2	2	2	2	2	2	2	2	2	2	2	2	3	2	2	2	2	2	2	2	2	2	2	2	2	2	2	2	2	2	2	2	2	2	1	1
战术训练	71	2	2	2	2		2	2	2	2	2	2	2	2	2	2	2	2	2	2	2	2	2	2	2	2	2	2	2	2	2	2	1	1	2	2	2	2	2	2	2	3	2	2	2	2	1
比赛性训练	71	2	3	2	2	2	2	2	2	2	2	3	2	2	2	2	2	2	2	2	1	1	1	2	3	2	2	2	2	2	2	2				2	2	2	2	1	2	1		1	1	2	
正式比赛	39		3				3	3	2	1	1	2	3	2	2	2		2	2	2	2	2	2	2			2	2	1	2	2	2	2	2		2	2	2	2	2	2	2			1		
恢复性措施	40						1	1	1	1	1	1	1	1	1	1	1	1	1	1	1	1	1	1	1	1		1	1	1	1	1	1	1	1	1	1	1	1	1	1	1	2	2	1	2	2
教练员和裁判员实习	12																						1				1					1												2	1	1	1
考试性测试	12	2																																2									1	2	2	1	1
体格检查	6	1																							1	1																				1	1
总计(学时)	552	12	12	12	12	12	12	12	12	12	12	12	12	12	12	12	12	12	12	12	12	12	12	12	12	12	12	12	12	12	12	12	12	12	12	12	12	12	12	12	12	12	12	12	12	12	12

附录七 青少年五人制足球运动员教学—训练阶段第二学年训练计划

训练项目	年学时	九月				十月					十一月				十二月				一月				二月				三月				四月				五月				六月					七月			
周		1	2	3	4	5	6	7	8	9	10	11	12	13	14	15	16	17	18	19	20	21	22	23	24	25	26	27	28	29	30	31	32	33	34	35	36	37	38	39	40	41	42	43	44	45	46
理论课程	30	3	2	1	1	1	1	0.5	0.5	3.5	0.5	1			0.5	0.5	0.5	0.5	0.5	0.5	1		1		1	0.5	0.5	0.5	0.5	0.5	0.5	1.5					1	1	0.5	0.5	0.5	0.5	0.5					
一般身体训练	83	3	3	2	2	2	2	2	2		2	2	2	2	2	2	2	2	2	2	2	2	2	2	2	2	2	2	2	2	2	2	2	2	2	2	2	2	2	2	2	3	3	2	2	2	2
专项身体训练	78	1	3	2	2	2	2	2		1	2	2	2	2	2	2	2	2	2	2	2	2	2	2	2	2	2	2	2	2	2	2	2	2	2	2	2	2	2	2	2	2	2	2	2	2	2
技术训练	84	2	2	3	3	3	2	2	1		2	2	2	2	2	2	2	2	2	2	2	2	2	2	3	2	2	2	2	2	1	3	2	2	2	3	2	2	2	2	2	2	2	1	3	3	3
战术训练	71	1	1	2	2	2	2	2	2		2	2	2	2	2	2	2	2	2		2	2	3	2		2	2	2	2	2	2	2	2	2	2	2	2	2	1	2	2	2	2	3	3	1	1
比赛性训练	75	1	1	1	1	1	1	1	1		1	3	2	2	2	1.5	1.5	1	1.5	3	2	2	1	1	1	1.5	1.5	1.5	1.5	3	3	1.5	3	3	2	2	2	2	2	3	2	1.5	1.5		1	1	1
正式比赛	45							1.5	1.5	3.5	1.5				1.5	1.5	1.5	1.5	1.5	3.5					1.5	1.5	1.5	1.5	1.5	1.5	1.5	1.5	1.5	1.5					1.5	1.5	1.5	1.5	1.5				
恢复性措施	50						2	2	2		1	1	2	2	1	1	1	2	2			2	1		1	2	2	1		2	2	2	1	2	2	2	2	2	1	2	2	1	1	2	2	2	2
教练员和裁判员实习	12							1					1	1																1						2											
考试性测试	16																				1	2		2	1						1				2	2	1							1	1	
体格检查	8	1	1											1	1	1																					1	1									
总计(学时)	552	12	12	12	12	12	12	12	12	12	12	12	12	12	12	12	12	12	12	12	12	12	12	12	12	12	12	12	12	12	12	12	12	12	12	12	12	12	12	12	12	12	12	12	12	12	12

附录八　青少年五人制足球运动员教学—训练阶段第三学年训练计划

训练项目	年学时	九月				十月				十一月					十二月				一月		二月				三月				四月					五月				六月					七月				
周		1	2	3	4	5	6	7	8	9	10	11	12	13	14	15	16	17	18	19	20	21	22	23	24	25	26	27	28	29	30	31	32	33	34	35	36	37	38	39	40	41	42	43	44	45	46
理论课程	45	1	1	1	1	1	1			2				1	1	1	1			3					1	1	1					2					1	1	1	1		2	3				
一般身体训练	134	4	4	3	3	3	2	2	2	2	2	3	2	2	2	2	2	2	2	2	3	3	3	3	3	3	2	2	2	2	2	2	3	3	3	4	3	3	3	3	3	2	3		6	8	8
专项身体训练	124	4	4	3	3	4	4	2	2	2	2	5	4	4	3	3	2	2	2	2	2	5	5	5	4	4	3	3	2	2	2	2	5	5	4	4	3	3	3	3	3	2	3	6	8	8	
技术训练	126	3	3	3	3	3	3	3	3	3	2	5	5	4	3	3	3	3	3	4	4	4	4	4	4	4	3	3	3	2	2	1	3	3	4	4	3	3	3	3	3	1				1	
战术训练	115		2	2	2	3	3	3	3	3	2	2	2	2	2	2	3	2	2	1	3	3	3	3	3	3	3	3	2	2	1	1	2	2	3	3	3	3	3	3	2	3	4	6			
比赛性训练	108	2	2	2	2	2	2	2	2	2	2	2	2	2	2	2	2	2	2	2	2	2	2	2	2	2	2	2	2	2	2	2	2	2	3	3	3	3	3	3	3	3	4	4	4	4	4
正式比赛	78				2	2	2	3	3	6		3	2			2				8	2	1			2		2	2	8	4	3						2	2	2		4	4	4	4	4	4	4
恢复性措施	54	1			1	1		1	1	1	2	1	1	1	1	1	1	1	1		1	1	1	1	1	1	1	1	1	1	2	2	1	1		1	1	1	1	1	2	2	2	2	1	1	1
教练员和裁判员实习	16																		1		1	1							1	1				1	1						1	1		1		1	
考试性测试	20		2	2						2					2	2																											2			2	2
体格检查	8		1														2														2																2
总计（学时）	828	18	18	18	18	18	18	18	18	18	18	18	18	18	18	18	18	18	18	18	18	18	18	18	18	18	18	18	18	18	18	18	18	18	18	18	18	18	18	18	18	18	18	18	18	18	18

附录九 青少年五人制足球运动员教学—训练阶段第四、五学年训练计划

训练项目	年学时	九月				十月				十一月				十二月				一月				二月				三月				四月				五月				六月					七月				
周		1	2	3	4	5	6	7	8	9	10	11	12	13	14	15	16	17	18	19	20	21	22	23	24	25	26	27	28	29	30	31	32	33	34	35	36	37	38	39	40	41	42	43	44	45	46
理论课程	48	1	1	1	1				1		2	1				1			1	2	2	1	1	2	2	1	1		1		1	2	1		1	1	1	1	1	1	1	1	2	2	2	1	2
一般身体训练	110	4	2	2	2	2	2	2	2	3	3	2	2	2	2	1	2	2	3	2	2	2	2	2	2	2	2	2	2	2	2	2	2	2	2	2	2	2	2	2	2	3	3	4	4	4	4
专项身体训练	139	3	4	4	4	3	3	2	2	3	5	4	3	3	3	3	3	3	4	4	2	4	3	4	4	2	3	5	2	2	2	4	5	4	3	3	3	3	3	3	2	3	4	4	4	4	4
技术训练	123	2	4	4	4	2	4	2	2	1	3	4	2	3	4	4	4	3	2	3	2	4	3	4	4	2	3	3	1	2	2	1	6	4	4	3	4	4	3	3	2	2	1	4	4	4	4
战术训练	100	1	2	2	2	2	3	2	2	2	3	3	3	3	3	3	3	3	3	2	2	2	2	3	3	2	2	2	2	2	2	2	2	2	2	3	2	2	2	2	2	2	1	2	2	2	2
比赛性训练	128	3	4	4	3	3	3	4	3	2	3	3	3	3	3	3	3	4	2	2	2	2	2	3	3	3	3	2	3	3	3	2	2	3	3	3	3	3	3	3	4	3	3	2	2	2	2
正式比赛	84									6	2		2	2	2	4	4	4	2									4	4	4	4				2	2					4						
恢复性措施	50	1	1	1	1	1	1	1	1	1	1	1	1	1	1	1	1	1	2	1	2	2	2	1	1	1	1	1	1	2		3					1	1	1	1	1			2	1	1	3
教练员和裁判员实习	18									1	2									3	2							1			2											3	3	1		2	
考试性测试	20																						2											1	2									1	2	2	2
体格检查	8	1															1												1																1	1	
总计(学时)	828	18	18	18	18	18	18	18	18	18	18	18	18	18	18	18	18	18	18	18	18	18	18	18	18	18	18	18	18	18	18	18	18	18	18	18	18	18	18	18	18	18	18	18	18	18	18

参考文献

[1] 安德烈耶夫. 五人制足球 [M]. 莫斯科：体育与运动出版社，1978.

[2] 安德烈耶夫. 来踢五人制足球吧 [M]. 莫斯科：苏联体育出版社，1989.

[3] 安德烈耶夫. 足球——属于你的运动 [M]. 莫斯科：教育出版社，1989.

[4] 安德烈耶夫，列文. 五人制足球——体育学校和爱好者球队中青少年足球运动员的培养 [M]. 利佩茨克：利佩茨克报出版社，2004.

[5] 巴伊波罗多娃，等. 体育学教学法：1~11年级：方法参考书 [M]. 莫斯科：中心人文出版社，2004.

[6] 鲍根. 运动行为训练 [M]. 莫斯科：体育与运动出版社，1985.

[7] 维尔霍尚斯基. 运动员专业化身体素质训练基础 [M]. 莫斯科：体育与运动出版社，1988.

[8] 维将京. 中学生的课外活动 [M]. 伏尔加格勒：中学教师出版社，2004.

[9] 沃尔科夫. 儿童和青少年运动理论与方法 [M]. 基辅：奥林匹克文学出版社，2002.

[10] 纳扎连科. 身体练习的保健原理 [M]. 莫斯科：新闻出版社，2003.

[11] 纳巴特尼科夫. 青少年运动员培养工作管理的基本原则 [M]. 莫斯科：体育与运动出版社，1982.

[12] 热列兹尼雅克，波尔特诺夫. 运动竞赛——教学技术与策略：高等师范院校学生教科书 [M]. 莫斯科：科学院出版社，2001.

[13] 拉普捷夫，苏其林. 青少年足球运动员：教练员教学用参考用书 [M]. 莫斯科：体育与运动出版社，1983.